Die Botschaft des Neuen Testaments

Herausgegeben von Walter Klaiber

Karl-Heinrich Ostmeyer
Die Briefe des Petrus und des Judas

Vandenhoeck & Ruprecht

Karl-Heinrich Ostmeyer

Die Briefe des Petrus und des Judas

Vandenhoeck & Ruprecht

Bibliografische Information der Deutschen Bibliothek:

Die Deutsche Nationalbibliothek verzeichnet diese Publikation in der Deutschen Nationalbibliografie; detaillierte bibliografische Daten sind im Internet über https://dnb.de abrufbar.

© 2021, Vandenhoeck & Ruprecht GmbH & Co. KG,
Theaterstraße 13, D-37073 Göttingen

Alle Rechte vorbehalten. Das Werk und seine Teile sind urheberrechtlich geschützt. Jede Verwertung in anderen als den gesetzlich zugelassenen Fällen bedarf der vorherigen schriftlichen Einwilligung des Verlages.

Umschlaggestaltung: Grafikbüro Sonnhüter, www.sonnhueter.com
Satz: SchwabScantechnik, Göttingen
Druck und Bindung: ⊕ Hubert & Co. BuchPartner, Göttingen

Printed in the EU

Vandenhoeck & Ruprecht Verlage
www.vandenhoeck-ruprecht-verlage.com

ISSN 2567-9155
ISBN 978-3-7887-3509-8

Christian Wolff (1943–2020)

Vorwort

Drei Briefe von drei Autoren für drei Gemeinden aus unterschiedlichen Phasen der Entstehungszeit des Christentums. Miteinander verbunden sind die drei Briefe durch den zweiten Petrusbrief. Sein Autor stellt seinen Brief auf der einen Seite ausdrücklich in die Nachfolge des ersten Petrusbriefes (2Petr 3,1). Auf der anderen Seite bezieht er sich so offenkundig auf Motive des Judasbriefes, dass sich eine ausdrückliche Bezugnahme für ihn erübrigt.
Während der erste Petrusbrief bis heute die mit Blick auf seinen Umfang relativ meisten Predigttexte stellt und sein Wert für Gemeindeaufbau, Taufverständnis und den Umgang mit Verfolgung außer Frage steht, würde das Fehlen der beiden anderen Briefe in der kirchlichen Praxis kaum auffallen. Die Ablehnung des Judasbriefes durch Martin Luther und eine reservierte Haltung mancher, die ihn samt dem zweiten Petrusbrief (mit)kommentieren »müssen«, liefern eine Rechtfertigung, diese beiden Schreiben hintanzustellen oder ganz zu ignorieren. Theologisch wird ihnen wenig zugetraut.
Doch so viel sei bereits hier versprochen: Wer sich auf die drei Briefe als Ensemble, aber auch auf jeden einzelnen der Texte einlässt, wird unerwartete Entdeckungen machen und für etwaige Mühen reich entlohnt. Der Kommentar stellt sich u. a. zur Aufgabe nachzuweisen, dass der Judas- und der zweite Petrusbrief zurecht im neutestamentlichen Kanon stehen. Die Kommentierung des ersten Petrusbriefes bedarf dagegen keiner gesonderten Rechtfertigung.
Dass der sich »Judas« nennende Autor seine Leserinnen und Leser mitnimmt auf eine spannende Reise, die sie an ein überraschendes Ziel führt, erfährt nur, wer jeden einzelnen der 25 Verse des Briefes auf sich wirken lässt. Und dass ausgerechnet der Autor des zweiten Petrusbriefes heute als Vorbild für Christinnen und Christen dienen will und kann, erschließt sich denen, die bereit sind, sich in ihn und seine Zeit hineinzuversetzen.

Mein Dank gilt dem Herausgeber, Dr. Walter Klaiber. Er hat mich eingeladen, die drei Briefe für die von ihm initiierte Kommentarreihe »Botschaft des Neuen Testamentes« zu kommentieren und mir wichtige Hinweise und Anregungen gegeben.

Meine Mitarbeitenden, PD Dr. Emmanuel Rehfeld, Herr Matthias Hennig, Herr Marcel Scholz und Frau Paula Tollmann haben mich beim Korrekturlesen unterstützt und mich auf Unstimmigkeiten aufmerksam gemacht. Herrn Carsten Baumgart danke ich für seine Hilfe bei der Endredaktion und für das Erstellen des Registers.

Meine Erstbegegnung mit den hier kommentierten Briefen verdanke ich meinem Doktorvater Christian Wolff. Er hat die Kommentierung mit Interesse begleitet. Ihren Abschluss zu erleben war ihm nicht vergönnt. Seinem Andenken sei der Band gewidmet.

Dortmund, August 2020   Karl-Heinrich Ostmeyer

Inhalt

Vorwort 7

Der erste Petrusbrief 15

Einleitung 17

Die Auslegung 21

1,1-2   Der Briefkopf 21

I
1,3-2,3   Rettung und Heil in Fremdheit und
                 Erprobung 27

1,3-5   Die Briefeinleitung: Lob Gottes für
                 die Bereitung der Rettung 27

1,6-9   Freude über das Heil im gegenwärtigen Leid   30

1,10-12   Alle Heilsverheißungen gelten den
                 Gläubigen in der Gegenwart 34

1,13-21   Heil und Nachfolge Christi bedeuten
                 Fremdheit in der Gegenwart 36

1,22-25   Gläubige sind wiedergeboren zu einem
                 Leben in einer ewigen Existenz 41

2,1-3   Das Leben und Wachsen der Geretteten 43

II
2,4-17   Neues Leben und Leiden der Geretteten   45

2,4-8   Christus ehemals verworfen –
                 heute geehrtes Vorbild 45

2,9–10	Die Gläubigen als auserwähltes Volk	49
2,11–12	Gläubige als Vorbilder in der Welt und für die Welt	51
2,13–17	Freie Unterordnung als Sklaven Gottes unter die Strukturen der Welt	52
	Brief X 96: C. Plinius an Kaiser Trajan	54
	Brief X 97: Trajan an Plinius	56

III
2,18–4,19	**Mahnung zu Nachfolge und Vorbildlichkeit im Leid**	57
2,18–25	Mahnung an die Dienstleute zum Ertragen ungerechter Leiden	57
3,1–4	Mahnung an die Ehefrauen zu Bescheidenheit	62
3,5–7	Vorbildhaftes Verhalten der Erzeltern	64
3,8–12	Mahnung an die Gemeindeglieder zum Verzicht auf Vergeltung	66
3,13–16	Gutes tun, Leiden ertragen und Christus bekennen	69
3,17–22	Christus: Vorbild, Verkündiger und Erhöhter. Rettung durch die Taufe	71
4,1–6	Leiden in der Nachfolge – Ende der Sünde – Bruch mit der Welt	76
4,7–11	Geschwisterlichkeit zur Ehre Gottes angesichts des Gerichts	79
4,12–16	Vorbereitung auf Verfolgungen im Namen Christi	82
4,17–19	Wer im Gericht leidet, ist geborgen bei Gott	85

Inhalt 11

IV		
5,1–14	Schlussmahnungen und Grüße	89
5,1–5	Vorbildlichkeit der Gemeindeleiter; Demut der Gemeindeglieder	89
5,6–11	Leiden als Aufgabe; Standhaftigkeit als Verteidigung gegen Satan	92
5,12–14	Schlussgrüße aus »Babylon« an die in »Babylon«	94

Die Botschaft des ersten Petrusbriefes – eine Zusammenfassung		97
I)	Von Petrus zu Christus	97
II)	Judenchristen und Heidenchristen	98
III)	Sammlung der Gläubigen aller Zeiten und an allen Orten	99
IV)	Sündenmacht, Sündentaten und die Taufe	101
V)	Stärkung nach innen – Abgrenzung nach außen	102
VI)	Leiden und Nachfolge	102
VII)	Botschaft für heute	103

Der zweite Petrusbrief ... 105

Einleitung ... 107

Die Auslegung ... 109

1,1–2	Der Briefkopf	109
1,3–4	Bestätigung der Teilhabe am Reich Gottes	112

I

1,5–11	**Mahnung zur Tugend, zur Erkenntnis Christi und zur Beständigkeit**	115
1,5–8	Von der Tugend über die Liebe zur Erkenntnis Christi	115
1,9–11	Warnung und Mahnung zur Beständigkeit	116

II

1,12–21	**Vermächtnis und Autorität des Autors und die Autorität der Botschaft**	119
1,12–15	Das Testament des Autors	119
1,16–21	Die Autorität des Autors als Augenzeuge und die Autorität des Zeugnisses	120
Exkurs:	*Simon Bar Kochba und die Niederschlagung des Aufstands (132–135 n. Chr.)*	124

III

2,1–22	**Ankündigung von Falschlehrern und biblische Beispiele für Gericht und Rettung**	127
2,1–3	Ankündigung falscher Propheten und Lehrer	127
2,4–9	Alttestamentliche Beispiele für Gericht und Rettung	129
2,10–22	Anwendung auf die Abweichler in der Gemeinde	132
Exkurs:	*Das Beispiel Bileams und seiner Eselin (2,15f.)*	135

Inhalt

IV		
3,1–13	Die angekündigten Spötter, ihre Widerlegung und die Ankündigung des Gerichts	139
3,1–4	Die vorhergesagten Spötter und ihre Polemik	139
3,5–10	Ihre Widerlegung	142
3,11–13	Gericht über die alte Welt und die neue Welt	145
V		
3,14–18	Mahnungen und Briefschluss	147
3,14–16	Mahnung unter Verweis auf Paulus	147
3,17–18	Mahnung zu Wachsamkeit und Wachstum; Schlussdoxologie	149

Die Botschaft des zweiten Petrusbriefes – eine Zusammenfassung 151

I)	Vorbemerkung	151
II)	Die Autorität des Autors	152
III)	Die Warnung vor den Extremen	154
IV)	Warnung und Trost – Gericht und Rettung	154
V)	Die Endzeit	155
VI)	Das Leben vor dem Ende und zwischen den Extremen	156
VII)	Resümee	157

Epilog: Der Botschafter 158

Der Judasbrief 161

Einleitung 163

Die Auslegung 165

1–2	Der Briefkopf	165
3–4	Die treuen Gemeindeglieder und die eingeschlichenen Sünder	168
5–11	Die Vorbilder der Eingeschlichenen	171
12–15	Anklage und vorbestimmtes Gericht	181
16–19	Die Identifikation der Abweichler in der Gemeinde	184
20–23	Der Umgang der Treuen mit den Abweichlern	188
Exkurs:	*Die alttestamentlichen Parallelen zu Jud 8f.22–24 in Sach 3,1–5 und Gen 37*	190
24–25	Vergewisserung und Lobpreis	193

Die Botschaft des Judasbriefes – eine Zusammenfassung 195

I) Hermeneutische Vorbemerkungen 195

II) Der Judasbrief als Ewigkeitsgemälde 196

Weiterführende Literatur 200

Abkürzungen 204

Register wichtiger Begriffe 207

Der erste Petrusbrief

Einleitung

»Petrus«, der Name des Sprechers der Jünger Jesu und des in den Evangelien herausgehobenen Apostels, steht zu Beginn eines theologisch gehaltvollen Schreibens. Während jedoch für etwa die Hälfte der im Neuen Testament überlieferten Briefe des *Paulus* dessen Autorschaft weitgehend anerkannt ist, stellt die Mehrzahl heutiger Exegetinnen und Exegeten die Verfasserschaft der Petrusbriefe durch den Jünger Petrus infrage. Im vorliegenden Kommentar wird von Fall zu Fall darauf eingegangen, ob eine Passage für oder gegen eine Autorschaft des Fischers aus Galiläa spricht. Bereits hier soll jedoch erwähnt werden, dass eine Reihe der Argumente auf die Verfasserschaft durch einen nicht namentlich bekannten Gemeindeleiter in der Spätzeit des ersten Jahrhunderts und konkret in der Regierungszeit des Domitian (81–96 n. Chr.) hindeutet. Bei der Analyse der »Botschaft des ersten Petrusbriefes« am Ende des Kommentars wird die Verfasserfrage als Teil und Ausdruck der Theologie des Autors analysiert.

Schon mit dem ersten Wort des Briefes (»Petrus«) scheint die Frage nach seinem Verfasser beantwortet. Doch sie wird und soll die Lesenden als eine Leitfrage begleiten. Es bleibt nämlich trotz der Nennung fast provokant offen, wer tatsächlich den Brief geschrieben hat. Denn sein Autor muss gewusst haben, dass Petrus ein »einfacher« Fischer war, der darüber hinaus, wie Matthäus, ein Zeitgenosse des Verfassers, berichtete, nicht imstande war, seinen galiläischen Akzent zu verheimlichen (vgl. Mt 26,73). Die Apostelgeschichte bezeichnet Petrus (gemeinsam mit Johannes) explizit als ungebildet (Apg 4,13).

Der Autor des ersten Petrusbriefes bemüht sich nicht einmal um eine schlichte Sprache, die Metaphern und Bilder aus einer agrarischen und vom Fischfang geprägten Umwelt verwendet. Er beruft sich nicht, abgesehen von der Erwähnung seiner Zeugenschaft an Christi Leiden im Schlusskapitel des Briefes (1Petr 5,1), auf seine Sonderrolle als Jünger und als Augen- und Ohrenzeugen oder Begleiter Jesu. Des Weiteren zitiert er anders als Paulus keine Worte, die er persönlich vom Herrn empfangen hat, um so seine Autorität zu untermauern. Im Gegenteil scheint er sich klein zu machen, indem er sich als »Mitpresbyter« (1Petr 5,1) gleichsam in die zweite Reihe stellt.

Sein Schreibstil verrät literarische Bildung. Die im Brief gewählten literarischen Mittel erweisen seinen Verfasser als eigenständigen Stilisten der griechischen Sprache. Die Frage, welches Sprachniveau einem Jünger Jesu zuzutrauen ist, gibt allerdings kein Ausschlusskriterium bezüglich seines Autors an die Hand. Auch Paulus hat seine Schreiben in der Regel durch einen Sekretär verfassen lassen (Röm 16,22; vgl. Gal 6,11; Phlm 19).

Der Petrusbrief selbst nennt im Schlussabschnitt (5,12) den als Paulusbegleiter bekannten Silvanus als Schreiber. Die Annahme eines gebildeten Sekretärs verlagert das Problem der Autorschaft aber nur. Denn bezogen auf den ersten Petrusbrief müsste von einem überaus eigenständig schreibenden Sekretär ausgegangen werden. Der Initiator des Briefes müsste ihm große Freiräume gelassen haben.

Ein sicheres Indiz für eine nach-petrinische Abfassung wären Inhalte, die erst nach dem vermutlichen Märtyrertod des Apostels in den 60er Jahren des ersten Jahrhunderts verfasst sein können. Dass noch zu Lebzeiten des Petrus oder unmittelbar nach seinem Tod jemand Briefe unter seinem Namen und mit apostolischem Anspruch herausgegeben haben sollte, darf als unwahrscheinlich gelten.

Der gehobene Schreibstil verbindet sich mit einer bemerkenswerten Vertrautheit mit der jüdischen Tradition und ihrem Schrifttum. Der Autor zitiert wörtlich in der Hauptsache nach der Septuaginta, der wichtigsten griechischen Fassung der biblischen Schriften, aber auch nach mindestens einer weiteren griechischen Übersetzung. Seine Basis ist dabei das gesamte Spektrum der jüdischen religiösen Literatur. So entnimmt er seine Inhalte den fünf Büchern Moses (der Tora), den großen und den kleinen Propheten, den Psalmen (den Schriften) und der zeitgenössischen jüdischen Literatur (den sogenannten Pseudepigraphen). Seine literarischen Anleihen sind organischer Bestandteil seiner Argumentation und fließen ihm anscheinend von allein aus der Feder. Er verfügt souverän über sein Material, indem er Motive, die er an einer Stelle nennt, an anderer wieder aufgreift. Dabei erwähnt er manchmal seine Quellen oder zitiert zuweilen mehrere Verse an einem Stück. Der Brief enthält biblische Namen wie Abraham, Sara und Noah oder jüdische Motive. Sein Autor geht davon aus, verstanden zu werden. Dabei versteht er es, auf zwei Klaviaturen zu spielen: sprachlich literarisch auf der des gehobenen griechischsprachigen Bildungsbürgertums und motivisch traditionell auf der des durch die Septuaginta geprägten Judentums seiner Zeit.

Die theologische und literarische Kompetenz des Verfassers, wer auch immer es sei, stand nie in Frage. Von einem solchen Autor durfte angenommen werden, dass er seine Rezipientinnen und Rezipienten im Blick hatte und wusste, was seine Leserschaft von Petrus als *dem* Jünger

Jesu erwartete. Jedoch befriedigt er diese Erwartungen nicht, er versucht nicht einmal im imaginierten Stil eines Fischers aus Galiläa zu schreiben.
Warum tarnt der Autor sein Schreiben und seine Identität nicht geschickter? *Möchte* er von Beginn an durchschaut werden? Sollte das der Fall sein, wäre der Blick hinter die Maske die mitgelieferte zweite Ebene, die seine Leserinnen und Leser bei jedem Vers begleitet: Wie lässt sich die jeweilige Aussage verstehen, wenn sie tatsächlich auf den wichtigsten Jünger Jesu zurückgeht, und wie ist sie aufzufassen, wenn ein sich der Autorität des Apostels bedienender Gemeindeleiter dahintersteht? Damit ist es der antike Leser selbst, der bei seiner Lektüre gleichsam einen zweiten Brief mitschreibt. Und jede (moderne) Kommentierung, die eine solche doppelte Rezeption berücksichtigt, fügt einen weiteren hinzu.
Wenn die Offenheit der Urheberschaft und der Zweifel an ihr als Absicht des Verfassers auszumachen ist, dann läuft dem die Festlegung des Kommentators entweder auf eine petrinische oder auf eine pseudepigrafische Verfasserschaft entgegen. Sie bedeutete eine Verengung des bewusst geschaffenen Interpretationsspielraums und eine Amputation von Verstehensmöglichkeiten. So gesehen wird man dem Eigenanspruch des Briefes erst gerecht, wenn man ihn mit Offenheit für eine mehrfache Autorenzuschreibung liest. Mit Blick auf die bis in die Gegenwart geführte Diskussion über die Autorschaft des ersten Petrusbriefes ist die Strategie der mehrfachen Verstehensmöglichkeit aufgegangen.
Zu einem Brief und seinem Autor gehören Adressaten und deren jeweilige Zeit. Ob der Brief in der Mitte oder gegen Ende des ersten oder zu Beginn des zweiten nachchristlichen Jahrhunderts zu verorten ist, hängt mit der Verfasserfrage zusammen und muss je nach Entscheidung mit den dazugehörigen Implikationen neu diskutiert werden. Mit der Erwähnung des ersten Petrusbriefes in einer Papiasnotiz (ca. 95–110 n. Chr.) haben wir einen Zeitpunkt, vor dem der Brief verfasst sein muss. Das von L. Doering (Volk, 84) und M. Vahrenhorst (Brief, 51) favorisierte Zeitfenster von 40 Jahren (70–110 n. Chr.) für das Entstehen des Briefes hat viel für sich.
Die doppelte Option der Autorschaft findet ihre Entsprechung in einer doppelten Leserschaft. Wer einen Text verfasst, tut es bewusst oder unbewusst mit Blick auf die Lesenden oder auch auf (unterschiedliche) Gruppen der Leserschaft. Das vorausgesetzte Leserbild wirkt wiederum zurück auf Inhalt und Art des Schreibens.
Bei der Lektüre des ersten Petrusbriefes fällt auf, dass sein Autor an manchen Stellen ein dezidiert nicht-jüdisches Publikum anspricht, dass aber gleichzeitig seine Sprach- und Bildwelt tief in der jüdischen Kultur verankert sind und an jüdische »Insider« gerichtet zu sein scheinen.

Der erkennbar gebildete Autor dürfte gewusst haben, dass diverse Motive seines Briefes für ein nichtjüdisches Publikum ohne Anleitung nur oberflächlich, aber kaum in ihrer Tiefe verständlich gewesen sind. Wenn er trotzdem so formuliert, wie er formuliert, dann werden dahinter unterschiedliche Adressatengruppen erkennbar, an die er sich zeitgleich und parallel mit einem einzigen Brief wendet.

De facto führten der Inhalt des Briefes und seine Präsentation dazu, dass sogenannte Heidenchristen (d. h. Christusgläubige, die keine Juden sind und die kaum mit den geografischen und zeitgenössischen galiläischen Strukturen vertraut waren) den Brief als authentisches Schreiben des Erzapostels gelesen haben. Dahingegen verstanden und goutierten gebildete jüdische Gemeindeglieder die Pseudepigraphie (des vorgeblich galiläischen Fischers) als ein aus der Situation heraus begründetes literarisches Mittel, das den Zusammenhalt der Gemeinde aus Juden- und Heidenchristen stärken sollte.

Es wird jeweils sowohl zu fragen sein, wie der Brief unter der Prämisse einer petrinischen oder einer pseudepigrafischen Verfasserschaft zu verstehen ist, als auch wie Juden- und Heidenchristen die jeweiligen Passagen verstanden haben.

Die Auslegung

1,1–2
Der Briefkopf

**1,1 Petrus, ein Apostel Jesu Christi, an die auserwählten Fremdlinge, die verstreut leben: in Pontus, in Galatien, in Kappadokien, in der Provinz Asien und in Bithynien.
² Gemäß der Vorsehung Gottes, des Vaters,
durch die Heiligung des Geistes
zum Gehorsam und zur Besprengung mit dem Blut Jesu Christi.
Gnade sei mit Euch und Friede möge Euch immer mehr zuteilwerden.**

Die beiden Eröffnungsverse wirken in der deutschen Wiedergabe wie die typische Einleitung eines neutestamentlichen Schreibens. Doch der griechische Wortlaut ist weit weniger geschmeidig. Die ersten beiden Verse kommen gänzlich ohne die im Griechischen eigentlich erforderlichen Artikel aus.
Eingangsformulierungen im Telegrammstil ohne einen einzigen Artikel waren für die Benennung und Charakterisierung des Absenders nicht ungewöhnlich (vgl. Röm 1,1). Denn zumindest der erste Vers dürfte als »Absender- und Empfängerangabe« auf der Außenseite der Papyrusrolle angebracht gewesen sein, auf die der Brief geschrieben war.
Einzigartig aber innerhalb des Neuen Testament ist, dass der komplette Briefkopf des ersten Petrusbriefes und damit neben der Bezeichnung von Absender und Adressaten auch theologische Aspekte samt Friedensgruß unter die Typik der Kurzadressierung fallen und ganz ohne die grammatikalisch gebotenen Artikel formuliert sind (1,2). Wollte man den Text in engster Anlehnung an seinen nicht grammatikkonformen griechischen Wortbestand wiedergeben, müsste er in ebenfalls nicht der Grammatik entsprechendem Deutsch etwa wie folgt lauten:
1,1 Petrus, Apostel Jesu Christi, auserwählten Fremdlingen in Zerstreuung: Von Pontus, Galatien, Kappadokien, Asia und Bithynien, ² gemäß Vorwissen Gottvaters, in Geistesheiligung, zu Gehorsam und Blutsbesprengung Jesu Christi; Gnade euch und Friede möge vermehrt werden.

Die sprachliche Verknappung lässt sich nur zum Teil mit der Notwendigkeit begründen, dass so Absender und Adressaten dem Briefzusteller sofort ins Auge springen. Denn dafür hätte der erste Vers genügt. Dem Autor geht es darum, dass den Briefempfängern stakkatoartig das Zentrale seiner Botschaft schon bei der Erstbegegnung eingehämmert wird. Die besondere Form des Briefkopfes findet ihr Abbild in dem auf das Entscheidende konzentrierten Inhalt der beiden Verse.

Der Tradition antiker Briefe entsprechend wird das Wichtigste gleichsam als Inhaltsübersicht unmittelbar am Anfang mitgeteilt. Floskeln oder ein »Sich-warm-Schreiben« waren nicht üblich. Wie Paulus in den beiden Korintherbriefen, so stellt auch der Autor des ersten Petrusbriefes sich selbst seiner Leserschaft vor als ein Apostel Jesu Christi. Gleiches begegnet auch in der Mehrzahl der Paulus zugeschriebenen, jedoch nicht als authentisch geltenden Schreiben. Mit seiner Absenderangabe greift der Verfasser zurück auf die – nach Jesus Christus selbst – höchstmögliche urchristliche Autorität. Die Rolle des Petrus als eines von Jesus persönlich berufenen Jüngers und als des Sprechers der Jüngerschaft ist von Beginn an in den urchristlichen Gemeinden unumstritten. Als Zeitzeuge Jesu steht er in seiner Autorität zumindest in gewissen Kreisen über der des Paulus, der erst *nach* Kreuzigung und Auferstehung berufen wurde (1Kor 15,8).

Während Paulus seiner Selbstvorstellung in Röm 1,1 und 1Kor 1,1 personenbezogene Angaben hinzufügt, die über die Bezeichnung als Apostel hinausgehen, fehlen derlei Ergänzungen im ersten Petrusbrief. Das mag damit zusammenhängen, dass »Petrus« als ein Jünger der ersten Stunde es nicht nötig hatte, sich seinen Adressaten vorzustellen. Anders als Paulus, der mehrfach auf seine Sonderberufung verweisen musste (1Kor 9,1 f.; 15,8), brauchte er seinen Autoritätsanspruch nicht zu rechtfertigen. Nicht auszuschließen ist auch, dass der Autor des ersten Petrusbriefes bewusst einen Unterschied lancieren wollte zum Briefduktus des Paulus und dem dahinterstehenden Selbstverständnis als eines erst spätberufenen und exklusiv zu den Nicht-Juden gesandten Apostels.

Auffällig ist die Titulierung der Adressaten als »auserwählte Fremdlinge« (vgl. 2,11). Bereits im ersten Vers ist damit ein zentrales Thema angestimmt: die Fremdlingsschaft der Christen in der Zerstreuung. Sie sind wesensmäßig Fremde, gerade *weil* sie auserwählt wurden. An ihrer Fremdheit wird sich nichts ändern, egal wo sie wohnen. Mit ihrer wesensmäßigen Fremdheit befinden sie sich in guter alt- und neutestamentlicher Gesellschaft (vgl. Dtn 26,5; Hebr 11,13).

»Zerstreuung« ist die deutsche Wiedergabe von »Diaspora«. An der einzigen Fundstelle des Begriffs innerhalb der Evangelien (Joh 7,35) steht der Terminus für Jüdinnen und Juden außerhalb des Landes Israel. Die

Sammlung der Zerstreuten aus allen Ländern zählt zu den Verheißungen der Endzeit (Dtn 30,4; Neh 1,9; Ps 147,2; Jes 49,6). Bereits der erste Vers des ersten Petrusbriefes (ebenso Jak 1,1) tituliert die Empfängerinnen und Empfänger als »Fremde in der Diaspora« und lässt so von Beginn an erkennen, dass es sich nicht um einen in Kürze vorübergehenden Ausnahmezustand, sondern um ein Wesensmerkmal der Gläubigen in der Welt handelt, unabhängig davon, wo sie im geografischen Sinne herkommen oder zu Hause sind.

Nach der Selbstvorstellung des Absenders und der Charakterisierung der Empfängergemeinden werden letztere geografisch verortet. Drei der zu Beginn des ersten Petrusbriefes genannten fünf Provinzen begegnen in der Pfingsterzählung in Apg 2,9 (Kappadokien, Pontus, Asia). Es geht um ein Gebiet, das in etwa die Fläche der heutigen nördlichen und mittleren Türkei (ohne deren europäischen Teil) umfasst. Das heißt, die bezogen auf den Galaterbrief diskutierte Frage, ob es sich bei dem hier an zweiter Stelle genannten Galatien um die Provinz oder die Landschaft handelt, ist im ersten Petrusbrief zugunsten der Provinz entschieden (vgl. auch die Ausführungen im Galaterbrief im BNT-Kommentar von W. Klaiber S. 10 f. 18 f. 197–199.231).

Der Schreiber scheint aus nordöstlicher Perspektive auf das Empfangsgebiet seines Briefes zu schauen. Von Pontus in der Nordost-Ecke Kleinasiens führt der Blick nach Süden über Galatien nach Kappadokien. Würde ein virtueller Wanderer diesen Weg fortsetzen, käme er nach Cilicien. Doch die Heimat des Paulus an der Südküste Kleinasiens (Apg 21,39; 22,3; 23,34), zugleich die Anfangsstation seiner zweiten Missionsreise (Apg 15,41), bleibt ausgespart. Stattdessen geht es nach Westen (Asia) und von dort wieder nach Norden (Bithynien). Ob mit der Benennung der Gegenden und ihrer Reihenfolge ein Kontrapunkt zu Paulus gesetzt werden soll, muss offenbleiben; laut Apostelgeschichte verwehrt es der Geist dem Paulus und seinen Begleitern expressis verbis unter anderem in der Provinz Asia und Bithynien zu missionieren (Apg 16,6 f.). Deutlich wird, dass der Schreiber nicht versucht, die Routen der Paulusreisen, soweit die Apostelgeschichte sie überliefert, nachzuahmen.

Programmatisch erscheinen in der Anrede des Briefes sowohl Christus (**1a**) als auch Gott als Vater (**2a**) und der heiligende Geist (**2b**). Christen sind als Fremdlinge in der Welt bei einem vorwissenden und vorsorgenden Vater geborgen. Ihre Fremdlingsschaft ist seit Ewigkeit vorausgesehen, d.h. vorgesehen und durch das Opfer Christi (**2c**) besiegelt. Vertrautheit mit Gott und Fremdheit in der Welt sind die zwei Seiten irdisch-christlicher Existenz.

Indem der Autor sowohl Christus als auch Gott den Vater und den Heiligen Geist benennt, präsentiert er ein Glaubensbekenntnis in nuce.

Zugleich spricht er mit der Charakterisierung der Gemeindeglieder als Fremdlinge eine wesentliche ethische Komponente an: Gläubige sind von der Welt getrennt und sollen es bleiben. Heiligung (2a) steht für Scheidung zwischen dem Profanen auf der einen und dem, was dem Reich Gottes zugehörig ist, auf der anderen Seite. In Verbindung mit der Akzentuierung der Fremdheit wird deutlich, dass gerade diese Absonderung die Christen heiligt. Ihr Fremdsein wird durch den Geist gewirkt und ist die notwendige Bedingung des Bei-Gott-Seins. Gehorsam gegenüber Gott manifestiert sich im Gegenüber zur Welt und, wie im Weiteren noch ausgeführt wird, in gläubiger Nachfolge Christi. Er ist es, der durch sein Leiden das Heil der Gläubigen erwirkt hat. Wer Christus nachfolgt und ihm gehorsam ist, muss notwendig der Welt fremd werden. Gehorsam ist kein Ergebnis menschlicher Anstrengung, sondern geschieht durch die Heiligung des Geistes und bezeichnet neben der Fremdheit ein weiteres christliches Wesensmerkmal. Das so bestimmte christliche Wesen ist verbunden mit einem entsprechenden Handeln und Verhalten. Die Empfängerinnen und Empfänger des Briefes denken bei der in V. 2b genannten Besprengung durch das Blut Christi zunächst an den Kreuzestod Jesu (vgl. Hebr 12,24). Jüdische Leserinnen und Leser erkennen zudem im Motiv der Besprengung einen Anklang an den jüdischen Opfer- und Entsühnungskult (Ex 24,7 f.). Das im ersten Petrusbrief gewählte Nomen für »Besprengung« begegnet in der Septuaginta ausschließlich im 19. Kapitel des vierten Buches Mose (Num 19,9.13.20 f.) und bezeichnet dort das »*Wasser* der Besprengung« zur Reinigung derer, die sich an Toten verunreinigt haben. Die gläubigen Leserinnen und Leser verstehen das Motiv als eine Anspielung auf ein weiteres Hauptthema des Briefes, die Taufe (3,21a). Die Besprengung erscheint im Schlussteil der beiden Eingangsverse unmittelbar vor dem Zuspruch der Gnade. Besprengung mit Christi Blut und Taufe stehen für Befreiung und Freiheit der Gläubigen von der Sünde.

Leserinnen und Leser, die den Brief *nach* 70 n. Chr. und damit nach dem Ende des Tempelkultes lesen, verstehen das Opfer Christi in der Nachfolge und als Ablösung des Tempelkults und erkennen keine Konkurrenz. Eine Datierung *vor* 70 n. Chr. setzt eine temporäre Parallelität von praktiziertem Tempelopfer und Heil wirkender Besprengung mit dem Blut Christi voraus, für die die Zeitgenossen eine Begründung erwartet haben dürften. Leserinnen und Leser, die den Brief als petrinisches Original auffassen, kommen nicht umhin, über die Parallelität zu reflektieren und nach einer eigenen theologischen Begründung zu suchen. Dass der Brief keine Spuren einer Konkurrenzsituation von Tempelopfer und Opfer Christi erkennen lässt, ist Indiz für eine Abfassung des Schreibens nach der Tempelzerstörung.

In dem Friedensgruß, der die kurze Einleitung abschließt, mischen sich spezifisch jüdische Motivik und gehobenes griechisches Sprachniveau. Der Wunsch, der Friede möge vermehrt werden, ist formuliert mit einer der wenigen Optativformen im Neuen Testament. In neutestamentlichen Zeiten ist der Gebrauch dieser griechischen Wunschform stark rückläufig (sie fehlt z. B. bei Matthäus und in der Offenbarung). In den Petrusbriefen und im Judasbrief begegnet der Optativ außer in den Einleitungsversen noch in 1Petr 3,14.17 und Jud 9. Die Verwendung der Wunschform spiegelt die »bildungsbürgerliche« Herkunft des Autors. Dem Verfasser dürfte bewusst sein, dass man den grammatikkonformen Gebrauch des Optativs einem Fischer aus Galiläa mit spürbarer Dialekt-Färbung in seiner eigenen Muttersprache kaum zutraut (vgl. Apg 4,13). Während ein nicht-jüdisches Publikum die Wendung als eine in wohlgesetzten Worten formulierte Freundlichkeit und Floskel aufgenommen haben mag, traten für Juden, die mit ihrer Tradition vertraut waren, etliche Paralleltexte mit auf den Plan. In einem jüdischen Kontext gibt der im Optativ formulierte Gruß der Hoffnung Ausdruck, der Friede (Schalom) möge voll und vollständig werden. Innerhalb des Neuen Testamentes und wohl als bewusste Übernahme erscheint der Gruß nur noch in 2Petr 1,2 und Jud 2. In den alttestamentlichen Schriften begegnet er in Dan 4,1 und 6,26 innerhalb der Briefe des Nebukadnezar und des Darius als Anrede an die Völker. Während im Buch des Propheten Daniel die Briefe *an alle* Völker adressiert sind, richtet sich der erste Petrusbrief an die, die *unter alle* Völker verstreut sind. Die Erwähnung des Geistes, die Aufzählung verschiedener Gebiete und das Grußzitat aus den Briefen an die Völker im Danielbuch stehen parallel zur Pfingsterzählung (Apg 2,1–19) und bilden einen Gegenpol zur Erzählung vom Turmbau zu Babel (Gen 11,1–9). Damit impliziert der Gruß in **2b** für ein judenchristliches Publikum den Wunsch nach Heilung der Zerstreuung und der Fremdheit durch das Ganz-bei-Gott-Sein bei Christi Wiederkunft.

Die ersten beiden Verse des ersten Petrusbriefes teilen Wesentliches mit über das Selbstverständnis seines Autors, über seine Botschaft und über den avisierten Empfängerkreis. Der Brief versteht sich als mit höchster jüdischer und apostolischer Autorität verfasst. Gerichtet ist er an verschiedene christliche Gemeinden in einem großen Bereich Kleinasiens. Was alle Gemeindeglieder neben ihrem Glauben an Christus verbindet, ist ihre Fremdheit in der Welt. Bei der Fremdheit handelt es sich um ein christliches Wesensmerkmal, das unauflöslich an die irdische Existenz gebunden ist.
Die Heiligung der Gläubigen vollzieht sich durch die Besprengung mit dem Blut Christi und lässt bereits an die Taufe denken. Durch die Heiligung sind die Gläubigen der Welt entnommen. Alles, was den Gläubigen widerfährt, ge-

schieht gleichsam unter den Augen des vorhersehenden und vorsorgenden Vaters Jesu Christi durch den Heiligen Geist.

In den beiden ersten Versen bietet der Autor eine Inhaltsangabe. Hinter den knappen ausdrücklich genannten Leitmotiven verbergen sich die Hauptthemen des gesamten Briefes: Fremdheit und damit Leiden der Gläubigen in der Welt, Sühne durch den Kreuzestod Christi, Gehorsam als Nachfolge und Ausdruck des Glaubens samt dem daran gebundenen Lebenswandel sowie die Taufe als Modus der Zueignung des Heils.

I
1,3–2,3
Rettung und Heil in Fremdheit und Erprobung

1,3–5
Die Briefeinleitung: Lob Gottes für die Bereitung der Rettung

³ Gelobt sei Gott der Vater unseres Herrn Jesus Christus. Aus seinem großen Erbarmen heraus hat er uns wiedergeboren, damit wir eine lebendige Hoffnung haben durch die Auferstehung Jesu Christi von den Toten, ⁴ auf dass wir eine unvergängliche und unbefleckte und unverwelkliche Erbschaft empfangen, die in den Himmeln für euch aufbewahrt ist. ⁵ In der Kraft Gottes seid ihr behütet durch den Glauben zur Rettung. Sie liegt bereit, in der letzten Zeit offenbart zu werden.

Mit dem dritten Vers verlässt der Verfasser seinen Telegrammstil. Er verwendet im weiteren Verlauf die üblichen, grammatikkonformen Artikel. Das bedeutet jedoch nicht, dass sein Stil sich auf dem Niveau der Alltagssprache einpendelt. In seinem Einstieg im dritten Vers schlägt er einen hohen, erhabenen Ton an. Partizipien dominieren; der Autor verzichtet zunächst auf finite Verbformen.
In den Paulusbriefen steht an dieser Stelle mehrfach ein konkreter Dank für Gottes Handeln an den Adressaten: »Ich danke« (1Kor 1,4; Phil 1,3; Phlm 4). Der erste Petrusbrief bietet stattdessen einen partizipial und allgemeiner formulierten Lobpreis Gottes für sein Heilshandeln (»gelobt«). Ein solcher Lobpreis begegnet ähnlich in 2Kor 1,3 und Eph 1,3, erscheint insgesamt aber eher selten.
Wie im vorangegangenen Vers wird Gott auch in **V. 3a** als Vater angesprochen. Lag in V. 2a der Akzent noch auf Gottes Vorwissen und seiner väterlichen Vorsorge bezogen auf die Christinnen und Christen, so ist nun Gott expressis verbis als Vater des *Herrn* Jesus Christus benannt (**3b**). Zwar ist er als solcher auch schon im zweiten Vers vorausgesetzt; jetzt aber werden der »Gott« (Theos) und Vater gemeinsam mit dem als »Herrn« (Kyrios) bezeichneten Sohn samt dessen Heilstat für die Gläubigen gepriesen (**3cd**).
Eine mit der Septuaginta vertraute Leserschaft weiß, dass der hebräische Gottesname »JHWH« mit dem Titel »Herr« (Kyrios) übersetzt wird. »Ky-

rios« kann also in **V. 3b** als Gottesname für Jesus neben der Bezeichnung Gottes mit »Theos« für den Vater (**3a**) verstanden werden.
Zeitlich ist die Prägung des trinitarischen Dogmas noch weit entfernt (325 n. Chr. auf dem Konzil von Nicäa). Doch Formulierungen wie die im zweiten und dritten Vers des ersten Petrusbriefes bilden deren neutestamentliche Grundlage: Theos bezeichnet Gott, den Vater (2a; vgl. 3a); es folgt der Heilige Geist als Wirkmacht Gottes (2b), und Kyrios steht für Gott, den Sohn (3b).
Der Hauptteil von **V. 3** ist spiegelbildlich (chiastisch) konstruiert (b–f): In der Mitte des Verses steht die Wiedergeburt der Gläubigen (**3d**); sie ist gerahmt von »großem Erbarmen« (**3c**) und »lebendiger Hoffnung« (**3e**). Die äußere Klammer bildet Jesus Christus (**3b.f**). Er hat als Herr (Kyrios) und Sohn Gottes des Vaters durch seine Auferstehung von den Toten die in der Satzmitte positionierte Wiederzeugung oder Wiedergeburt bewirkt. Sprachlich ist beides möglich, ausgedrückt werden soll der Neubeginn von Grund auf.
Sprachlich wie inhaltlich ist die *Wieder*geburt bzw. das *Wieder*zeugen (*anagennáō*; **3d**) der Gläubigen mit der Überwindung des Todes durch die *Wieder*auferstehung (*anástasis*; **3e**) Jesu Christi verknüpft. Dadurch vermittelt der Autor, dass auch deren neue Existenz durch das Sterben hindurchführt (vgl. 2b) und damit implizit durch das Leiden. Wer dem alten Leben abgestorben und neu gezeugt ist, steht als Fremder in der Welt (1b). Das Leiden verursachende Fremdsein der Christen ist kein vorübergehendes Phänomen, sondern gehört essentiell zum Christsein in dieser Welt. Beides hat im ersten Petrusbrief einen positiven Klang: Die Wiederzeugung (Wiedergeburt; 3d) samt den genannten Implikationen (Fremdheit und Leiden) erscheint eingebunden in das väterliche Erbarmen (3c) und mündet in eine lebendige Hoffnung (3e).
Erst durch ihr Fremdsein in der Welt (V. 1) ist Christinnen und Christen all das zugänglich, was »die Welt« nicht zu bieten hat. Denn das Wesensmerkmal der Welt ist die Vergänglichkeit. Eine beständige und »unbefleckte« Existenz gibt es allein im Gegenüber zu dieser Welt (**4a**; vgl. 5,4). Erscheint aber die nicht durch Christus geprägte Welt als »befleckt«, wirkt sie zugleich befleckend. Wer nicht von ihren negativen Wesensmerkmalen infiziert werden will, muss ihr fremd bleiben.
Das positive Gegenstück zu dieser Welt ist nicht etwas erst Zukünftiges, sondern schon jetzt liegt es in den himmlischen Bereichen bereit (**4b**). Die Pluralform für Himmel entspricht dem hebräischen Sprachgebrauch. Das, was in den himmlischen Gefilden bereitliegt, ist »personalisiert«: Die verheißene Erbschaft ist den jeweiligen Christinnen und Christen konkret zugeordnet. Sie ist aufbewahrt für jede und jeden einzelnen persönlich und für niemand anderen. Das *Bereitliegen* der Gabe in den

Himmeln, d. h. im Reich Gottes, wird ausgedrückt durch das griechische Perfekt, also durch die Tempusform, mit der das Ergebnis einer abgeschlossenen Handlung bezeichnet wird. Das Bereitgelegte ist konkret vorhanden, es gehört den Gläubigen allein, und sie werden es gewiss erhalten.

Die Gläubigen als diejenigen, denen das Erbe sicher ist, stehen bis zu dessen Empfang nicht für sich allein in der ihnen fremden und feindlichen Welt. Durch die Kraft Gottes sind sie in der Zwischenzeit bewahrt (**5a**). Der »Glaube« in der Mitte der Wendung: »ihr [seid] behütet durch den Glauben zur Rettung« (**5b**), erlaubt einen doppelten Bezug. Zum einen sind die Gläubigen durch ihren Glauben als Ausdruck der Kraft Gottes *behütet*; zum anderen ist es der Glaube, der sie *rettet*. Der Glaube strahlt aus in beide Richtungen: Er wirkt gegenwärtige Bewahrung *und* zukünftige (ewige) Rettung.

Die *Offenbarung* erfolgt, sobald der rechte und von Gott vorausbestimmte Zeitpunkt gekommen ist (**5c**). Nicht eine zu Ende gehende Zeit erzwingt das Kommen der eschatologischen Wende, sondern sie tritt ein, wenn Gott es will, und setzt damit aller Zeit ein Ende. Von dem griechischen Wort für die zugleich das Ende bezeichnende und bewirkende eschatologische »Aufdeckung« leitet sich das Fremdwort »Apokalypse« (Offenbarung) ab.

Die Satzkonstruktion um das, was zur Offenbarung bereitliegt (5c), ist nicht eindeutig formuliert. Grammatikalisch ist ein singularisches, feminines Bezugswort gefordert. Dafür kommen zwei Wendungen infrage: Entweder geht es um die »Erbschaft« (kleronomia; V. 4a), die bereitliegt, offenbart zu werden, oder um die zur Offenbarung bereitliegende »Rettung« (soteria; V. 5b).

»Rettung« als unmittelbar voranstehendes Bezugswort ist das buchstäblich Naheliegende und wird auch in 1,9f. und 2,2 als Ziel vorgestellt. Doch die im Himmel bewahrte Erbschaft, mit der die Sinneinheit eröffnet wird, lässt sich ebenfalls als zur Offenbarung bereitliegend verstehen. In diesem Fall würden die aufeinander bezogenen Termini (»Erbschaft«, V. 4a; und »bereit«, V. 5c) einen Rahmen um den Zweck des Erbes (die Rettung, V. 5b) bilden. Nicht zuletzt, weil der Verfasser des Briefes bereits mit der spiegelbildlichen Wortstellung (Chiasmus) im dritten Vers seine Fähigkeit zu kunstvollen Formulierungen und Bezügen demonstriert hat, wird hier die zweite Variante favorisiert. Gleichzeitig soll nicht ausgeschlossen werden, dass der Autor bewusst beide Möglichkeiten offenhalten wollte.

In den ersten drei Versen des eigentlichen Briefkorpus benennt sein Verfasser die Eckpunkte der christlichen Existenz. Wer an Christus und seine Heilstat glaubt, hat bereits Anteil am ewigen Heil und ist wiedergeboren. Dass sich ihre Wiedergeburt in der Taufe vollzogen hat, wurde für die christlichen Leserinnen und Leser im Wort von der Besprengung (V. 2b) angedeutet. Ihr neues Leben verdankt sich dem Erbarmen Gottes und konkret dem Tod und der Auferstehung Christi. Die Wiedergeborenen sind in ihrer neuen Existenz behütet und gerettet durch den Glauben. Was sie am Ende der Zeiten erwartet, liegt schon für sie zur Offenbarung bereit: Es ist eine Erbschaft, die nicht die Merkmale dieser vergänglichen Welt aufweist.

1,6–9
Freude über das Heil im gegenwärtigen Leid

6 Darüber jubelt ihr, obwohl ihr jetzt eine kurze Zeit, wenn es sein muss, unter mancherlei Versuchungen leidet. **7** Dadurch wird die Echtheit eures Glaubens als viel wertvoller erwiesen als Gold, das doch vergänglich ist und das durch Feuer geprüft wird. Und es geschieht zum Lob und zum Ruhm und zur Ehre bei der Offenbarung Jesu Christi. **8** Ihn liebt ihr, obwohl ihr ihn nicht gesehen habt. An ihn glaubt ihr, obwohl ihr ihn auch jetzt nicht schaut. Jubelt mit unaussprechlicher und herrlicher Freude, **9** weil ihr das Ziel eures Glaubens erlangt: die Rettung eurer Seelen!

Das verheißene und bereitliegende Erbe kann den Christen niemand mehr entreißen. Am Anfang also steht die »Haben-Seite« der Gläubigen. Dieses unüberbietbare Kapital ist der Grund christlichen Jubels (**6a**). Dabei wird nicht ausgeblendet, dass das Leben in der Gegenwart leidvoll und beschwerlich ist. Wenn der Autor die aktuelle Mühsal mit »ein wenig« apostrophiert (vgl. 5,10), dann sollen damit die Leiden nicht klein geredet werden, es geht vielmehr darum zu verdeutlichen, dass das, was die Gläubigen bereits gewonnen haben, unvergleichlich größer und bedeutender ist als alles, was ihnen an Leid in der Gegenwart begegnet. Ähnlich schreibt Paulus in Röm 8,18, dass die Leiden der jetzigen Zeit gegenüber der kommenden Herrlichkeit, die an den Gläubigen offenbart werden wird, nicht ins Gewicht fallen (2 Kor 4,17 f.). Liegt aber bei Paulus das Gewicht der Verheißung auf der Zukunft, so wird den Empfängerinnen und Empfängern des ersten Petrusbriefes vermittelt, dass der Gegenstand ihrer Hoffnung ihnen bereits gehört (vgl. Mt 5,11 f.; Lk 6,22 f.). Leiden treffen Christen im Einklang mit Gottes Willen (**6b**; vgl. 3,17; 4,19). Die verschiedenartigen Betrübnisse werden als nötig und als das unvermeidliche Minimum an Leiden beschrieben (5,10). Durch ihre Etikettierung als »Versuchungen« (**6c**) wird deutlich, dass sie letztlich zugunsten der Versuchten geschehen. Die Gläubigen bewähren sich in den

Versuchungen und gehen gestärkt aus ihnen hervor. Wer in und unter Versuchungen leidet, verbleibt dabei im Wirkungs- und Willensbereich Gottes.
In Vers 5 bezog sich die Aufdeckung (Apokalypse) auf das Offenbar-Werden der Rettung bzw. der bereitliegenden Erbschaft. Zwei Verse später geht es um die Offenbarung des Glaubens (7a). Wenn im griechischen Text vom *Echten des Glaubens* gesprochen wird, dann ist nicht eine Prüfung der wahren Bestandteile des Glaubens gemeint (*das Echte am Glauben*, Genitivus Partitivus); es geht vielmehr um die *Echtheit des Glaubens*. Glaube ist laut erstem Petrusbrief entweder echt, oder er ist nicht vorhanden.
Der Verfasser vergleicht diesen Glauben mit geläutertem Gold (7b). Doch sogleich wird betont, dass der Vergleich hinkt, weil Glaube ungleich wertvoller ist als Gold. Letzteres ist vergänglich – Glaube beständig. Selbstverständlich ist bekannt, dass Gold zu den beständigsten irdischen Materialien zählt. Gerade das macht die Gegenüberstellung mit dem Glauben rhetorisch so wirkungsvoll. Der Autor schließt vom Kleineren auf das Größere (argumentum a minori ad maius): Wenn schon das als vergänglich bezeichnete Gold durch Feuer geprüft wird (vgl. 4,12), um wie viel mehr dann der unvergängliche Glaube durch zeitlich begrenzte Leiden! Die Glaubensprüfung kann weder dem Gläubigen noch dem Glauben selbst etwas anhaben. Sie dient dem Erweis seiner Echtheit und damit letztlich seiner Stärkung.

Das Motiv der Erprobung und der Läuterung durch Feuer findet sich in den biblischen Schriften mehrfach: Paulus spricht in 1Kor 3,13 von der Prüfung und Offenbarung der Werke und ihrer Echtheit durch Feuer (vgl. 1Petr 4,12). Dass Gold in dieser Prüfung das beständigste Material ist, setzt er in seiner Aufzählung in 1Kor 3,12 durch dessen Nennung an erster Stelle voraus. Sach 13,9 spricht von der Feuerprobe derer, die in Wahrheit den Namen Gottes anrufen, und vergleicht diese Erprobung mit dem Läutern von Gold. Feuer zur Reinigung erwähnt auch Num 31,23. Jes 43,2 bekräftigt, dass den Gottesfürchtigen *Feuer* und Wasser nichts anhaben können, und in Ps 66,12 mündet die Nennung der Qual der Frommen durch *Feuer* und Wasser in dem Zuspruch der letztendlichen Erquickung der Gepeinigten durch Gott.

Vers 7c nennt einen Dreiklang: Im Zusammenhang mit der Bewährung des Glaubens geschehen *Lob, Ruhm* und *Ehre*. Es herrscht keine Einigkeit darüber, wer wen lobt, rühmt und ehrt.
Die Einheitsübersetzung (EÜ 1980) nennt den geprüften *Glauben* als Objekt des Lobens und Ehrens: »So wird (eurem Glauben) Lob, Herrlichkeit und Ehre zuteil bei der Offenbarung Jesu Christi" (EÜ 2016 legt den

Akzent auf die »Standfestigkeit im Glauben«). Während das Neue Testament Beispiele bietet für das wechselseitige Rühmen und Ehren *Gottes* und der *Gläubigen* (Gott ehrt die Gläubigen: Röm 2,10.29; 1Petr 2,7; 5,10 etc.; die Gläubigen ehren Gott: Phil 1,11; 1Tim 1,17; Offb 4,9.11 etc.), ist der *Glaube* als Objekt der Ehrung nicht in vergleichbarer Weise belegt. Damit erscheint die Übersetzungsvariante der Einheitsübersetzung als weniger wahrscheinlich.

Sowohl in der Einheitsübersetzung als auch im Kommentar von Feldmeier ist *Gott* Urheber des Rühmens. Feldmeier sieht in den *Gläubigen* die Adressaten der Ehrung: »Bei der Offenbarung Jesu Christi wird den jetzt Geschmähten und Verleumdeten ›Lob, Herrlichkeit und Ehre‹ zuteil werden« (56). In diese Richtung weisen auch die oben aufgeführten petrinischen Belege (1Petr 2,7; 5,10).

Zu erörtern ist noch eine dritte Variante. Am Anfang des Abschnitts (V. 3) war *Gott* Adressat des Preisens durch die Gläubigen. Wird auch in Vers 7c Gott als Empfänger des Rühmens verstanden, setzt eine solche Interpretation den geprüften Glauben als Instrument zum Lob *Gottes* voraus: Der Glaube und seine Echtheit werden verstanden als von den Gläubigen an Gott gerichteter Lobpreis für sein Werk in Christus. Der Dreiklang aus Lob, Ruhm und Ehre klingt an den himmlischen Gottesdienst in der Offenbarung des Johannes an (Offb 5,12 f.; 7,12). Damit wäre der in der Prüfung bewährte Glaube und damit letztlich das Leiden um des Glaubens willen selbst eine Art von Gottesdienst.

Vers 7c ist offen für beide Deutungen (so auch Vahrenhorst, 79). Durch die Art der Konstruktion soll gerade keine der beiden Verständnisweisen ausgeschlossen werden. Das Rühmen der Gläubigen und Gottes im Glauben ist ein wechselseitiges Geschehen und vollzieht sich nicht nur in einer Richtung. Eine solche Offenheit des ersten Petrusbriefes für mehrere Deutungen erweist sich auch im Fortgang als eines seiner Charakteristika, so zum Beispiel, wenn es heißt, die Echtheit des Glaubens zeige sich *durch die* und *bei der* Offenbarung Jesu Christi. Der Genitiv in »Offenbarung Christi« ist zugleich als Genitivus subjectivus (Christus ist derjenige, der die Echtheit des Glaubens offenbart) als auch als Genitivus objectivus zu verstehen (Christus wird darin offenbar).

Die doppelte Option setzt sich im Folgevers fort. »Lieben« (**8a**) und »jubeln« (**8c**; so auch in **6a**) lassen sich auf der einen Seite als Bestandsaufnahmen und als Haltung der Glaubenden verstehen, die (noch) nicht schauen (**8b**): »Ihr liebt« und »ihr jubelt«. Auf der anderen Seite aber lässt sich aus den griechischen Formen ebenso das imperativische Moment heraushören: »Liebt« und »jubelt!«. Hätte der Autor einen der Aspekte ausschließen wollen, wäre ihm das sprachlich möglich gewesen. Um in der deutschen Wiedergabe den Bedeutungsreichtum anzudeuten, wird

die erste Form, gleichsam als Ausgangsbasis, mit dem Indikativ und die zweite mit der Imperativform übersetzt.
In **8a** ist zunächst den konkreten Leiden der nicht sichtbare Christus gegenübergestellt. Ihm haben sich die Gläubigen mit ihrer ganzen Existenz zugewandt und lieben ihn, ohne ihn gesehen zu haben (**8b**). Mit dieser dauerhaften Liebe dürfen und sollen Jubel und eine nicht mehr steigerbare Freude einhergehen (**8c**). War der Jubel in Vers 6 noch das positive Gegenstück zu den kurzzeitigen Leiden, so wird dieser Jubel jetzt inhaltlich gefüllt. Eine größere Freude, als Christus anzugehören und an ihn zu glauben, ist nicht vorstellbar. Demgegenüber fällt – analog zu den begrenzten Leiden (6; 5,10) – nicht ins Gewicht, dass der Geglaubte (noch) nicht geschaut wird (**8b**). Im Gegenteil gereicht gerade der Glaube, der ohne Anschauung auskommt, denen, die so glauben, zu besonderer Freude (**8c**).
Eine *literarische* Nähe des hier behandelten Verses zum Johannesevangelium und der Erzählung vom »ungläubigen Thomas« (Joh 20,26–29) lässt sich nicht erhärten. Doch ist der Umgang mit dem Phänomen des ungeschauten Geglaubten in einem gemeinsamen zeitgeschichtlichen Horizont zu verorten: Was manchen als Manko erscheinen mag (die Abwesenheit des Geglaubten), ist gerade das, was eine besondere Glaubenskraft offenbart und als solche gerühmt wird (1Petr 1,8; Joh 20,29).
Das verheißene Ziel, die Rettung der Seelen, liegt nicht in einer fernen Zukunft (**9**). Im Glauben empfangen es die Christinnen und Christen bereits in ihrer Gegenwart. Wenn von *Seelen*rettung die Rede ist, verbirgt sich dahinter keine »Teilrettung«, so als würde alles andere, zum Beispiel die Leiber des Gläubigen, verloren gehen. Die *Seelen* stehen für die gesamte gläubige und erlöste Existenz. Die Rettung selbst ist kein bloßes Befreit-Werden aus den Leiden, sondern es handelt sich um eine endgültige und umfassende Rettung. Im Glauben an Christus haben die Gläubigen Teil an der Herrlichkeit Gottes und sind damit Teilhaber des ewigen Heils. Auch hier wird eine Parallele zum Johannesevangelium offenbar: »Wer mein Wort hört und glaubt dem, der mich gesandt hat, der hat das ewige Leben und kommt nicht in das Gericht, sondern er ist vom Tode zum Leben hindurchgedrungen« (Joh 5,24; LÜ 2017).

Zum Ende des ersten Drittels des Eingangskapitels kommt ein Hauptthema des Briefes explizit zur Sprache: die Leiden der Gemeindeglieder. »Verpackt« ist dieses Leid in eine Fülle von Heilszusagen. Leiden geschieht nicht unabhängig von Gottes Willen, es ist beschränkt auf ein Minimum und es dient der Glaubensstärkung der Leidenden und zu ihrer Rettung. Der in Leid und Versuchung geprüfte Glaube derer, die den Gegenstand ihres Glaubens nicht sehen, ist Anlass zu Jubel und Lob Gottes.

1,10–12
Alle Heilsverheißungen gelten den Gläubigen in der Gegenwart

¹⁰ Nach solcher Rettung haben die Propheten gesucht und geforscht. Und sie haben geweissagt über die euch zugedachte Gnade. ¹¹ Sie forschten nach, auf welchen oder was für einen Zeitpunkt der Geist Christi, der in ihnen wirksam war, hindeutete. Er verwies im Vorhinein auf die Leiden, die Christus betreffen sollten, und auf die Herrlichkeiten danach. ¹² Ihnen wurde offenbart, dass sie nicht sich selbst, sondern euch dienen sollten. Dies nun wurde euch mitgeteilt durch die, die euch das Evangelium durch den heiligen Geist verkündigt haben, der vom Himmel gesandt ist. Auf all das einen Blick zu erhaschen, begehren selbst Engel.

Grundlage der Hermeneutik des ersten Petrusbriefes ist, dass sich die Verheißungen der biblischen Schriften auf die Zeit Jesu und die Gegenwart der Empfängergemeinden beziehen (10). Des Weiteren wird vorausgesetzt, dass es durch alle Zeiten hindurch nur ein einziges Heil gibt: das Heil in und durch Jesus Christus und seine Heilstat am Kreuz. Wahre Prophetie muss sich notwendig auf dieses Heil beziehen. Daraus folgt, dass der Geist, in dem die wahren Propheten prophezeien, zeit- und epochenunabhängig der Geist Christi ist (11). Bei allen Verheißungen geht es also weder um die Zeit der Prophezeienden noch um eine ferne Zukunft. Wenn Propheten in der Vergangenheit nach Gnade gefragt haben, dann bezog sich ihr Fragen auf die Gnade, die den Christinnen und Christen schon immer zugedacht war und an der sie im Glauben bereits teilhaben (12).
Auch für Paulus war das *eine*, den Gläubigen zugesprochene Heil seit je Gegenstand der Prophezeiungen aller Propheten. Für ein solches zeitunabhängiges Heils- und Prophetieverständnis bieten seine Briefe anschauliche Beispiele: Bereits Abraham wurde laut Paulus durch den Glauben an Christus gerechtfertigt (Gal 3,16; Röm 4,3.12 f.) und der Fels, aus dem die Israeliten auf ihrer Wanderung durch die Wüste tranken, war Christus (1Kor 10,4; vgl. 1Kor 5,7). Letztlich ist alles um der Gläubigen der ersten christlichen Gemeinden willen prophezeit worden (1Kor 9,9 f.), »auf die das Ende der Zeiten gekommen ist« (1Kor 10,11).
Es sind laut Verfasser des ersten Petrusbriefes nicht die *Inhalte* der Verheißungen, die den Prophezeienden unbekannt waren, nämlich, dass der Messias (der Christus) leiden und verherrlicht werden muss. Vielmehr betraf das, was den vom Geist Christi erfüllten Menschen noch verborgen war, auf der einen Seite den genauen Zeitpunkt *(Kairos)* und auf der anderen das, woran das Kommen des Heils zu erkennen sein würde, d. h. die genaue Form, in der es Gestalt annimmt (11a).

Die Beschreibung des einzigartigen Privilegs der Gläubigen, dass sämtliche Heilszusagen auf sie und ihre Zeit zielten und sich für sie erfüllten, ist unterlegt mit dem Cantus firmus des Briefes: dem Hinweis auf das Leiden in der Nachfolge Christi (11b; 2,21). Wie bereits im sechsten Vers wird der Blick geweitet: Alle Verheißungen der Vergangenheit bündeln sich in der Heilstat Christi, in Kreuz und Auferstehung. Von diesem Brennpunkt wiederum gehen Strahlen aus und verheißen zukünftige Herrlichkeit.

Die kleine leidende Petrus-Gemeinde erfährt eine ungeheure Aufwertung. Alle Verheißungen, alle Verkündigungen, letztlich die gesamte Vergangenheit kannte nur ein Ziel, die Gegenwart derer, die zum Glauben an den gekreuzigten Jesus als Messias gekommen waren, und das heißt, die Adressaten des Briefes und ihre Zeitgenossen. Die Propheten und die Großen der Vergangenheit traten demütig und dienend in die zweite Reihe als Wegbereiter derer, denen sie das Evangelium verkündigten (12a). Durch die Beschreibung des Heiligen Geistes, als vom Himmel gesandt, wird eine Abwertung der Engel vorbereitet, die ihren Ursprung gleichfalls im Himmel haben. Denn den Engeln ist das Evangelium, das die Propheten als zukünftig verkündeten und was die Gemeinde als gegenwärtig erfährt, nicht zugänglich (12b). Ein noch höherer Status lässt sich einer Gemeinde kaum zusprechen, als der, noch über den Engeln zu stehen (vgl. 1Kor 6,3). Den himmlischen Engeln blieb verwehrt, was deren höchstes Bestreben war und ist, nämlich einstmals einen Blick von dem zu erhaschen, woran die Gläubigen bereits Anteil haben.

Die Hochschätzung der Gläubigen im Gegenüber zu den (abgewerteten) Engeln findet ihre alttestamentliche Basis in Ps 8,6: Gott wird dafür gerühmt, den Menschen nur wenig niedriger gemacht zu haben als Gott selbst. An diese Tradition anknüpfend setzt Paulus in 1Kor 6,3 als allgemein bekannt voraus, dass die Gläubigen dereinst über die Engel richten werden. Den Autor des ersten Petrusbriefes und Paulus verbindet, dass sie keine hohe Meinung von Engeln haben. Angesichts der alleinigen Mittlerschaft Christi bleibt für Engel keine heilswichtige Funktion übrig (vgl. Röm 8,38). Bei dem zweiten der beiden Engelbelege im ersten Petrusbrief (1Petr 3,22) erscheinen die Engel in einer Reihe neben Gewalten und Mächten, die Christus unterworfen wurden. Während sie in 1Petr 1,12 nur neugierig, vorwitzig und allenfalls eifersüchtig auf die Gläubigen blicken, werden sie im zweiten Petrusbrief und im Judasbrief dezidiert als böse beschrieben (2Petr 2,4.11; Jud 6). Eine positive Ausnahme bildet innerhalb der hier behandelten Briefe der Erzengel Michael in Jud 9.

Im Zentrum des Eingangskapitels steht eine hermeneutische Grundfrage: Wie verhält sich das zu einem konkreten Zeitpunkt der Geschichte in Jesus von

Nazareth und in seiner Heilstat am Kreuz geschehene Heil zu dessen die Vergangenheit, Gegenwart und Zukunft übergreifenden ewigen Relevanz?
Der Autor des ersten Petrusbriefes stimmt mit Paulus darin überein, dass es nur *ein* Heil gibt und dass es sich überall, wo Heil verheißen oder erfahren wurde, zeitunabhängig um das Heil in Christus handelt. Der Geist, aus dem heraus dieses Heil verkündigt wurde und wird, war und ist der Geist Christi. Für die junge christliche Gemeinde bedeutet das, dass alle Heilsverkündigung auf sie zielte und sich in ihrer Zeit bündelt. Dieses Privileg erhebt die leidenden Gläubigen sogar über die Engel, die sich zwar ewig danach sehnten, es aber nie erlangten.

1,13–21
Heil und Nachfolge Christi bedeuten Fremdheit in der Gegenwart

¹³ Deshalb umgürtet Euch. Stärkt euren Verstand und seid nüchtern. Setzt eure Hoffnung ganz auf die Gnade, die euch durch die Offenbarung Jesu Christi dargeboten wird. ¹⁴ Seid gehorsame Kinder. Passt euch nicht den Begierden von früher an, die euch in der Zeit eurer Unwissenheit bestimmten. ¹⁵ Sondern, wie *der* heilig ist, der euch berufen hat, so seid auch selbst Heilige durch alles, was ihr tut. ¹⁶ Denn es steht geschrieben: »*Seid Heilige, weil ich heilig bin!*« ¹⁷ Und wenn ihr den als Vater anruft, der jeden ohne Ansehen der Person nach seinem Tun richtet, dann lebt auch ihr in Gottesfurcht, solange ihr in der Fremde seid. ¹⁸ Macht euch bewusst, dass ihr nicht durch so Vergängliches wie Silber oder Gold von eurer sinnentleerten, von den Vätern überlieferten Lebensweise befreit wurdet, ¹⁹ sondern durch das kostbare Blut Christi, eines fehlerlosen und unbefleckten Lammes. ²⁰ Schon vor der Grundlegung der Welt war er ausersehen. Offenbart aber wurde er in der letzten der Zeiten euretwegen. ²¹ Durch ihn seid ihr zum Glauben an Gott gekommen. Er hat ihn von den Toten erweckt und ihm Ruhm verliehen, damit ihr an Gott glaubt und auf ihn hofft.

Jüdische Leserinnen und Leser denken bei der Rede von den »umgürteten Lenden« (13a) an den Passaabend in Ägypten (Ex 12,11) und den Auszug aus der Sklaverei in die Freiheit, in Richtung auf das Gelobte Land. Jedes Jahr rekapitulieren Jüdinnen und Juden diese Passage anlässlich des Passafestes. Dabei fühlen sich die Feiernden, als seien sie selbst beim Auszug dabei gewesen (Ex 13,8; Dtn 5,3; Pes X,5). Neben Lesungen, Liedern, Speisen und Sitzhaltungen zählt zur Ausgestaltung einer Passafeier in manchen Traditionen auch eine bestimmte Kleidung, die einen unverzüglichen Aufbruch erlaubt. Darauf bezieht sich das Motiv des Umgürtet-Seins (13a): Wer gürtet ist, ist bereit.

Die Lage der bedrängten Christen in der petrinischen Gemeinde wird parallelisiert mit der Situation der Israeliten in Ägypten (anders bei Brox, Petrusbrief, 75). Wie die Israeliten sich nicht in Ägypten einrichten durften, so auch nicht die Gläubigen in dieser Welt (vgl. Hebr 13,14). Gläubige sollen sich darauf einstellen (»gesinnt sein«), jederzeit in ihre eigentliche Heimat aufzubrechen (vgl. Phil 3,20).
Metaphern, die sich auf das »Anziehen« von Einstellungen beziehen, sind in den neutestamentlichen Schriften gebräuchlich. So nennt Paulus den Panzer des Glaubens und der Liebe oder den Helm der Hoffnung auf Heil (1Thess 5,8). Eph 6,14 spricht von der Umgürtung der Lenden mit Wahrheit (vgl. Eph 6,17). Auch Lk 12,35 verdeutlicht den Aufruf zur Wachsamkeit und zur Bereitschaft mit dem Bild der umgürteten Lenden und stellt ihm eine sich berauschende Dienerschaft gegenüber, die den plötzlich wiederkehrenden Herrn nicht nüchtern empfängt. Nicht in der gegenwärtigen Welt sollen sich Gläubige einrichten, sondern das einzige, was zählt, ist die in, mit und durch Christus offenbarte Gnade (**13b**). Sie ist einziger und wahrer Inhalt der Hoffnung der Gemeinde – alles andere entspricht der Knechtschaft in Ägypten (Ex 13,3; Dtn 5,6 etc.).
Mit seiner Rede von den *Kindern des Gehorsams* bleibt der Autor im Bildfeld des Passafestes (**14a**). Vier Söhne und ihr Verhalten sind traditioneller Bestandteil der jährlichen Passafeier. Der erste Sohn wird als klug und verständig dargestellt, der zweite verkörpert den Bösen, der dritte den Unwissenden, der vierte gilt als der, »der nicht zu fragen versteht«. Die in **14b** genannten Eigenschaften (Gehorsam, Unwissenheit, Begierden) lassen sich diesen Söhnen zuordnen: In der bis heute am Passaabend gelesenen Erzählung (Passa-Haggada) bemerkt der erste und verständige Sohn die Neuheit der Situation. Sie ist ihm fremd, doch er bemüht sich, diese Neuheit zu verstehen, und fragt nach den Gründen für die Unterschiede gegenüber den sonstigen Gepflogenheiten. So zeigt er sich als »Kind des Gehorsams«. Die anderen Söhne in der Passaerzählung stehen für Unwissenheit und Begierden (14b).
Indem die Christinnen und Christen dieser Welt fremd geworden sind, erweisen sie sich als verständige Kinder der anderen, d.h. der durch Christus geprägten Existenz. Sie ist ihnen noch neu, wie Kinder müssen sie darin wachsen und ihr gehorsam werden. Damit verbunden ist das Ablegen dessen, was die alte Existenz ausmachte. Wer dagegen weiter den vormaligen Begierden, der früheren Unwissenheit und der alten Welt verhaftet bleibt, ist kein »Kind des Gehorsams«.
Die Gemeinde der Kinder Gottes ist durch ihren Vater (vgl. 17a), den »Heiligen«, in eine neue Existenz gerufen (**15**). Dem entspricht auf Seiten der Gläubigen eine entsprechende Lebensführung (vgl. Mt 5,48). Der Heilige ruft und heiligt durch seinen Ruf die Gerufenen. Die so selbst zu

Heiligen Gewordenen spiegeln ihren neuen Status in allem, was sie tun, reden und denken (vgl. Röm 6,4).
Zur Bekräftigung verweist der Verfasser des ersten Petrusbriefes auf das Heiligkeitsgebot in Lev 11,44f. und 19,2 (**16**). In Lev 11,45 gibt sich der *Heilige* als der zu erkennen, der Israel aus Ägypten befreit hat. Indem 1Petr 1,16 hierauf anspielt und die Gläubigen aufruft, ihm zu entsprechen, wird der christlichen Gemeinde die Rolle der Kinder Israels beim Auszug aus Ägypten zugeschrieben. Einen weiteren Aufruf, Gott als dem Heiligen adäquat zu werden, bietet Lev 19,2. Dessen Folgevers (Lev 19,3) wird zwar nicht expressis verbis zitiert, ist jedoch als sein unmittelbarer Kontext mit präsent:
Das »Heiligen« konkretisiert sich in dem Gebot, Vater und Mutter zu ehren (vgl. die *Kinder des Gehorsams* in V. 14). Bezogen auf das erwähnte Gebot der Elternehrung (Lev 19,3) ist in der dem ersten Petrusbrief zugrundeliegenden Septuagintafassung wörtlich von »fürchten« im Sinne von »Ehrfurcht haben« die Rede. Entsprechend gebietet der Autor des ersten Petrusbriefes in **1,17**, in »Furcht« vor dem Gott zu wandeln, den die Gläubigen als Vater anrufen (**17a**). Er bezieht damit das Gebot der Elternehrung auf Gott als Vater und auf die Gemeindeglieder als Kinder. Die in Ex 20,12 und Dtn 5,16 gegebene Verheißung eines langen *Lebens* auf Erden für die, die ihre Eltern ehren, findet in **17c** ihre Entsprechung im Aufruf zu einem *Lebens*wandel in Ehrfurcht vor Gott in der Zeit der Fremdlingsschaft.
Durch die Erinnerung an den Aufbruch der Kinder Israels aus der ägyptischen Fremde in V. 13 ist zunächst ein urjüdischer Kontext aufgerufen. Mit dem Hinweis auf den Vater, der *ohne Ansehen der Person* richtet (**17a**; vgl. Apg 10,34), wird der Kreis geweitet: Entscheidend sind nicht ein jüdischer oder heidnischer (d. h. nichtjüdischer) Hintergrund der Gläubigen, sondern deren Werke (**17b**). Werke sind dabei nicht als Mittel zum Heilserwerb misszuverstehen, sondern als Modus des heiligen Wandelns innerhalb des durch Christus erworbenen Heils. Kinder des Vaters sind alle, die an Christus glauben. Das Richten nach den Werken ist damit ein Privileg der Kinder Gottes und für die Christinnen und Christen eine Heilsaussage. Wer nicht Christus angehört, wird nicht nach Werken gerichtet.
Ohne Ansehen einer jüdischen oder nichtjüdischen Herkunft teilen alle Gläubigen, dass sie bis zur Wiederkunft Christi gemeinsam die Zeit in der Fremdlingsschaft zu bestehen haben. Dieser Lebenswandel hat in Gottesfurcht zu geschehen (vgl. Phil 2,12), also im Vertrauen auf das Eingebundensein in den göttlichen Heilsplan. Das bereits in V. 7 verwendete Motiv des Goldes wird in **V. 18a** wieder aufgegriffen. Es veranschaulicht an dieser Stelle den für die Erlösung der Gläubigen gezahlten unvergleichlich hohen Preis.

Waren bis jetzt durch die Passathematik insbesondere die judenchristlichen Gemeindeglieder im Blick, konzentriert sich die Perikope nun auf die *nichtjüdischen* Gläubigen. Deren Väter sind gemeint, wenn von einem von den Vorfahren ererbten Lebenswandel die Rede ist (**18b**). Der Wandel der jüdischen Erzeltern dient dagegen als Positivfolie (vgl. 3,6), von der sich nichtjüdisches Leben negativ abhebt. Die hier angesprochenen nichtjüdischen Adressaten des Briefes werden durch den Glauben an Christus ihren zuvor adressierten jüdischen Geschwistern gleichgestellt: Sie haben einen gemeinsamen Gott, der als ihr gemeinsamer Vater in Christus nicht auf ihre Herkunft schaut (17b).

Die Annahme von Nichtjuden durch den Vater Jesu Christi als Kinder bedeutet für sie zugleich die Loslösung aus der alten Kindschaft. Ihr nichtjüdisches Kindsein implizierte einen Lebenswandel gemäß dem, was ihnen ihre nichtjüdischen Vorfahren überliefert hatten.

Die Wertlosigkeit der alten Existenz steht dem hohen Preis für den Freikauf gegenüber (**19a**). Das Motiv des Freikaufs setzt zum einen die unfreie Existenz in der Gefangenschaft oder der Sklaverei voraus, die es zu überwinden galt, denn für Jüdinnen und Juden bedeutete Unfreiheit, dass sie nur eingeschränkt Gottes Gebote erfüllen konnten (keine Arbeit am Sabbat etc.). Auf der anderen Seite bedurfte es eines Befreiers, der bereit war, den nötigen Preis zu zahlen.

Die alte Existenz, der alte Wandel und die alten Werke vor dem Freikauf spielen im Gericht durch den Vater keine Rolle. Das Gericht nach den durch Gläubige vollbrachten Werken (V. 17b) geschieht für Juden *und* Nichtjuden zum Heil. Würden Nichtjuden nach ihrer alten Herkunft gerichtet, bestünde für sie keine Aussicht auf Rettung. Ganz anders dagegen sieht es aus, wenn die Werke ihres in der Nachfolge Christi geführten Lebens dem Gericht zugrunde liegen. Ein Gericht nach Werken, die der neuen Existenz entsprechen, ist ein Gericht zum Leben.

Der Freikauf vollzieht sich mittels des Blutes Christi. Indem Christus als fehlerloses Lamm bezeichnet wird (**19b**), ruft der Autor noch einmal den Passakontext auf, der durch die Aufforderung, die Lenden zu umgürten, seit V. 13 präsent ist: Das fehlerlose Lamm (Ex 12,5) rettet alle zum Auszug Gerüsteten, deren Häuser mit seinem Blut gekennzeichnet sind (Ex 12,7.13.23). Gemäß dem unter anderem im Jubiläenbuch dokumentierten zeitgenössischen Verständnis (Jub 49,2 f.; vgl. 1Kor 5,5.7) bewahrt das Blut des Lammes vor dem Zugriff der satanischen Mächte, die alle erstgeborenen Kinder in den nicht markierten Häusern töten. Mit der Benennung Christi als makelloses Passalamm (19b; vgl. Ex 12,5) wird zugleich die Opferterminologie im Kontext des Tempelopfers in Erinnerung gerufen: Nur überaus wertvolle und fehlerlose Tiere waren tauglich (Lev 1,3; Dtn 15,21 etc.). Das heißt übertragen auf Christus:

Einzig ein Sündloser war geeignet, für die Sünder Sühne zu leisten und deren Sünde zu tragen (Joh 8,46; 2Kor 5,21; Hebr 4,15; 7,26).
Dem Autor ist wichtig, mit seiner Darstellung nicht das Alte durch etwas Neues zu ersetzen, sondern das Tradierte zu bestätigen (**20**). Der gesamte hier offenbarte Heilsplan beschreibt nichts anderes als das, was schon vor der Schöpfung von Gott festgelegt war (**20a**). Der Schreiber knüpft an sein Wort über die Propheten in 1,12 an: Alle Verkündigung bezieht sich auf Christus und sein Heilswerk und ist folglich Offenbarung des ewig Vorherbestimmten (vgl. Mt 13,35). Die dahinterstehende Vorstellung von der Ewigkeit des Heils, das in der Gegenwart der Gläubigen in die Welt kam, liegt als Motiv ebenso dem Prolog des Johannesevangeliums (Joh 1,1–3.14) und dem Philipperhymnus zugrunde (Phil 2,5–11). Die christlichen Gemeinden der Gegenwart dürfen sich als Adressaten und Zielpunkt aller Verheißung verstehen (**20b**). Das gilt sowohl für christusgläubige Juden als auch für Gläubige ohne jüdischen Hintergrund. Denn der Gott, an den beide durch Christus glauben, ist derselbe Gott. Es ist dieser Gott, der Christus erweckte und ihm Ruhm verlieh (**21a**). Glaube und Hoffnung aller sind auf ihn gerichtet (**21b**), der das Heilswerk in Christus verwirklicht hat, und an den alle – Juden wie Nichtjuden – durch Christus glauben.
Die moderne Auffassung, bei »Glauben an Gott« handele es sich um den Glauben daran, dass ein Gott existiert, wäre bezogen auf den in Vers **21** benannten Glauben ein grobes Missverständnis. Glaube ist im ersten Petrusbrief (im Einklang mit der Mehrzahl der im Neuen Testament begegnenden Glaubensaussagen) der Glaube an Gott als Vater Jesu Christi. Allein mit Blick auf diese Vaterschaft rufen die Gläubigen Gott als *ihren* Vater an. Unabhängig vom Glauben an Christus als *den* Sohn Gottes ist für den Autor des ersten Petrusbriefs wie auch für Paulus (vgl. Röm 8,15; Gal 4,6) keine Anrufung Gottes als Vater denkbar.

Die ersten zwölf Verse des ersten Petrusbriefes beschreiben das durch Christus erwirkte Heil. Im zweiten Teil des ersten Kapitels (13–21) geht es um das Handeln der Gläubigen, ihre Herkunft und ihren zukünftigen Weg.
Die Situation der Gläubigen entspricht der des Volkes Israel am Abend vor dem Auszug aus Ägypten. Christus als das rettende und bewahrende Passalamm ist geschlachtet. Der Autor stellt dem, was die Welt als wertvoll erachtet (V.7.18), das Blut des Lammes entgegen (V.19). Wie das Volk Israel machen sich auch die Gläubigen bereit für ein Leben außerhalb dessen, was ihnen bisher vertraut war. Die Zeit bis zur endgültigen Ankunft ist eine Zeit der Fremdheit, des Leids und der Bedrohung durch den Satan.
Durch die Ausweitung des Bildes vom Auszug und vom Passa auf *alle* Gläubigen werden in Bezug auf das Heil in Christus der Unterschied und die Grenze

zwischen Juden und Nichtjuden nivelliert (vgl. Eph 2,14). Beide bedürfen der Erlösung, beide sind durch die Taufe und den Glauben an Christus als den *einen* Sohn als Kinder des *einen* Vaters wiedergeboren. Sie sind Fremde in der Welt und werden nicht nach ihrer Herkunft, sondern nach ihren christlichen Werken gerichtet. Ersteres wäre ein Gericht zum Tode, letzteres geschieht zum Leben.

Das Heil ist von Ewigkeit an vorherbestimmt (V. 20). Wenn dieses Heil bereits die Israeliten in Ägypten erfahren haben und wenn gleichzeitig das Passalamm, das das jüdische Volk in Ägypten bewahrte, mit Christus gleichgesetzt wird (vgl. 1Kor 5,7b), dann haben auch alle an Christus Glaubenden Anteil an der Rettung in Ägypten. Zugleich stehen dann auch alle Gläubigen (Juden und Nichtjuden) dieser Welt als Fremde gegenüber (vgl. Gen 15,13).

1,22–25
Gläubige sind wiedergeboren zu einem Leben in einer ewigen Existenz

²² Nachdem eure Seelen geheiligt sind durch Gehorsam gegenüber der Wahrheit zu ungeheuchelter Bruderliebe, liebt einander beständig aus reinem Herzen. ²³ Denn ihr seid nicht aus vergänglichem Samen wiedergeboren, sondern aus unvergänglichem durch Gottes Wort, das lebendig ist und bleibt. ²⁴ Denn »*jedes Fleisch ist wie Gras, und seine ganze Herrlichkeit wie eine Blüte des Grases. Das Gras ist vertrocknet und die Blüte ist abgefallen*« (Jes 40,6). ²⁵ Aber das Wort des Herrn bleibt in die Ewigkeit. Dies ist das Wort, das an Euch als Evangelium verkündet wurde.

Wer den Lebenswandel der alten Existenz abgelegt hat, die Wahrheit annimmt und ihr gehorcht, ist »Kind des Gehorsams« (V. 14) und folgt dem Heiligungsgebot (V. 17; Lev 11,44 f.; 19,2). Die *Heiligung* der Seelen der Gläubigen (22a) erweist sich in der Liebe zu denen, die in gleicher Weise Heil erfahren haben. Eine solche Erfahrung zieht eine von Herzen kommende Liebe zu allen Geschwistern nach sich (22b). An dieser Stelle werden die beiden Adressaten-Gruppen miteinander vereint: Judenchristen und sogenannte Heidenchristen sind Geschwister. Keiner darf sich höher schätzen als den anderen, keine Seite soll die andere beneiden.

Die Rede vom Samen lässt im antiken jüdisch-christlichen Kontext an den Samen Abrahams und die daran geknüpfte Verheißung denken (23b; Gen 13,15 f.; 15,18; Gal 3,17). Das hieraus erwachsende und auch den Galater- und den Philipperbrief prägende Konfliktpotential versucht der Autor des ersten Petrusbriefes mit seinem Wort vom *unvergänglichen* Samen zu entschärfen. Die Herkunft aus dem (leiblichen) Samen Abrahams verschafft den jüdischen Gläubigen kein Privileg (Mt 3,9 par) und bedeutet für diejenigen, die ihre Herkunft nicht von Abraham ableiten, keinen Nachteil. Nicht die Geburt aus fleischlichem Samen zählt, sondern die Wiedergeburt aus dem unvergänglichem Wort Gottes (23c). Es ist diese Wiedergeburt, derer alle bedürfen und die erst Juden- und Heidenchristen zu Geschwistern macht. Sie werden angehalten, einander ohne Rivalitäten zu lieben (22c). Dass sich die Wiedergeburt (23a) im Akt der Taufe vollzieht, ist hier noch nicht expressis verbis angesprochen, legt sich aber, nicht zuletzt mit Blick auf das Wort von der Besprengung (V. 2) für die Glieder einer christlichen Gemeinde nahe.

Der Wiedergeburt zu ewigem Leben bei Gott aus unvergänglichem Samen steht die alte Schöpfung gegenüber. Sie erwächst aus vergänglichem Samen, ihre Blüte und Pracht sind nur von kurzer Dauer (24). Die Propheten, hier in Person des zitierten Jesaja (Jes 40,6), verkündigten nicht nur Christus als Bringer der neuen Schöpfung (1,10–12), sondern sie erkannten zugleich die Vergänglichkeit der alten Schöpfung. Vor der Wiedergeburt gleicht alle menschliche Existenz dem schnell aufgehenden, kurz erblühenden und bald verdorrenden Gras. Die abbrechende Blüte wird zu einem Symbol für den Tod.

Als Gegenstück dazu erscheint in den Versen 23 und **25** das Wort Gottes, dem ewiger Bestand zugesprochen wird. Das bleibende Wort, das Ewiges schafft, wird mit dem Evangelium identifiziert. Wer diesem Wort glaubt und Christus samt seiner Heilstat als Inhalt des Wortes annimmt, der hat das ewige Leben bei Gott (vgl. Joh 5,24). Der Verkündigung des Wortes des Evangeliums entspricht die Verkündigung aller Prophetie (12.20). Indem der Verfasser des ersten Petrusbriefes in V. 20 und 25 sowohl die prophetische Verheißung als auch die gegenwärtige Verkündigung gleichsetzt und beide Verse mit einer Form von »euch« beschließt, betont er, dass Gottes Wort zu allen Zeiten *eines* ist und dass jedes Wort der Verheißung zeitunabhängig den gläubigen Adressatinnen und Adressaten des Briefes gilt.

> Im Glauben an Christus und sein ewiges Heil sind alle zeitlichen Grenzen und alle Schranken der Herkunft überwunden. Um Anteil an dem ewigen und umfassenden Heil zu erlangen, bedürfen alle – Juden wie Nichtjuden – der Wiedergeburt aus unvergänglichem Samen. Als wiedergeborene Kinder eines gemeinsamen Vaters sind die Gläubigen Schwestern und Brüder und zu aufrichtiger Geschwisterliebe untereinander angehalten. Unterschiede in der Herkunft sind irrelevant.
>
> Gott hat die Welt durch sein ewiges Wort erschaffen (Gen 1,3 ff.; vgl. Joh 1,1–3). Indem die Gläubigen durch sein Wort wiedergeboren werden, vollzieht sich an ihnen ein Akt der Neuschöpfung. Ihre Wiedergeburt wird erwirkt durch Christus, als sündlosem Lamm. Er hat mit seinem Blut für den Freikauf der an ihn Glaubenden aus ihrer alten, vergänglichen und der Sünde verfallenen Existenz

gezahlt. Sie sind wiedergeboren aus unvergänglichem statt aus fleischlichem Samen. Damit ist sichergestellt, dass die wiedergeborenen Gläubigen nicht mehr der Vergänglichkeit unterworfen und nicht mehr wie Adam und seine Nachkommen (sein Samen) für Sünde und Tod empfänglich sind. Sie haben als Neugeborene durch Gottes ewiges Wort auf ewig Bestand.

2,1–3
Das Leben und Wachsen der Geretteten

2,1 Legt nun ab jede Schlechtigkeit und jede List und Heucheleien und Neidereien und alle Verleumdungen. **2** Begehrt wie eben geborene Säuglinge die vernünftige (»wortbezogene«), unverfälschte (»un-listige«) Milch, damit ihr durch sie wachst zur Rettung. **3** Denn ihr habt gekostet, dass der Herr gütig ist.

Das Motiv der Kindschaft und der Neugeburt setzt sich über die Kapitelgrenze hinweg fort. Deshalb werden die ersten drei Verse des zweiten Kapitels im Rahmen des zuvor behandelten Kontextes erörtert.
Stand bisher die Vergangenheit der Gläubigen im Vordergrund, richtet sich nun der Blick nach vorn auf den eingeschlagenen Weg in der neuen auf Christus ausgerichteten Existenz. Ging es in den Vorversen um das ewige Wort, durch das die Gläubigen wiedergeboren sind, steht nun die Meidung falscher Worte im Fokus. Denen, die durch das Wort neu geboren sind, gebührt eine diesem Wort gemäße Säuglingsnahrung.
Zunächst wird der frühere und nun abgelegte Wandel auf dem Pfad der Vorfahren konkretisiert, die nichtige »väterüberlieferte« Existenz (vgl. 1,18b). Darüber, dass die angeführten Details zu verurteilen sind, dürfte allgemein, also auch über das Christentum hinaus, Konsens geherrscht haben (**2,1**). Der Autor holt seine Leserschaft beim kleinsten gemeinsamen Nenner ab. Damit erreicht er auch die, die noch an der Grenze zum christlichen Bekenntnis stehen. Insbesondere Formen menschlicher Falschheit (List, Heuchelei, Neid), die sich in der ein oder anderen Weise mit *Wort*äußerungen in Verbindung bringen lassen, werden als dem christlichen Glauben wesensfremd benannt.
Mit Blick auf die Wiedergezeugten bzw. Wiedergeborenen und neu zum Glauben Gekommenen bleibt der Autor seinem Bild von Geburt (1,3) und Kindheit (1,14) auch in den ersten Versen des zweiten Kapitels treu. Die durch das *Wort* Neugeborenen (1,23) erhalten »*wort*bezogene« Milch (**2,2a**). Die für die Milch als Säuglingsnahrung verwendeten Adjektive bilden den Gegenpol zu den im Vers zuvor erwähnten Nomina: »un-listig« (**2,2a**; d. h. geradlinig, ungelogen, unverfälscht) steht gegen »List«

(2,1b) und »logisch, wortbezogen« (**2,2b**) gegen »Falschrede« (2,1c; d.h. Verleumdung). Vermittels der hier gewählten ungewöhnlichen Wiedergabe sollen für deutschsprachige Leserinnen und Leser die griechischen Bezüge verdeutlicht werden.

Der christliche Lebensweg wird von Beginn an durch Geradlinigkeit bestimmt. Christen nehmen gleichsam mit der Muttermilch »Wortgetreuheit« in sich auf, das heißt, die Gläubigen sollen dem antiken Ideal der Übereinstimmung mit dem Logos, also der Vernunft, entsprechen. Gegnern des Christentums, die »die neue Sekte« und ihren Glauben als absurd abtun wollen, wird so der Wind aus den Segeln genommen. Nicht die christliche Existenz, sondern das Leben »der anderen« ist unvernünftig.

Paulus gebraucht im ersten Brief an die Korinther (1Kor 3,2) ebenfalls das Bild der Milch als Nahrung der Novizinnen und Novizen. Bei ihm steht der Vergleich für Unreife und für Christen, die noch keine feste Speise vertragen, und die in ihrer Glaubensexistenz weniger fortgeschritten sind, als sie sein müssten. Geradezu gegenteilig zu 1Petr 2,2 bezeichnet Hebr 5,12–14 Milch als Nahrung derjenigen Christinnen und Christen, die dem Logos noch nicht zugänglich sind.

Die vom Vater durch das Wort (den Logos) Wiedergeborenen (1,23) und mit Wort- (Logos-) getreuer Milch Genährten (V. 2b) stehen in einer neuen Vater-Kind-Beziehung. Die vormaligen Väter und deren Wandel (1,18) sind abgetan. Es gilt, in der neuen Beziehung zu wachsen, hin zur Rettung (**2c**).

Ob bereits in der Gemeinde der Briefempfänger das Zitat aus Ps 34,9 (**2,3**; vgl. 1Petr 1,3) analog zu heutigen christlichen Gottesdiensten als Einladung zum Abendmahl gebräuchlich war (»schmecket [und sehet], wie freundlich der Herr ist«), lässt sich nicht sicher erheben. In jedem Falle aber transportiert das Psalmzitat die Zusammengehörigkeit der Speisung durch den Herrn und die Erfahrung seiner Güte. Sowohl das Bild vom Passafest (1,13–19) als auch das Bild vom Vater (1,2f.17f.; 2,2f.), der gütig seine Neugeborenen versorgt, vermittelt Sicherheit *in* und Schutz *vor* einer fremden und feindlichen Welt, womit zu einem Hauptthema des Briefes übergeleitet wird.

Stand im ersten Kapitel noch die Neu- bzw. Wiedergeburt der Christen im Vordergrund, so geht es im Folgenden (2,1–3) um die ersten Schritte der Gläubigen. Alles, was die vormalige Existenz ausmachte, ist als wesensfremd abzulegen. Die christliche Lehre, die den neu zum Glauben Gekommenen vermittelt wird, ist vernünftig und ermöglicht Wachstum und Reifung der durch Christus und seine Heilstat Neugeborenen.

II
2,4–17
Neues Leben und Leiden der Geretteten

2,4–8
Christus ehemals verworfen – heute geehrtes Vorbild

⁴ Kommt zu ihm als zu einem lebendigen Stein, der von den Menschen verworfen, bei Gott aber auserwählt und kostbar ist. ⁵ Lasst euch auch selbst wie lebendige Steine als ein geistliches Haus aufbauen zu einer heiligen Priesterschaft, um geistliche Opfer darzubringen, die für Gott durch Jesus Christus wohlannehmbar sind. ⁶ Denn es steht in der Schrift: *»Siehe, ich setze in Zion einen Eckstein, auserwählt und kostbar. Wer an ihn glaubt, soll nicht zuschanden werden.«* (Jes 28,16) ⁷ Für euch nun, die ihr glaubt, ist er eine Kostbarkeit. Für die Nichtglaubenden aber wurde *»der Stein, den die Bauleute verwarfen und der zum Hauptstein geworden ist«* (Ps 118,22), ⁸ zu *»einem Stein des Anstoßes und einem Felsen des Ärgernisses«* (Jes 8,14). Denn die, die dem Wort nicht gehorchen, stoßen sich daran, und dazu sind sie auch vorherbestimmt.

Die Motivkreise Passa und Kindschaft (1,13–2,3) werden abgelöst durch eine komplexe und »schriftgelehrte« Meditation über das Motiv »Stein« in Texten des Alten Testaments (V. 4–8). Die Gläubigen sowie Gott und Christus werden auf Einzelelemente des neuen Bildzyklus bezogen. Der Autor des ersten Petrusbriefes kombiniert dabei ein Zitat aus Psalm 118,22 (**2,4b.7b**) mit zwei Versen aus Jes 28,16 (**2,6**) und Jes 8,14 (**2,8**). Während einzelne der genannten alttestamentlichen Verse auch anderweitig im Neuen Testamentes erscheinen (vgl. Mt 11,6; Lk 2,34), begegnen sie in dieser Kombination und Verwobenheit nur im ersten Petrusbrief (Paulus verknüpft in Röm 9,33 »nur« die beiden Jesajazitate). In der hebräischen und griechischen Fassung von Ps 118,22 wie auch in dem Zitat in 1Petr 2,7b wird anders als bei der Parallele aus Jes 28,10 (1Petr 2,6) der erwähnte Eckstein zugleich als ein »Kopf-« oder »Hauptstein« charakterisiert. Um den Ursprung aus zwei verschiedenen alttestamentlichen Quellen zu verdeutlichen, ist der zentrale Stein in der hier gebotenen Übersetzung analog zur unterschiedlichen Wortwahl in der griechischen Fassung des ersten Petrusbriefes mit verschiedenen deutschen Termini bezeichnet: »Eckstein« (2,6) und »Hauptstein« (2,7b). Der Autor umgeht damit geschickt die Diskussion, welcher der Steine der wichtigere ist: ob der Eckstein im Fundament oder der Schlussstein in einem Bogen. In jedem Fall und in jeder Hinsicht ist der zunächst verkannte Christus der alles Entscheidende.

Ps 118,22 zählt zum festen Zitatenschatz und Argumentationsarsenal der ersten Christen: Das Motiv des zunächst verworfenen Steins, der schließlich als Hauptstein zu Ehren kommt, findet sich nicht nur im ersten Petrusbrief, sondern auch bei allen Synoptikern (Mt 21,42 par) und in der Apostelgeschichte (Apg 4,11).

Im Unterschied zu Ps 118,22 und zu den genannten Parallelstellen steht in V. **4a** nicht das Motiv der Verwerfung des Steins durch die Bauleute an erster Stelle, sondern seine Lebendigkeit. Die Gläubigen sollen zu ihm als dem lebendigen Stein hinzutreten (4a). Erst im zweiten Teil des Verses (**4b**) kommt die Verwerfung des von Gott wertgeschätzten Steins durch Menschen zur Sprache.

Die Beschreibung Christi als einen *lebendigen Stein* (4a) ermöglicht im Folgevers (**5a**) die Überleitung zur Bezeichnung der Gläubigen als *lebende Steine*. Als solche werden sie aufgebaut oder sollen sich aufbauen lassen zu einem geistlichen Haus und zu einer heiligen Priesterschaft (5). Gläubige als lebende Einzelelemente des geistlichen Hauses (5a) lassen an die einzelnen Glieder denken, die gemeinsam den Leib Christi bilden (1Kor 6,15; vgl. Röm 12,4 f.; Eph 5,30), und an die paulinische Bezeichnung der Leiber der Gläubigen als Tempel Gottes (1Kor 6,19; 2Kor 6,16; vgl. 1Kor 3,16 f.). Vorbildlichkeit und Nachfolge sind die beiden Seiten derselben Medaille: Die genannten Bilder bringen in je eigener Art einen Aufruf in die Nachfolge zum Ausdruck. Christus als lebendiger Stein (4a) ist das Vorbild. Christen sollen sich als lebende Steine (5a) als ein geistliches Haus erbauen lassen und als heilige Priesterschaft Gott wohlgefällige geistliche Opfer darbringen. Sie treten an die Stelle des Jerusalemer Tempels und seines Gottesdienstes (**5b**).

Eine »Vergeistlichung« des materiellen Tempels und des Tempelkultes begegnet im Umfeld des Neuen Testamentes sowohl vor seiner Zerstörung im Jahre 70 n. Chr. (vgl. Philo SpecLeg I,66) als auch danach (Offb 11,1). Hierhin gehört auch die Frage der Samaritanerin im Johannesevangelium, ob Anbetung im Jerusalemer Tempel oder im Heiligtum auf dem Garizim stattfinden solle (Joh 4,20 f.). Jesus antwortet laut Joh 4,34 f., dass wahre Anbetung *im Geist und in der Wahrheit,* also ortsunabhängig geschieht. Die Metaphorisierung von Tempelopfer und Hohempriester im Hebräerbrief bietet ein weiteres Beispiel für das Spektrum an Umdeutungen. Während im Hebräerbrief allein Christus der Hohepriester ist (Hebr 2,17; 3,1; 4,14 f. u. ö.), der sich selbst

als einmaliges ewiges Opfer ein für alle Mal dargebracht hat (Hebr 7,27; 9,14), werden in 1Petr **2,5a** die Christen als wahrer geistlicher Tempel und als heilige Priesterschaft dargestellt, die durch Christus Gott wohlgefällige Opfer darbringen (5b).
Würden die Deutungen des Tempelkults im Hebräerbrief und im ersten Petrusbrief zeitlich vor 70 n. Chr. angesetzt, wären beide als eine Kampfansage an den Jerusalemer Tempelkult zu verstehen. Setzt man ihre Entstehung später an, dann erscheinen die Zerstörung des Tempelgebäudes und das Ende des Kults als von Gott gewollt und folgerichtig. In dem Fall stehen die Gläubigen selbst als lebendige Steine den toten Steinen des alten Tempelbaus gegenüber. Jedenfalls wird allen eventuellen Gedanken an eine Wiedereinrichtung des materiellen Kultes, sofern sie im jüdischen Umfeld noch gepflegt wurden (so beim Aufstand des Bar Kochba zu Beginn des 2. Jahrhunderts), eine Absage erteilt.

Die geistlichen Opfer, die die Christinnen und Christen darbringen sollen (5b), sind einerseits das Gegenstück zum blutigen Tempelopfer. Auf der anderen Seite ahmen die Gläubigen das Opfer Christi nach, indem sie sich in seine Leidensnachfolge stellen. Hier werden erste Weichen gestellt dafür, dass Gläubige ihre eigenen Leiden nicht als etwas Fremdes (4,12), sondern als eine Art von Gott wohlgefälligem Opfer und Gottesdienst verstehen.
In V. 6 bietet der Autor mit ausdrücklichem Bezug auf Jes 28,16 (**6a**: »es ist in der Schrift enthalten«) eine weitere Steinmetapher. Mit dem Bild vom Zionsstein, an den zu glauben ist, bindet er sowohl Christus (**6a**) als auch die Gläubigen (**6b**) in seine Tempelmetaphorik ein. Laut endzeitlicher Verheißung des Propheten Jesaja, auf den der Autor hier Bezug nimmt, werden alle Völker (d.h. alle Nichtjuden) nach Jerusalem zum Zion streben (Jes 2,2f.; 60,3f.) bzw. zum Tempel (vgl. Jes 56,5; Mk 11,17). Wenn in V. **6c** mit Bezug auf Jes 28,16 denen Sicherheit verheißen wird, die an Christus als den von Gott in Zion gesetzten Stein glauben (**6b**), dann hat sich die endzeitliche Verheißung im Hier und Jetzt für die Briefadressatinnen und -adressaten erfüllt. Wie schon im ersten Kapitel mit seinen Anspielungen auf Abraham oder den Exodus (1,13–25) sind auch hier die Nichtjuden durch den Glauben an Christus mithineingenommen in den Bereich des Heils. Sie haben Anteil an der Völkerwallfahrt zum Zion.
V. **6c** verheißt den Gläubigen ein Ende aller Beschämung. Den sich fremdfühlenden und verfolgten Adressaten des Briefes bietet der mit Christus identifizierte Schlussstein einen Fluchtpunkt in ihrem Leid. Die Glaubenden haben allen anderen voraus, dass sie *nicht* den von Gott als wertvoll erachteten Schlussstein verworfen haben. Damit befinden sie

sich auf der Seite Gottes. Als Gemeinde aus Heiden und Juden sind sie bereits am Zielpunkt aller Verheißung angekommen. Als Anhänger des von Gott geehrten Hauptsteins haben sie das Kostbarste erlangt (**7a**).
In **7b** greift der Autor das Motiv des verworfenen Steins aus 2,4b (vgl. Ps 118,22) auf. Anders als in V. 4 liegt nun der Akzent auf denen, die den Stein verwerfen. Ergänzt wird die Argumentation in **8a** um zwei weitere Steinmetaphern aus Jes 8,14 (vgl. Lk 2,34b). Zum »Stein des Anstoßes« (Jes 8,14b) und zu einem »Felsen des Ärgernisses« (Jes 8,14c) wird Christus als der von Gott eingesetzte Eckstein für diejenigen, die ihm nicht gehorsam sind (**8a**).
Die Verwerfung, die die Gemeinde in der Gegenwart erfährt, ihr Leiden und ihre Fremdheit, sind Ergebnis der Verwerfung des Steins durch die Welt. Der Welt aber ist es bestimmt, an diesem Stein zu zerschellen (**8b**). Das Anstoßnehmen an dem Stein (Jes 8,14b) wird gedeutet als ein Sich-stoßen am Wort und damit als Unglaube und Ungehorsam.
Im Unterschied zu den von Ewigkeit an Erwählten stoßen sich diejenigen an ihm, die von Anbeginn der Welt an zur Verwerfung vorgesehen sind, indem sie dem Wort nicht gehorchen. Die Frage, ob die Ungläubigen sich am Wort stoßen, weil sie ungehorsam sind, oder ob sie sich stoßen, weil sie dem Wort ungehorsam sind, ist müßig. Möglicherweise ist bewusst beides intendiert. Entscheidend ist, dass sich der Stein als Probierstein erweist, an dem sich entscheidet, ob jemand zum Heil oder zum Unheil bestimmt ist.

Die Vorstellung der Vorherbestimmung einer Gruppe zur Verwerfung mag auf nicht wenige Menschen verstörend wirken. Die Alternative kann jedoch nicht sein, Gerichtsworte dieser Art zu ignorieren oder ihnen ihre Schärfe zu nehmen. Für heutige Lesende ist einerseits wichtig den Verfolgungskontext der Gemeinde des ersten Petrusbriefes und ihre Erwartung des unmittelbar bevorstehenden Weltendes zu berücksichtigen. Auf der anderen Seite mögen gerade die harten Worte der Überlieferung in ihrer buchstäblichen Anstößigkeit als Anstoß dienen, mit ihnen zu ringen (vgl. Ps 1,2b).

Dem Motiv des vergänglichen Grases und der fleischlichen Existenz (1,24f.) steht das Bild der lebendigen Steine gegenüber. Wie Christus zunächst verworfen, dann aber angenommen wurde und als Eckstein zu höchsten Ehren kam, so auch alle, die in seiner Nachfolge stehen und an ihn glauben.
Sie verkörpern den geistlichen Tempel und die wahre Priesterschaft. Als lebende Steine des Heiligtums sind sie zugleich in die Pflicht genommen, sich als lebendige Steine zu einem geistlichen Haus aufbauen zu lassen, sich als Priesterschaft zu verstehen und geistliche Opfer zu bringen. Am Zion, dem Ort, an dem der Tempel lokalisiert wird, setzt Gott Christus als seinen aus-

erwählten Schlussstein (Jes 28,16). Zum Zion gerufen sind auch alle Gläubigen aus der nichtjüdischen Welt, die sich nicht an dem Stein bzw. am Wort stoßen. Die gläubige Hinwendung zu diesem kostbaren Stein (Christus) wird zum Kriterium für Verwerfung oder Annahme.

2,9–10
Die Gläubigen als auserwähltes Volk

⁹ Ihr seid ein auserwähltes Geschlecht, eine königliche Priesterschaft, eine heilige Nation, ein Volk zum Eigentum. Deshalb sollt ihr die Tugenden dessen verkünden, der euch aus der Finsternis in sein wunderbares Licht rief. ¹⁰ Ihr, die ihr einst *Nicht-Volk* wart, nun aber Volk Gottes seid; die ihr *kein Erbarmen* gefunden hattet, derer sich nun aber erbarmt wurde.

Denen, die den lebendigen Stein *nicht* erwählt haben, stehen die gegenüber, die selbst erwählt sind. Die Gläubigen verkörpern das wahre *auserwählte Geschlecht* (**9a**). Wurden sie in Vers 5 noch als *heilige* Priesterschaft bezeichnet, so haben sie laut V. **9b** als »*königliche* Priesterschaft und heilige Nation« auch noch herrschaftlichen Rang. Damit vereinigt sich in den Christen alles, was nach jüdischem Verständnis eine hohe Herkunft ausmacht: Sie zählen zum auserwählten, d. h. zum Eigentumsvolk (**9c**) und sind folglich in den Bund Gottes mit Abraham aufgenommen, sie werden als Priesterschaft angesprochen (5.9), und haben königliche Attribute (**9b**).
Als »auserwähltes Geschlecht« (V. **9a**) und als Gottes Eigentumsvolk (V. **9c**) stehen die Gläubigen in der Verheißung Gottes an Abraham und »seinen Samen« (vgl. 1Petr 1,23; Gen 15,18; 17,7 f.). Ihre Priesterschaft wird sowohl als »heilige« (5) als auch als »königliche« (9b) beschrieben. Mit dem letztgenannten Attribut wird auf die laut der Septuagintafassung von Ex 19,6 durch Mose vermittelte Zusage Gottes an Israel angespielt, es solle ihm ein königliches Priestertum sein, wenn es seinen Bund halte. Auch die dem König David geltende Verheißung, sein *König*tum werde ewig Bestand haben (2Sam 7,16), mag mit im Hintergrund stehen.

Zur Zeit Jesu bis mindestens in das Jahr 70 n. Chr. bildeten der Jerusalemer Tempel und die *Priester*schaft die Fixpunkt und die Mitte des judäisch-galiläischen Lebens (vgl. Vita 1,1 f.). Abkömmlinge von Priestern und alle, die dem Tempel zugehörten, genossen das höchste gesellschaftliche Ansehen. Ausweis einer hohen Herkunft war es, die (für Juden selbstverständliche) erzväterliche Abkunft mit königlichen und priesterlichen Aspekten zu vereinen. Entsprechend sind die drei Abschnitte des Stammbaums Jesu bei Matthäus gestaltet: Mt 1,2–6a bezieht sich auf Jesu Herkunft von den jüdischen Vätern seit Abraham, das zweite Drittel des Stammbaums nennt seine königlichen Ahnen Mt 1,6b–12a, ausgehend von König David. Im Schlussabschnitt finden sich priesterliche Namen (Mt 1,12b–16). Alle genannten Kategorien werden im ersten Petrusbrief auf die erwählte Gemeinschaft der Gläubigen bezogen.

Josephus Flavius Vita 1,1 (Übersetzung Heinrich Clementz)
»Ich habe einen Stammbaum aufzuweisen, der nicht unberühmt ist, sondern bis in die ältesten Priesterfamilien zurückreicht. Bekanntlich gründet sich der Adel bei einem Volk auf diese, bei einem anderen auf jene Voraussetzung und so wird bei uns als Kennzeichen vornehmer Geburt die Zugehörigkeit zur Priesterschaft angesehen. [...] Mütterlicherseits bin ich auch königlichem Geblüt entsprossen; denn die Asamonäer, die Vorfahren meiner Mutter, sind während eines beträchtlichen Zeitraumes Hohepriester und Könige unseres Volkes gewesen.«

Die hier beschriebene Erwählung impliziert, dass die Gemeinschaft der Christusgläubigen sogar noch über denen steht, die die genannten Attribute (nur) aufgrund ihrer leiblichen Abstammung für sich in Anspruch nehmen (vgl. 1,23). Die im Glauben sich vollziehende Annahme Christi als des bei Gott erwählten Hauptsteins (6) und seine Erwählung der Gläubigen zu lebendigen Steinen (5a), zu seiner heiligen Priesterschaft (5b) und seinem Volk (9 f.) gehen Hand in Hand.
Hatte der Autor zuvor z. T. assoziativ aus verschiedenen Schriften (Psalmen und Jesaja) unterschiedliche *Stein*metaphern miteinander verknüpft, so verbindet er im Folgenden *Heils*metaphern verschiedener Herkunft. Seine Hauptquelle ist dabei der Prophet Jesaja. Wenn er im Anschluss an die Erwählung der Christen zu Gottes Geschlecht, zu seinem königlichen Priestertum und zu seiner heiligen Nation (9a.b) zur Verkündigung seiner Tugenden und Taten aufruft (9c), dann ist Jes 43,21 im Hintergrund erkennbar (»das Volk, das ich mir bereitet habe, soll meinen Ruhm verkündigen"). Und wenn der Verfasser des ersten Petrusbriefes von der Führung aus der Finsternis in ein wunderbares Licht spricht (**9d**), zitiert er damit, ohne expressis verbis auf seine Quelle hinzuweisen, Jes 9,1 und das Wort vom *Volk, das im Finstern wandelt und ein großes Licht sieht*. Der Autor des ersten Petrusbriefes setzt als selbstverständlich voraus, dass alle Verheißungen der heiligen Schriften sich in der Gegenwart für die den Brief empfangende Gemeinde erfüllen (vgl. 1,10–12). Folglich ist auch das Hoseawort vom Volk, das einst *nicht Volk* Gottes war (**10a**), nun aber von ihm angenommen ist (Hos 2,25), auf die an Christus Glaubenden zu beziehen (Röm 9,25).

Während es im Kontext des Hoseabuches um die Wiederannahme des Volkes Israels geht, versteht der erste Petrusbrief den Hoseavers als eine Verheißung der Aufnahme für die Gläubigen aus allen Völkern in den Heilsbund. Dabei geht es ihm nicht um eine Ersetzung Israels, sondern darum, dass die auserwählte christliche Gemeinde auf derselben Ebene steht wie die Kinder Abrahams und wie das erwählte Volk. Der Abschnitt schließt mit der Verheißung des Erbarmens für die, die zuvor außerhalb des Erbarmens standen (**10b**). Durch Gottes Erbarmen und seine Gnadenwahl sind nun alle Gläubigen sein Eigentumsvolk, also auch die, die aus den Völkern stammen und zuvor ausgeschlossen waren.

Wer an Christus als Gottes ewiges Wort und als seinen auf dem Zion eingesetzten Eckstein glaubt, erweist sich als von Gott erwählt. Kriterium der Zugehörigkeit zu Gottes Volk ist nicht die Herkunft (Juden oder Nichtjuden), sondern entscheidend sind der Glaube und die Wahl Gottes. Den an Christus Glaubenden werden alle Merkmale der Erwählung Israels zuerkannt. Das bedeutet, dass auch ehemalige »Heiden«, die vorher nicht zum Volk Gottes gehörten, nun als Gläubige auserwählt sind und Erbarmen erfahren haben.

2,11–12
Gläubige als Vorbilder in der Welt und für die Welt

¹¹ Geliebte, ich ermahne euch als Fremdlinge und Durchreisende: Enthaltet euch der fleischlichen Begierden, welche gegen die Seele streiten. ¹² Führt euer Leben unter den Völkern recht. Damit dieselben, die euch jetzt als Übeltäter verleumden, am Tag des Gerichts Gott preisen mit Blick auf eure guten Werke.

In den vorangegangenen Abschnitten sind schwerpunktmäßig das Werden und das Wesen der Gläubigen thematisiert worden. Im Folgenden geht es um die daraus resultierenden Konsequenzen und konkret um die von den Christinnen und Christen erwartete Lebensführung.
Erwählung heißt Auswahl. Die Gläubigen sind aus der vergänglichen Welt herausgewählt. Wer teilhat am Herrschaftsbereich Gottes, gehört nicht mehr zur vormaligen Welt und ist ihr fremd (**11a**). Das aktuelle physische Leben ist ein Übergangsstatus bis zur vollständigen Beheimatung bei Gott. Das Leben in der als Fremdlingsschaft oder Durchreise bezeichneten Phase (**11b**) ist im Hinblick auf das Zukünftige zu gestalten. Das Streben nach der Erfüllung der »fleischlichen Begierden« steht im Widerstreit zu dem, was einem christlichen Leben entspricht. Nicht der für Begierden und Leiden anfällige vergängliche Leib, sondern

die auf Gott bezogene Seele ist das Zentrum der gläubigen Existenz (**11c**).

Während bei Paulus »Fleisch« häufig für die vorchristliche, d. h. für die der Sünde verfallene Existenz steht (Röm 7,5 f.; 8,4–9; 1Kor 15,50), bezeichnet es im ersten Petrusbrief die menschliche Existenz im Allgemeinen: Auch der sündlose Christus (1 Petr 2,22) ist »dem Fleisch nach« getötet worden (1Petr 3,18). Zu den fleischlichen Begierden im weiteren Sinne zählen neben der körperlichen Befriedigung auch das Streben nach Ruhm und Besitz oder, wie im Verlauf des ersten Petrusbriefes deutlich wird (1Petr 2,20 f.; 3,14), das Bemühen um Schmerzfreiheit. Nicht das Fliehen vor den Leiden in der Welt ist Ziel christlicher Existenz, sondern es ist alles das zu meiden, was von Gott ablenkt. Die anzustrebende Begierdefreiheit (**11c**) bereitet vor auf die Mahnung, körperliche Leiden bereitwillig zu ertragen (2,19 f.).

Als primäres Ziel des unanstößigen und vorbildlichen Lebenswandels werden an dieser Stelle nicht die Missionierung der Ungläubigen und auch nicht die Abwehr von Verdächtigungen in der unmittelbaren Lebenswelt angeführt (**12a**). Erst am Gerichtstag, also dann, wenn die alte Welt an ihr Ende kommt, soll der gute Lebenswandel der Christen die Ungläubigen beschämen und die ehemaligen Verleumder zur Verherrlichung Gottes, d. h. zu seinem Lobpreis, veranlassen (**12b**; vgl. Mt 5,16).

Diese Welt ist nicht die wahre Heimat der Gläubigen. Alles, was an sie bindet und von Christus ablenkt, ist zu meiden. »Weltfremdheit« bedeutet nicht Weltflucht. Im Gegenteil haben sich Christinnen und Christen vorbildhaft so zu verhalten, dass sie den Vorurteilen der Nichtgläubigen keine Nahrung bieten. Gerade wegen eines solchen Lebenswandels müssen die Anhängerinnen und Anhänger Christi in ihrem Umfeld in der Gegenwart mit Verleumdung rechnen. Genugtuung wird ihnen am »Tag der Heimsuchung« (der Wiederkehr Christi) zuteil: Für diesen Tag wird ihnen verheißen, dass ihre vormaligen Verleumder mit Blick auf ihre guten Werke Gott rühmen werden.

2,13–17
Freie Unterordnung als Sklaven Gottes unter die Strukturen der Welt

13 Ordnet euch jeder menschlichen Schöpfung unter wegen des Herrn. Sei es ein König als dem Oberen, **14** seien es Statthalter, als seine Beauftragten zur Bestrafung der Übeltäter und zum Lob derer, die Gutes tun. **15** Denn das ist der Wille Gottes, dass ihr durch das Tun des Guten den Unverstand der unvernünftigen Menschen im Keim erstickt; **16** als

Freie und nicht als solche, die die Freiheit als Deckmantel des Schlechten missbrauchen, sondern als Gottes Sklaven. ¹⁷ Allen erweist Ehre, die Geschwister liebt, Gott fürchtet, dem König erweist Ehre!

Trotz aller »Weltfremdheit« sollen sich die Gläubigen den Strukturen der Welt nicht entziehen, sondern sich den staatlichen Organen unterordnen (13a; vgl. Röm 13,1–3). Aus 13b und 14 wird deutlich, dass es sich bei dem, was hier mit »menschlicher Schöpfung« wiedergegeben ist, um menschengemachte (staatliche) Strukturen handelt. Herzer (Petrus, 229–231) spricht mit Recht von »Institutionen«. Die zeitgenössische Staatsform als solche ist menschlichen, aber nicht göttlichen Ursprungs. Nicht sie selbst, sondern die Unterordnung der Gläubigen unter sie entsprechen dem göttlichen Willen. Durch die Charakterisierung der staatlichen Organe als »menschliche Schöpfung« ist deutlich, dass es sich bei dieser Unterordnung um ein kritisches Sich-Einfügen der Christinnen und Christen handelt. Dabei sind stets der Wille Gottes und der Gehorsam gegenüber Christus als dem einzigen und wahren Herrn an die erste Stelle zu setzen. Indem die Gläubigen sich *auf sein Geheiß* dem weltlichen König (d. h. dem Kaiser), als oberster Instanz und als Stellvertreter für alle weiteren Instanzen, fügen (13b), erweist Christus sich als allen weltlichen Herrschaftsformen übergeordnet.
Aufgabe der Funktionsträger aller Instanzen ist es, die Bösen zu strafen und die Guten zu belohnen (14). Damit ist implizit Kritik an staatlicher Willkür geübt. Die Repräsentanten des Staates setzen sich dann ins Unrecht, wenn sie gegen Christen vorgehen, die einen vorbildhaften Lebenswandel pflegen.
Gläubige, denen Anfeindung widerfährt, werden ermahnt, an ihrer Art zu leben festzuhalten, denn sie stehen auf der Seite der Vernunft (15). Die Gläubigen agieren nach Gottes Willen (15a), gegen den die anderen verstoßen. Mit Blick auf ihren eigenen Wandel müssten alle Verleumder beschämt schweigen (15b; vgl. 12c).
Jeder, der seine Pflicht erfüllt, müsste die Christen als diejenigen, die Gutes tun, loben und belohnen. Das wiederum bedeutet in der Praxis, dass die Gläubigen gerade durch ihre Anpassung (Unterordnung) die Widersprüche und die Bosheit des sie umgebenden Systems aufdecken. In der Ablehnung der christlichen Lebensführung überführt sich die Welt selbst als böse.
Gläubige haben Anteil am Herrschaftsbereich Gottes (16). Als solche sind sie, auch wenn sie noch in die aktuelle Welt eingebunden sind, frei von ihr (16a). Diese Freiheit wäre missverstanden, würde man sie als Freibrief verstehen, sich allem Diesseitigen zu entziehen oder sich *gegen* die Regeln zu verhalten in der Überzeugung, diese hätten für Christin-

nen und Christen keine Gültigkeit (16b). Wer selbst böse handelt, missbraucht seine Freiheit.
Wahrhaft frei von allen Zwängen und Herrschaften ist nur, wer sich ganz in Gottes Dienst stellt (16c). Als ein solcher Sklave Gottes ordnet sich der Gläubige in Freiheit den Strukturen der fremden Welt unter. Christliches Handeln vollzieht sich innerweltlich im Rahmen dessen, was sowohl vor den Amtsträgern als auch vor Gott als gut gilt. Ein Gehorsam gegenüber staatlichen Anordnungen, die im Widerspruch zum Willen Gottes stehen, ist damit nicht gedeckt (vgl. 2,20 f.). Aller Gehorsam weltlichen Instanzen gegenüber hat im Bewusstsein der Oberhoheit Gottes zu geschehen.
Grundtenor christlicher Existenz ist die respektvolle Haltung gegenüber allen Menschen, unabhängig davon, ob es sich um Gläubige handelt oder nicht (17a). Alle zu ehren bedeutet, in jedem einen potentiellen Bruder, in jeder eine potentielle Schwester zu sehen. Das heißt nicht, dass alle Unterschiede nivelliert werden. Während allen Menschen Achtung zu erweisen ist, gebührt Liebe als innigster Ausdruck der Verbundenheit den Gemeindegliedern (17b; vgl. 1Petr 1,22). Ermöglicht und getragen ist diese Liebe von Gottesfurcht (17c). Betont am Schluss des Katalogs steht abermals der König (17d; vgl. 13c). Damit werden die Gläubigen als staatstreu charakterisiert. Zugleich entbehrt die Art der Aufforderung und deren Reihenfolge nicht einer gewissen Subversivität: Dem König bzw. Kaiser gebührt kein höheres Maß an Ehrerbietung als den bereits an erster Stelle (17a) genannten anderen Menschen (vgl. 1Tim 2,1 f.).

Das Christentum galt in seiner Umwelt als obskure Sekte, die einen als Verbrecher zum Tode Verurteilten verehrte. Mit diesem Bild vom Christentum verband sich die Vermutung, die Gläubigen verübten selbst Verbrechen. Eine zeitgenössische Quelle dafür bieten ein Brief von Plinius dem Jüngeren (61–115 n. Chr.; epist. X,96) an Kaiser Trajan (Regierungszeit 98–117) sowie dessen Antwort. Als Statthalter in Bithynien hatte Plinius »amtlich« mit Christinnen und Christen zu tun. Er betrachtet den christlichen Glauben als absonderlichen Aberglauben, kann dessen Anhängern aber nichts »Greifbares« vorwerfen, sondern muss ihnen einen auf Gutestun bedachten Lebenswandel zugutehalten. Thematisiert wird in dem Briefwechsel auch die Frage, ob Christen allein um des Namens »Christen« willen zu verfolgen sind (vgl. 4,14.16).

Brief X 96: C. Plinius an Kaiser Trajan
Es ist mir wichtig, Herr, alles, worüber ich im Zweifel bin, dir vorzutragen. Denn wer kann besser mein Zaudern lenken oder meine Unkenntnis belehren? An Gerichtsverhandlungen gegen Christen habe ich niemals teilgenommen; daher weiß ich nicht, was und wieweit man zu strafen oder nachzuforschen

pflegt. Ich war auch ganz unschlüssig, ob das Lebensalter einen Unterschied macht, oder ob die ganz Jungen genauso behandelt werden wie die Erwachsenen; ob bei Reue Verzeihung gewährt werden soll oder ob es dem, der einmal Christ gewesen ist, nichts nützt, wenn er davon abgelassen hat; ob schon der bloße Name, auch wenn kein Verbrechen vorliegt, oder nur mit dem Namen verbundene Verbrechen bestraft werden.

Einstweilen bin ich mit denen, die bei mir als Christen angezeigt wurden, folgendermaßen verfahren: Ich habe sie gefragt, ob sie Christen seien. Die Geständigen habe ich unter Androhung der Todesstrafe ein zweites und drittes Mal gefragt. Die dabei blieben, ließ ich abführen. Denn ich war der Überzeugung, was auch immer es sei, was sie damit eingestanden, dass auf alle Fälle ihr Eigensinn und ihre unbeugsame Halsstarrigkeit bestraft werden müsse. Es gab auch noch andere mit ähnlichem Wahn, die ich, weil sie römische Bürger waren, zur Überstellung nach Rom vorgemerkt habe. Während der Verhandlung breitete sich gewöhnlich die Anschuldigung weiter aus und es ergaben sich mehrere verschieden gelagerte Fälle.

Es wurde eine Schrift ohne Verfasserangabe vorgelegt, die viele Namen enthielt. Diejenigen, die bestritten, Christen zu sein oder gewesen zu sein, glaubte ich freilassen zu müssen, da sie mit einer von mir vorgesprochenen Formel die Götter anriefen und vor Deinem Bild, das ich zu diesem Zwecke zusammen mit den Bildern der Götter herbeibringen ließ, mit Weihrauch und Wein opferten und außerdem Christus schmähten, Dinge, zu denen wirkliche Christen, wie man sagt, nicht gezwungen werden können.

Andere, von den Denunzianten Genannte erklärten zunächst, Christen zu sein, leugneten es aber bald wieder: sie seien zwar Christen gewesen, hätten dann aber davon abgelassen, manche vor drei Jahren, manche vor noch mehr Jahren, einige sogar vor zwanzig Jahren. Auch diese haben alle Dein Bild und die Statuen der Götter verehrt und Christus geflucht. Sie versicherten darüber hinaus, ihre ganze Schuld oder ihr ganzer Irrtum habe darin bestanden, dass sie sich gewöhnlich an einem bestimmten Tage vor Sonnenaufgang versammelten, Christus wie einem Gott einen Wechselgesang darbrachten und sich durch Eid nicht etwa zu irgendeinem Verbrechen verpflichteten, sondern keinen Diebstahl, Raubüberfall oder Ehebruch zu begehen, ein Versprechen nicht zu brechen, eine angemahnte Schuld nicht abzuleugnen. Danach seien sie gewöhnlich auseinandergegangen und dann wieder zusammengekommen, um Speise zu sich zu nehmen und zwar ganz gewöhnliche und unschädliche; selbst das hätten sie nach meinem Erlass, mit dem ich deinen Aufträgen entsprechend Vereine verboten hatte, unterlassen. Für umso notwendiger hielt ich es, aus zwei Mägden, die Dienerinnen genannt werden, unter der Folter herauszubekommen, was wahr sei. Ich fand nichts Anderes als einen wüsten, maßlosen Aberglauben. Deswegen ist die Untersuchung aufgeschoben worden und ich habe mich beeilt, Deinen Rat einzuholen. Die Angelegenheit schien mir nämlich einer Beratung zu bedürfen, insbesondere wegen der Anzahl der gefährdeten Personen. Denn viele jeden Alters, jeden Ranges, auch beiderlei Geschlechts sind jetzt und in der Zukunft gefährdet. Nicht nur über die Städte, sondern auch über die Dörfer und das flache Land hat sich die Seuche dieses Aberglaubens ausgebreitet. Es scheint aber, dass sie aufgehalten und in die richtige Richtung gelenkt werden kann. Ziemlich sicher steht fest, dass die fast schon verödeten Tempel wieder besucht und die lange eingestellten feierlichen Opfer wiederaufgenommen werden, und dass das Opferfleisch, für das kaum noch ein Käufer gefunden wurde, überall wieder zum Verkauf angeboten wird. Daraus kann man leicht erkennen, welche Menge Menschen gebessert werden kann, wenn man Gelegenheit zur Reue gibt.

Brief X 97: Trajan an Plinius
Du hast, mein Secundus, bei der Untersuchung der Fälle derer, die bei dir als Christen angezeigt wurden, die Verfahrensweise befolgt, die notwendig war. Denn etwas Allgemeingültiges, das gleichsam einen festen Rahmen bietet, kann nicht festgelegt werden. Nach ihnen fahnden soll man nicht. Wenn sie angezeigt und überführt werden, müssen sie bestraft werden, jedoch so, dass, wer leugnet, Christ zu sein, und dies durch eine entsprechende Handlung beweist, nämlich durch die Anrufung unserer Götter, wegen seiner Reue Verzeihung erhält, selbst wenn er für die Vergangenheit verdächtig bleibt. Anonym vorgelegte Klageschriften dürfen bei keiner Straftat Platz haben, denn das wäre ein schlechtes Beispiel und passt nicht zu unserer Zeit.

Wie lassen sich die Fremdheit der Christinnen und Christen in der Welt und ihr konkretes Leben in weltlichen Strukturen miteinander vereinbaren? Oberste Maxime aller Gläubigen ist es, frei von »fleischlichen Begierden« zu leben und zu handeln. Darunter ist das Meiden von Süchten aller Art zu fassen, das heißt das Streben nach dem, was primär der eigenen Person und nicht einem Leben bei Gott durch Christus dient.
Das Wissen um Gut und Böse wird bei den Gläubigen ebenso wie bei ihrer Umwelt vorausgesetzt. Christinnen und Christen unterscheidet jedoch von ihrer Umwelt, dass *sie* sich vorbildhaft daran halten und Gutes tun, sodass jeder, der ihnen etwas vorwirft, sich selbst ins Unrecht setzt.
Gläubige können sich deshalb in Freiheit den weltlichen Strukturen und ihren Repräsentanten unterordnen, weil sie allein Knechte Gottes sind. Ein Gebrauch dieser christlichen Freiheit zu persönlichen Zwecken wäre ein Missbrauch und geschähe nicht in Ehrfurcht vor Gott. Damit werden Christinnen und Christen zu der Instanz, an der sich bemisst, inwieweit die Repräsentanten der Obrigkeit ihren Aufgaben gerecht werden. Davon ist nicht einmal der König/Kaiser ausgenommen.

III
2,18–4,19
Mahnung zu Nachfolge und Vorbildlichkeit im Leid

2,18–25
Mahnung an die Dienstleute zum Ertragen ungerechter Leiden

[18] Ihr Dienstleute, ordnet euch in aller Furcht den Herren unter, nicht allein den guten und angenehmen, sondern auch den verkehrten! [19] Denn das ist Gnade, wenn jemand Leiden auf sich nimmt, weil sein Gewissen Gott folgt, und er dabei zu Unrecht leidet. [20] Denn was soll das für ein Ruhm sein, wenn ihr leidet, weil ihr für eure Übeltaten bestraft werdet? Aber wenn ihr Leiden erduldet, weil ihr Gutes tut, dann ist das Gnade bei Gott. [21] Dazu nämlich seid ihr berufen. Denn auch Christus hat für euch gelitten. Er hinterließ euch ein Vorbild, damit ihr seinen Spuren nachfolgt. [22] Er tat keine Sünde, und in seinem Mund fand man keinerlei List. [23] Selbst als er geschmäht wurde, antwortete er nicht mit Schmähung. Im Leiden drohte er nicht, sondern stellte seine Sache dem anheim, der gerecht richtete. [24] Er trug unsere Sünden mit seinem Leib selbst hinauf auf das Holz, damit wir, die wir für die Sünden abgestorben sind, für die Gerechtigkeit leben. Denn durch seine Foltermale seid ihr geheilt. [25] Ihr wart nämlich wie irrende Schafe und seid nun umgekehrt, hin zum Hirten und Aufseher eurer Seelen.

Die ausdrücklich angesprochenen im Haushalt tätigen Dienstleute (**18a**) sind in der Antike statusmäßig in der gehobenen Mitte der Gruppe der Unfreien anzusiedeln. Hier sind Männer im Blick, denen eine gesicherte, regelmäßige und in Grenzen selbstbestimmte Lebensführung möglich ist. Die Infrastruktur eines Haushalts steht ihnen zur Verfügung. Die folgenden Abschnitte mit der Erwähnung von Hausdienern und (Ehe-) Frauen (3,1–7) setzen familiäre Strukturen voraus. Sklaven in Bergwerken, auf Galeeren oder in den Zirkussen sind hier nicht adressiert. Als Briefempfänger kommen die infrage, die gemeindlich organisiert sind und die die Gelegenheit erhalten, an christlichen Gottesdiensten teilzunehmen und an Versammlungen, in denen aus Briefen an die Gemeinde vorgelesen wurde. Wenn selbst für diese Zielgruppe die Leidensthematik eine so herausragende Rolle spielte, lässt sich er-

ahnen, wie es um diejenigen bestellt ist, deren Sklavenstatus weniger privilegiert war.
Vorgesetzten zu gehorchen scheint jeweils dann vergleichsweise unproblematisch zu sein, wenn sie sich an das bei Juden und Nichtjuden geltende Recht und an allgemeine ethische Grundsätze halten (**18b**). Was aber soll Handlungsmaxime für Christen sein, wenn ihre Herren willkürlich, falsch und boshaft handeln? Die Aufforderung des ersten Petrusbriefes zur respektvollen Unterordnung (»in aller Furcht«; 18b) ist eindeutig: Leiden unter willkürlich handelnden Herren gilt es zu ertragen.
Die mögliche Diskrepanz zwischen Gehorsamspflicht einerseits und einem denkbaren Befehl auf der anderen Seite, schlecht und unchristlich zu handeln, schwingt an dieser Stelle mit: Leiden ist als Gnade zu werten (**19a.20b**), wenn es aus einem Konflikt zwischen der Anweisung eines Vorgesetzten und dem christlichen Gewissen vor Gott als der obersten Instanz resultiert (**19b**). Solches Leiden der Gläubigen ist per definitionem ungerechtes Leiden.
Es wäre falsch zu schließen, dass Leid als solches schon ein Gnadenbeweis ist und um seiner selbst willen provoziert werden soll (**20a**). Wer für schlechtes Handeln seine Strafe empfängt, leidet zurecht.

Der Verfasser des ersten Petrusbriefes war mit der Tatsache konfrontiert, dass sich auch Gemeindeglieder, wie in 20a vorausgesetzt, Verfehlungen zuschulden kommen ließen. Er musste eine Antwort auf die Frage finden, wie Gläubige überhaupt imstande sein konnten, schlechte Taten zu vollbringen und Sünden zu tun. Waren sie nicht getauft und standen sie nicht in der Nachfolge des sündlosen Christus (2,22)? Auch die Rede von »der Menge der Sünden«, die laut 4,8 durch die Liebe bedeckt wird, gehört hierhin. Am Umgang mit dieser Problematik hängt die Frage, ob Christen ihr Heil in Christus durch ihre Handlungen wieder verlieren können. Wäre ein solcher Verlust endgültig? Der Hebräerbrief verneint die Möglichkeit einer zweiten Buße (Hebr 6,6).
Dem ersten Petrusbrief liegt ein differenziertes Sündenverständnis zugrunde. Zu unterscheiden ist zwischen *der* Sünde als einer übergreifenden *Sündenmacht* (4,1b) und der Vorstellung von den *Einzelsünden* (so in 3,20a; 4,8b und an den meisten anderen Stellen des Briefes). Von ersterer ist der Gläubige durch Christi Heilstat und durch den Glauben an das Evangelium ein für alle Mal befreit (anders als in Hebr 6,6). In 2,24 und 3,18 geht es darum, dass den Sünden (hier im Plural) durch den Kreuzestod Christi ein für alle Mal ihre Macht genommen wurde.
Auf getaufte Gläubige hat *die* Sünde keinen Zugriff mehr. *Den* einzelnen Sündentaten, die Gläubige (leider) auch nach ihrer Erlösung noch tun, sollen

sie ein Übermaß an Liebestaten entgegenstellen (vgl. 3,21b). Den sündlosen Christus (3,18) zeichnet aus, dass er sowohl die Sünde als Macht überwunden hat, als auch selbst frei von allen Sündentaten war und ist (2,22).

Indem ein Leiden unter der *verdienten* Strafe (für begangene Verfehlungen) als ruhmlos apostrophiert wird, sind die Gläubigen zugleich aufgefordert, keine Sündentaten zu begehen und sich stattdessen so zu verhalten, dass etwaige ihnen auferlegte Strafleiden als ungerechte Leiden erkennbar sind. Wie bereits in V. 14 f. werden auch hier die Gläubigen zu einem vorbildhaft guten Verhalten ermahnt. Das impliziert zugleich: Leiden für die christliche Überzeugung setzt diejenigen, die das Leiden verursachen, ins Unrecht (vgl. 2,12). Denen, die als Unschuldige Leiden erdulden, kommt der Welt gegenüber eine erzieherische (2,15) und in gewisser Weise auch missionarische Funktion zu.
Für die, die Gutes tun und deswegen leiden, ist ihr Leiden der Erweis ihrer Zugehörigkeit zu Gott. Was bisher die Gläubigen belastet und Zweifel hervorgerufen haben mochte, wird radikal umgedeutet: Leiden als solches ist nichts, was (vorbildlich lebende) Christinnen und Christen fürchten oder meiden sollen. Auch die Frage, wie Gott so etwas zulassen kann, und warum gerade der Gerechte leiden muss, ist verfehlt. Leiden ist mit Gnade assoziiert (**20b**; vgl. 19a; 4,10); als Gnadengabe geschieht es gemäß dem Willen Gottes (3,17; 4,19; vgl. 1,6; 5,10) und die so Begnadeten sind, wie im Folgenden noch ausgeführt wird, glückselig zu preisen (3,14; 4,14). Je stärker das zu Unrecht getragene Leid, desto größer ist die Gnade.
Der zweite Abschnitt der Mahnung an die Dienstleute reicht über die Vermittlung von Verhaltensmaximen hinaus. Es geht um das Fundament aller christlichen Ethik. Wurde bisher aufgrund einer allgemeingültigen, nicht spezifisch christlichen Moral argumentiert, tritt nun Christus als Leidensvorbild auf den Plan (**21a**). Sein Leiden hat den Gläubigen das Heil gebracht (**21b**). Christus auf seinem Weg nachzufolgen (**21c**), bedeutet Nachfolge im Leid und ins Leid. Die Empfängerinnen und Empfänger des Briefes verstehen ihr eigenes Leiden als Ausdruck des Gehorsams gegenüber seinem Ruf in die Nachfolge. Waren zunächst konkret die »Hausklaven« angesprochen (18a), weitet sich nun der Empfängerkreis. Das Folgende betrifft alle Gläubigen und hat seinen Grund in christologischen Aussagen. Nun wird an Christus selbst veranschaulicht, was den Gemeindegliedern als ethisch richtiges Tun aufgegeben ist.
Die unverdienten Leiden der zum Glauben gekommenen ehemaligen Sünder (1,18b; 2,25a; vgl. 4,3 f.) werden übertroffen durch die unverdienten Leiden des *makellosen* und sündlosen Christus (1,19; 2,22). Dank diesem Unterschied hat er als Sündloser die Sünden derer, die im

Glauben mit ihm verbunden sind, auf sich nehmen, auf das Kreuz tragen und dort ablegen können (2,24; vgl. Kol 2,14). Auch die Israeliten in Ägypten vermochte nur das Blut des *fehlerlosen* Lammes (Ex 12,5) vor dem Zugriff der tötenden Macht zu bewahren (1,2c.19; Ex 12,5–23). Christi Leiden waren keine Strafleiden (**22**). Seine Reaktion auf sein Leiden war kein Aufbegehren gegen das, was ihm zu Unrecht widerfuhr. Er verkörperte den leidenden Gottesknecht aus Jesaja (Jes 53,7–9), der sich wie ein Lamm klaglos zur Schlachtbank führen ließ (**22b.23**). Bereits in 1Petr 1,19 wurde Christus als makelloses (Passa) Lamm eingeführt, das mit seinem kostbaren Blut die nachmaligen Gläubigen von ihren Sünden erlöst hat (1,18b).

Die Parallelisierung des leidenden Gottesknechts aus Jesaja mit dem leidenden und gekreuzigten Jesus macht offenbar, dass auch die Leiden derer, die in seine Nachfolge gerufen sind, im ewigen Heilsplan Gottes verankert sind (vgl. 1,20). Wie Christus das Leiden bewusst als gottgewollt auf sich nahm (**23b**), so sollen es auch die Gläubigen annehmen. Seinem Beispiel und seinen Fußspuren gilt es zu folgen (21c) – klaglos und als Ausdruck des von Ewigkeit vorherbestimmten und in den heiligen Schriften bezeugten Heils.

Das in **24a** erwähnte »Holz« steht für das aus Holz gefertigte Kreuz (vgl. Apg 5,30; Gal 3,13). Erst die Leiden und der Kreuzestod Christi (24a) haben ermöglicht, dass die Gläubigen der Sünde keinen Angriffspunkt mehr bieten. Nur wer Anteil hat an der Besprengung (1,2) mit dem teuren Blut Christi (1,19) und für die Sünde tot ist (**24b**), kann in der Gerechtigkeit leben (**24c**). Das in der Kreuzigung (vgl. 24a) und in der Geißelung (**24e**) erfahrene Leiden Christi (vgl. 21b) hat in seiner Gesamtheit das Heil der Gläubigen erwirkt. Christi Foltermale werden den Christinnen und Christen zu Heilsmerkmalen. Vor diesem Hintergrund wäre eine Leidensvermeidung der Gläubigen eine Abkehr von der Nachfolge Christi.

V. 24b spricht davon, dass die Gläubigen den Sünden abgestorben sind und nun für die Gerechtigkeit leben. »Ort« dieses Absterbens ist die im Folgekapitel thematisierte Taufe (1Petr 3,21; vgl. Röm 6,3). Mit dem Wort von der Besprengung mit dem Blut Christi wurde gleich zu Beginn des Briefes (1,2c) auf die Taufe angespielt. In der Taufe auf den Namen Jesu Christi erhalten die Täuflinge Anteil an seinem Kreuzestod (1Petr 1,2c; 2,21b.24; Röm 6,6; Gal 6,14) und seiner Auferstehung (Kol 2,12; Eph 6,6). Sie sind laut Röm 6,3 »in seinen Tod getauft«.

In den Versen 22–24 bezieht sich das Bild des sündlosen Lammes, das sich klaglos zur Schlachtbank führen lässt (Jes 53,7), zunächst auf die Passion. Der Schlussvers des Kapitels (**25**) wendet das Bild neu. Nun kommt den Christus nachfolgenden Gläubigen die Rolle der Schafe zu und Christus

selbst erweist sich als Hirte (vgl. 5,4; Ps 23; Joh 10,11.14). Ohne Christus waren die Gläubigen auf der falschen Spur und irregeleitet (**25a**; 1,18b; 4,3f.; vgl. Jes 53,6; Ez 34,5.23). Nun aber geht er ihnen als Hirte und Beschützer voran (**25b**; 5,4). Das Leben und die Seelen derer, die sich zu Christus umgewendet haben (**25b**), werden bei Christus gerade auch im Leiden bewahrt. Die Schlussworte des Abschnitts (**25c**) bezeichnen Christus als *Aufseher* der Seelen.
Bereits in 2,12 war vom »Tag der *Aufsehung*« die Rede, dort übersetzt mit »Tag des Gerichts«. Gemeint ist damit der Tag des Endgerichts, das denen, die der Aufsicht Christi unterstehen, zum Heil gereichen wird. Von dem hier gebrauchten griechischen Terminus zur Bezeichnung des Aufsehers leitet sich das deutsche Wort »Bischof« ab.
Im Schlusskapitel wird das Bild vom Hirten wieder aufgenommen und auf die Gemeindeleitung mit Christus als Oberhirten (5,4) übertragen. Während im zweiten Kapitel die rettende Aufsicht und Führung durch Christus und der Gehorsam der Gläubigen im Mittelpunkt stehen, geht es im letzten Kapitel des Briefes um die Gemeindeleiter, die sich demütig am Vorbild des Hirten Christus orientieren mögen (5,1–5).

Am Beispiel der unter ihren Herren leidenden Dienstleute oder Hausklaven verdeutlicht der erste Petrusbrief, dass Leiden ein Wesensmerkmal aller Christen ist. Leidende stehen in der Nachfolge des sündlosen Christus, der selbst für die Gläubigen gelitten hat. Ein solches Leiden ist Gnade. Gemeint sind Leiden, die Gläubige aufgrund der Willkür ihrer Herren zu erdulden haben, und es sind die Leiden, die Christen bewusst um ihres Gewissens willen ertragen. Ein Missverständnis wäre zu meinen, man könne sich Gnade erwirken, indem man Leiden durch ein unangemessenes Verhalten provoziert. Betont unterscheidet deshalb der Autor die Leiden, die als Folge berechtigter Bestrafung erfahren werden, von den als Gnade anzunehmenden Leiden. Implizit verbunden ist damit eine Aufforderung zu einem ethisch einwandfreien Leben vor Gott. Vorbild der Christinnen und Christen ist der sündlose Christus, der als Opferlamm in der Tradition des jesajanischen leidenden Gottesknechts klaglos gelitten hat. In seinem Tod trug er alles, was im Gericht gegen die Gläubigen hätte sprechen können, an seinem Leib hinauf ans Kreuz und hat es damit abgetan. Was ihm Foltermale und Wunden bei seiner Geißelung verursachte (Mk 15,15 parr), dient den getauften Gemeindegliedern als Heilmittel (2,24c). Christus ist Aufseher und Hirte der einstmals umherirrenden, nun aber zu ihm umgekehrten Schafe. Damit ist ihnen ein Leben in Gerechtigkeit eröffnet. Wer sich Christus zuwendet, ist geheilt und steht unter seinem Schutz.

3,1–4
Mahnung an die Ehefrauen zu Bescheidenheit

3,1 Ebenso ihr Frauen, ordnet euch euren Männern unter. Damit auch welche, die dem Wort noch nicht glauben, durch das Leben ihrer Frauen ohne Wort gewonnen werden, **2** wenn sie sehen, wie gottesfürchtig und rein ihr lebt. **3** Euer Schmuck sei nicht äußerlich, indem ihr eure Haare aufwändig flechtet, euch mit Goldschmuck behängt oder prächtige Kleider tragt. **4** Legt Wert auf das Beständige, nämlich auf das im menschlichen Herzen Verborgene: ein sanftes und ruhiges Wesen. Das ist es, was bei Gott zählt.

Als zweites Beispiel für Menschen, die sich anderen unterordnen sollen, nennt der Autor die Gruppe der Frauen (3,1a). Die antike Gesellschaft war patriarchalisch und hierarchisch durchstrukturiert. Das Verhältnis von Dienern und Herren findet in gewisser Weise seine Parallele in dem der Ehefrau zum Familienvater. Jedoch wird die in 2,17 erkennbare subversive Haltung gegenüber dem Regenten übertragen auf Ehe und Familie: Die Ehefrau als der vermeintlich schwächere Part ordnet sich zwar unter, bleibt dabei aber der christlichen Überzeugung treu. Es scheint vorausgesetzt, dass ein gläubig gewordener Mann seine Ehefrau »automatisch« für das Christentum gewinnt.
Ausdrücklich ist von den eigenen Ehemännern die Rede (1b), es geht an dieser Stelle also nicht um eine grundsätzliche Unterordnung der Frau unter Männer oder um eine etwaige Minderwertigkeit des weiblichen Geschlechts. Ein Ziel des Gehorsams der gläubigen Frau ist die Stabilisierung der glaubensverschiedenen Familie und damit zugleich die Festigung der noch fragilen frühchristlichen Gemeinde. Wäre ein nicht regelkonformes Verhalten der Ehefrauen ursächlich auf deren Glauben an Christus zurückgeführt worden, hätte das – unter dem Vorwurf der Zersetzung von Staat und Gesellschaft – noch stärker als ohnehin die Gruppe der Christen in ihrem Bestand gefährdet.
Eine (argumentative) Mission tritt in Bezug auf die eheliche Verbindung nicht in den Blick (1c). Die nichtgläubigen Gatten sollen das für sie positive Verhalten oder eine entsprechende Verhaltensänderung ihrer Ehefrauen auf deren Gottesfurcht zurückführen und im Idealfall ohne ein Wort für *das* Wort gewonnen werden (3,2).
Christlicher Glaube führt zu einer neuen Priorisierung von Wertigkeit. Dem veränderten Äußeren der Ehefrauen (3,3) soll ein ausgeglichenes Inneres korrespondieren (4). Ausdrücklich genannt werden Sanftheit und Zurückhaltung der Frau als etwas, das nicht nur dem Ehemann zugutekommt, sondern welche auch von Gott als wertvolle »innere Werte«

angesehen werden. Der von den christlichen Ehefrauen geforderte besondere Geist (4), ihr ruhiges und sanftes Wesen, gehört zu dem, was ewig Bestand hat. Ein solches unvergängliches Wesen steht auf einer Ebene mit dem unvergänglichen Erbteil, das für die Gläubigen in den Himmeln bereit liegt (1,4) und mit dem unvergänglichen Samen (1,23), aus dem die Christen durch das bleibende Wort Gottes wiedergeboren sind. Im Unterschied zu diesem Wesensmerkmal christlicher Ehefrauen ist aller Schmuck nur äußerlich und hat keinen Bestand. Bereits in 1,7 war Gold als vergänglich bezeichnet worden. Ihm war der wertvolle, beständige und rettende Glaube (1,5–7) entgegengestellt worden. Indem dem ruhigen und sanften Geist der christlichen Ehefrauen Unvergänglichkeit bescheinigt wird (4), erscheint dieses Wesen sowohl als Folge, als auch als sichtbarer und wirkmächtiger Ausdruck des Glaubens: Die aus *unvergänglichem* Samen durch das lebendige und bleibende Wort Gottes Wiedergeborenen (1,23) vermögen ohne ein Wort (3,1c) durch ihr *unvergängliches* sanftes und ruhiges Wesen einige für das Wort (3,1b) zu gewinnen und ihnen damit Anteil an dem *unvergänglichen* himmlischen Erbteil (1,4) zu geben.

Aufwändiges Äußeres – exemplarisch sind Haartracht, Goldschmuck und Kleidung erwähnt (3,3) – soll für gläubige Ehefrauen keine Rolle (mehr) spielen. Haartracht diente, wie kunstvolle Frisuren auf antiken Bildnissen zeigen, als Statussymbol. Leisten konnte sich solchen Haarschmuck nur, wer über entsprechende Mittel, Menschen und vor allem Zeit verfügte.

In einer Beziehung hat ein verändertes Äußeres eines der Partner Auswirkungen auf beide. Ein Gutheißen des schlichteren Auftretens der Ehefrau seitens des Ehemanns findet in der Antike seine Grenze an dessen Interesse an der Repräsentativität seiner Gattin. Dass in solchen Fällen die Aufforderung an Ehefrauen zur Bescheidenheit in einer potentiellen Spannung zur Aufforderung zum Gehorsam steht, thematisiert der Autor nicht.

Die Unterordnung der Ehefrau bezeichnet der Autor als den wahren Schmuck der Frau (4). Ein solches Verhalten gilt als gottgewollt, ihm wird ewiger Bestand (4b) attestiert und es erscheint selbst als eine Art von Gottesdienst (4c). Die Anweisungen haben ihren Ort in der konkreten Situation einer im Aufbau befindlichen und angefeindeten christlichen Gemeinde. Jeder Anschein von Störung der Ordnung durch Nichtanpassung war zu vermeiden. Mit dem im ersten Petrusbrief vertretenen Ehe- und Familienbild sollten Vorurteile gegen die neue Gruppierung abgewehrt werden. Die hier propagierten Rollenbilder haben bis in die Gegenwart die Gesellschaft geprägt. Heutige christliche Leserinnen und Leser des ersten Petrusbriefes müssen sich mit den damals vertretenen und religiös aufgeladenen Idealen auseinandersetzen. Zu bedenken ist, dass die idealtypische Ehefrau zu Beginn des dritten Kapitels des ersten Petrusbriefes parallel zu dem typischen Hausklaven am Ende des zweiten Kapitels steht. Wer das eine in seiner Gottgewolltheit relativiert und nicht mehr als angemessen erachtet, wird auch das andere auf seine Zeitgemäßheit hin befragen.

3,5–7
Vorbildhaftes Verhalten der Erzeltern

⁵ So nämlich schmückten sich einst auch die heiligen Frauen. Sie hofften auf Gott und ordneten sich ihren Ehemännern unter. ⁶ Sara war Abraham gehorsam und nannte ihn Herrn. Ihr seid ihre Töchter geworden, indem ihr Gutes tut und keinerlei Schrecken fürchtet.
⁷ In gleicher Weise auch die Männer: Wohnt vernünftig mit dem weiblichen Geschlecht zusammen als dem schwächeren. Ehrt sie als Miterbinnen der Gnade des Lebens, damit eure Gebete nicht behindert werden.

Als Beispiel eines vor Gott wertvollen Schmucks von Ehefrauen bezeichnet der Autor die Unterordnung idealisierter »heiliger Frauen« unter ihre Ehemänner (5c; »die eigenen Männer«; vgl. 1b). Der zuvor genannte äußerliche Schmuck (3b) wird nicht nur verinnerlicht, sondern auch ethisiert. Indem der Verfasser bezüglich der christlichen Ehefrauen erklärt, sie hätten sich selbst geschmückt, sagt er zugleich, ihr Gehorsam sei ihrem freien Willen entsprungen und nicht Ausdruck von Unterwürfigkeit.
Wie die Erwähnung Saras, der Frau Abrahams, erkennen lässt, denkt er vor allem an die Erzmütter (6a) und blendet dabei aus, dass gerade sie ihren Männern nicht bedingungslos gehorchten, sondern laut den Erzelterngeschichten der Genesis in je eigener Weise ihren Willen durchzusetzen vermochten. Als Motiv der Unterordnung der heiligen Frauen wird ihre Hoffnung auf Gott genannt (V. 5b), in ihrer Haltung habe sich also der Wille Gottes gespiegelt.
Dass der Verfasser des ersten Petrusbriefes hier mit Selbstverständlichkeit Abraham und Sara als Modell einer christlichen Ehe anführt, erscheint nur sinnvoll vor dem Hintergrund einer Adressatengemeinde, in der die jüdische Urerzählung bekannt war und als vorbildhaft auch für die christliche Gemeinde aufgefasst wurde.
Der Autor des ersten Petrusbriefs spielt an auf Gen 18,12 (6a). Der Vers ist jedoch nur bedingt geeignet, die Argumentation zu stützen, denn Sara

nennt Abraham in der Septuagintaübersetzung zwar: »mein Herr«, relativiert jedoch zugleich seine Autorität. Sie bezeichnet ihn als alt und hat für die göttliche Sohnesverheißung nur ein Lachen übrig (Gen 18,13.15). Auch bei den Vertreibungen Hagars, der ägyptischen Magd, war es Sara, die sich mit göttlicher Billigung (Gen 21,12f.) aktiv gegen ihren Ehemann durchgesetzt hat (Gen 21,8–21). Der mit Hagar vertriebene Ismael war immerhin der erstgeborene leibliche Sohn Abrahams (Gen 16,1–4). Jüdische und nichtjüdische christliche Ehefrauen werden als Töchter der idealisierten Sara angesprochen (**6b**) und so hineingenommen in den Bund Gottes mit Abraham. Damit werden abermals, wie bei der Parallelisierung zu den aus Ägypten geretteten Israeliten (1,13–23), die Gläubigen nicht-jüdischer Herkunft dem Volk Israel gleichgestellt (vgl. 2,10). Auf ein Lesepublikum, das nicht in der jüdischen Tradition zuhause ist, wirkt die Aufforderung, »keinen Schrecken zu fürchten« (**6c**), befremdlich. Der hier gewählte Terminus für »Schrecken« begegnet innerbiblisch nur noch in Spr 3,25. Es handelt sich um ein plötzliches Erschrecken, ein »zu Tode« Erschrecken. Der »Schrecken«, auf den hier in Bezug auf Sara angespielt ist, findet eine Parallele in der jüdischen Exegese (BerR LVIII zu Gen 23,2 f.). Demnach wird Sara von der Nachricht über die Bindung ihres Sohnes Isaak durch ihren Mann Abraham (oft nichtzutreffend als »Opferung Isaaks« bezeichnet) so erschreckt, dass sie stirbt. Gefolgert wird das aus der Positionierung des Berichts von Saras Tod in Gen 23,2 im Anschluss an die Erzählung von der Bindung ihres Sohns Isaak in Gen 22,1–19. Laut dem Verfasser des ersten Petrusbriefes sollen die Töchter Saras sich einerseits durch ihr gutes Handeln auszeichnen zum andern aber auch in Abgrenzung zum »Schrecken der Sara« durch ihre Unerschrockenheit (**6c**).
Nach den an erster Stelle genannten christlichen Ehefrauen kommen nun christliche Ehemänner in den Blick (**7a**). Sie sind gehalten, mit ihren Ehefrauen vernünftig, das heißt gemäß der Erkenntnis, also gemäß dem Glauben an Christus zusammen zu leben (**7b**). *Nicht*christliche Ehegatten sind für den Autor nicht durch einen Brief erreichbar. Die wörtliche griechische Bezeichnung der Frau als »schwächeres Gefäß« innerhalb einer Partnerbeziehung (**7c**) begegnet ebenfalls in 1Thess 4,4; es handelt sich hier um eine nicht unübliche Bezeichnung für den Leib. Ihre physische Überlegenheit sollen gläubige Männer ebensowenig ausspielen, wie die im Vorvers erwähnte Gehorsamsaufforderung an die Ehefrau (**6a**). Ein gläubiger Ehemann weiß seine Partnerin als Miterbin der beiden gleichermaßen zukommenden Gnade des Lebens (**7d**). Daraus leitet sich für die Männer die Pflicht ab, diese Gnade ihren Partnerinnen nicht nur nicht zu verwehren, sondern aktiv dafür zu sorgen, dass ihnen dieses Erbe tatsächlich auch gewährt wird.

Würde das Gleichgewicht gestört, hieße das, dass auch das Gebetsleben der Eheleute (7e), dem schon Paulus in 1Kor 7,5 besondere Aufmerksamkeit widmete, in Unordnung geriete, und mit dem Gebetsleben auch die Gottesbeziehung.

Alle Gläubigen gelten ungeachtet ihrer jüdischen oder nichtjüdischen Herkunft als Kinder Abrahams und Saras, des idealisierten Erzelternpaares. Damit sind sie zugleich als deren Erbinnen und Erben angesprochen und haben Anteil am Bund Gottes mit Abraham. Zwei tragende Säulen einer christlichen Ehe erkennt der antike Autor in der Unterordnung der Ehefrau und in einer rücksichtvollen Haltung des Ehemannes. Wird das in der Genesis beschriebene Eheleben Saras und Abrahams als Maßstab genommen, eröffnet sich ein gewisser Spielraum für die Eigenständigkeit der gläubigen Ehefrau. Als Maßstab einer gelingenden Beziehung gilt der aktive Einsatz für die Teilhabe *beider* Ehepartner am Heilserbe und ein intaktes Gebetsleben des Paares.

3,8–12
Mahnung an die Gemeindeglieder zum Verzicht auf Vergeltung

⁸ Endlich seid alle gleichgesinnt, habt Mitleid, liebt die Geschwister, seid barmherzig und demütig. ⁹ Vergeltet nicht Schlechtes mit Schlechtem oder Beschimpfung mit Beschimpfung, sondern im Gegenteil: Segnet! Denn ihr seid dazu berufen, dass ihr Segen erlangt. ¹⁰ *»Wer nämlich das Leben lieben und gute Tage sehen will, der halte seine Zunge im Zaum und lasse nichts Schlechtes über seine Lippen kommen, auf dass sie nichts Listiges rede.* ¹¹ *Er wende sich weg vom Schlechten und tue das Gute. Er suche Frieden und jage ihm nach.* ¹² *Denn die Augen des Herrn schauen auf die Gerechten und seine Ohren wenden sich ihren Bitten zu. Die aber Schlechtes tun, haben das Angesicht des Herrn gegen sich«* (Ps 34,13–17).

War zuvor die Beziehung zwischen Ehegatten im Blick (3,1–7), so weitet sich in der Aufzählung in V. 8 die Perspektive. Der Kreis der Adressaten erstreckt sich nun auf alle Gläubigen. Sie werden zunächst nicht zu einem bestimmten Verhalten aufgefordert, sondern angesprochen als solche, zu deren Wesen bestimmte christliche Handlungen selbstverständlich gehören. Der Akzent liegt auf bescheidener Geschwisterlichkeit der Gemeindeglieder. Mitleid und Demut als Grundkonstanten christlichen Seins bleiben nicht auf Verhaltensweisen gegenüber Christen beschränkt, sondern strahlen aus auf ihr Handeln in der Welt.
Vers **9** leitet über zu einem Hauptthema des ersten Petrusbriefes, dem Umgang mit widerfahrenem Unrecht. Den fünf in V. 8 genannten posi-

tiven Wesensbestimmungen werden »Schlechtigkeit« und »Beleidigung« als das den Christen Wesensfremde gegenübergestellt. Gut zu sein beinhaltet das Abstehen von Vergeltungsmaßnahmen. Damit treten sie in die Nachfolge Christi (2,21), der als sündlos Leidender (2,22) geschmäht wurde und nicht wiederschmähte (2,23).
Nicht zum Schmähen und Vergelten, sondern zum Segnen sind die Gläubigen berufen. Das Segnen und Gesegnet-Werden führt die Abrahamsmotivik aus 3,6 (vgl. 2,9) weiter. In Gen 12,2 segnet Gott Abram und spricht ihm zu, selbst ein Segen für alle Geschlechter der Erde (Gen 12,3), also auch für Nicht-Juden, zu sein.

Der Aufruf zum Racheverzicht an die Gläubigen (9) ist der Form nach ein Imperativ, er beinhaltet zugleich eine Seinszuschreibung: Nur der kann segnen, der selbst am Segen Gottes teilhat. Christen sind Gesegnete und Segnende in der Nachfolge Abrahams. Wurde im ersten Kapitel noch auf den Auszug aus der ägyptischen Gefangenschaft (1,13f.) und auf die Fremdheit der alten Existenz angespielt (1,17b), rücken mit Abraham und Sara (3,6; vgl. 1,23) der Auszug aus der Heimat und der Einzug in ein fremdes Land in den Vordergrund (Gen 12,1–4a). Wird eine Leserschaft angenommen, der die Erzählungen der Genesis vertraut sind, dann treten im Zusammenhang mit Beleidigung, Anfeindung und Fremdheit auch die Gefährdungen der Verheißung nach Sara(i)s Entführungen durch Pharao in Ägypten (Gen 12,10–20) und durch Abimelech (Gen 20,1–18) in den Blick.
Mit dem in 1Petr 3,9 gegenüber den Beleidigern geforderten Segen kommt die Feindesliebe und konkret das Gebet für die Feinde ins Spiel (Ostmeyer, Gebet, 89–102). Abraham betet auf Geheiß Gottes (Gen 20,7) für Abimelech (Gen 20,17), der ihm durch die Entführung Saras zum Feind geworden war und die Verheißung an Abraham und seine Nachkommen bedroht (Gen 12,7a; 15,5; 17,6–10).
Im Gebet wie im Segnen nehmen die Gläubigen ihre Widersacher mit hinein in ihren eigenen Heilsraum. Da Heil nicht punktuell zu verstehen ist, sondern als Teilhabe am Reich Gottes ewig währt, bedeutet Segnung der Feinde eine unbegrenzte, ewige positive Zuwendung. Das gilt selbst dann, wenn sich das Gegenüber feindlich gebärdet (vgl. Lk 6,28; Röm 12,14). Das Segnen der Feinde in Mt 5,44 par. impliziert deren Zugänglichkeit für das Heil. Und noch viel grundsätzlicher setzt jede Rettung durch Christus eine vorangehende Verlorenheit oder Feindschaft voraus (Röm 5,10; 12,14.20f.). Das Lukasevangelium widmet sein 15. Kapitel dem Wiederfinden (und der Rettung) dessen, was verloren war (vgl. Mt 18,12–14).

Zitate aus den alttestamentlichen Schriften als Belege oder zur Begründung einer Argumentation finden sich regelmäßig in den Texten des

Neuen Testaments. Dass aber ein Textstück solcher Länge (fünf Psalmverse) als in sich geschlossene Passage übernommen wird, begegnet innerhalb der neutestamentlichen Schriften außer im Zitat aus Ps 34,13–17 in 1Petr 3,**10–13** nur noch in Hebr 3,7–11 (Zitat aus Ps 95,7–11).
Mit Hilfe der leicht variierten Septuagintafassung von Ps 34,13 wechselt der Autor über vom Grundsätzlichen zu konkreten Anweisungen. Vergleichbar den Mahnungen des Jakobusbriefes (Jak 3,5–10; vgl. Sir 37,18) wird der menschlichen Zunge eine zentrale Rolle zugemessen (1Petr 3,10; Ps 34,14). Wahre Worte sind die Basis für ein gottesfürchtiges und damit gutes Leben (**10**).
Mit seinem Aufruf, sich vom Schlechten ab- und dem Guten zuzuwenden (**11a**; Ps 34,15a), knüpft der Autor an zuvor Gesagtes an. Als neuer Aspekt kommt das Streben nach Frieden und Gerechtigkeit hinzu (**11b**; Ps 24,15b). Was das konkret bedeutet, wird innerhalb der zitierten Verse in sprachlich verknappter Form dargelegt: Gott wendet sich denen zu, die gerecht sind, und entzieht sich denen, die schlecht handeln (**12**; Ps 34,16). Sprachlich unterscheidet der letzte Vers des Zitats zwischen Sein (zwischen denen, die gerecht sind) und Tun (denen, die schlecht handeln). Diese Unterscheidung eröffnet für Christen den Raum, diejenigen zu segnen, die sie beleidigen (vgl. die Ausführungen zu V. 9). Wäre der schlecht Handelnde *wesensmäßig* schlecht und als solcher Gott fern, würde ihn der Segen des Gläubigen nicht erreichen (V. 9). Ein Mensch jedoch, der unterschieden wird von seinen widergöttlichen Handlungen, ist der Zuwendung Gottes grundsätzlich zugänglich, sofern er ablässt von seinem Tun. Damit ist abermals bekräftigt, dass Wiedervergeltung mit Gleichem für Christen nicht infrage kommt. Ein Gemeindeglied, das sich von Gott angenommen weiß, wird sich nicht verworfener Mittel bedienen, sondern dem anderen als einem potentiellen Glied der Gemeinde begegnen.

Im Mittelpunkt des Abschnitts steht das Motiv der Vergeltung. Anknüpfend an alttestamentliche Weisheitstraditionen (Ps 34,13–17) verdeutlicht der Autor des ersten Petrusbriefes, dass Rache in Wort und Tat nicht zu den für Gläubige möglichen Denk-, Rede- und Handlungsweisen zählt. Christinnen und Christen sind wesensmäßig friedliebend und geschwisterlich. Als Gesegnete sind sie selbst Segnende. Damit erweisen sie sich als wahre Kinder Saras und Abrahams. Mit der Anspielung auf Abra(ha)m, der als Gesegneter selbst zum Segen für alle Völker werden soll (Gen 12,3), wird verdeutlicht, dass auch Ungläubige nicht grundsätzlich vom Heil ausgeschlossen sind, sofern sie ablassen von ihren bösen Taten. Die friedliebende Begegnung dem Feind gegenüber beinhaltet analog zur Botschaft des Paulus und der der Evangelien ein missionarisches Motiv: Auch die, die jetzt Leid und Verfolgung verursachen, sind anzusehen als noch nicht endgültig Verlorene.

3,13–16
Gutes tun, Leiden ertragen und Christus bekennen

¹³ Und wer sollte euch Böses antun, wenn ihr Eiferer für das Gute seid? ¹⁴ Und wenn ihr dann doch wegen der Gerechtigkeit leidet, – selig seid ihr! Fürchtet euch nicht. Lasst euch nicht erschrecken oder beunruhigen. ¹⁵ Haltet Christus als Herrn heilig in euren Herzen. Seid immer bereit zur Rechenschaft jedem gegenüber, der von euch ein Wort über die Hoffnung einfordert, die euch bestimmt. ¹⁶ Doch tretet sanftmütig und ehrfürchtig auf. Habt ein gutes Gewissen. So werden eure Verleumder gerade durch das beschämt, wofür sie euch schmähen, nämlich euren guten Wandel in Christus.

Scheinbar übergangslos wechselt der Autor des ersten Petrusbriefes aus dem Psalm-Zitat in eine Folgerung, mit der er zunächst seine Argumentation aus dem vorangegangenen Kapitel aufzunehmen scheint. In 2,14 spricht er von einer vermeintlich gerecht nach den Taten belohnenden oder strafenden Obrigkeit. Mit der rhetorischen Frage in 3,13 wird formuliert, was in einem gerechten Umfeld selbstverständlich ist: Wer sich selbst gut verhält, hat nichts Böses zu befürchten. Indem der Verfasser des ersten Petrusbriefes scheinbar naiv von einer heilen Welt mit gutwilligen Menschen ausgeht, vergrößert er den Kontrast zu der im Folgenden angesprochenen Realität. Wer auf das gute Handeln der Christen feindlich reagiert, disqualifiziert sich selbst.

Der Autor setzt eine Situation voraus, in der das Verhältnis der christlichen Gemeinden zu ihrer Umwelt noch nicht vollständig zerrüttet ist. Zumindest partiell scheint es die Option zu geben, dass Christen nicht allein wegen ihres Namens verfolgt, sondern nach ihrem Verhalten beurteilt werden.

Hätte die Gemeinde, wie später auf dem Höhepunkt der Christenverfolgungen, im eigenen Umfeld Willkür, Gewalt und Verrat als Normalfall und als regelmäßige und existenzbedrohende Größen erfahren, wäre eine andere Wortwahl zu erwarten gewesen. Der Autor lässt die Hoffnung erkennen, dass sich einige aufgrund des betont guten Verhaltens der Gläubigen zum Nachdenken und vielleicht auch zum Umdenken animieren lassen.

V. 14a lässt darauf schließen, dass in der Praxis ein Teil der feindlich Gesinnten die Lebensweise der Christen als Provokation und als Ansporn für gesteigerte Anfeindungen aufgefasst haben. Die Konsequenz, nämlich verstärktes Leiden, wird nun beim Namen genannt. Christinnen und Christen, die von den ungerechten Anfeindungen betroffen sind, werden nicht mehr nur zum Ausharren angehalten, sondern für den

Fall, dass sie leiden müssen, sogar als Selige gepriesen (zum hier im griechischen Text begegnenden Gebrauch des Optativs, der Wunschform, als Kennzeichen einer gehobenen Sprache vgl. die Ausführung zu 1Petr 1,2). Gerade in der Verfolgung erfahren sie eine Gottesnähe (Seligkeit), die ihnen ohne das Leid nicht zuteilgeworden wäre (vgl. 4,14). Die Nähe zu den um der Gerechtigkeit willen Verfolgten aus Mt 5,10 ist unverkennbar.

Der Aufruf, sich nicht beunruhigen zu lassen (**14b**), bietet denen eine Antwort, die in scheinbarem Widerspruch zu V. 13 erfahren, dass ihnen Gutes mit immer mehr Schlechtem vergolten wird. Die Verheißung, gerade im Ausharren selig zu sein, soll den Gläubigen die Furcht vor ihren Widersachern nehmen. Mit einem Zitat aus Jes 8,12 f. in 14b verdeutlicht der Autor: *Furcht* im Sinne von »Schrecken vor jemandem« ist gegenüber den Verfolgern unangemessen. Stattdessen soll *Furcht* im Sinne von Ehrfurcht vor Gott und Christus (vgl. 16a) ein Ausdruck der Haltung der Bekennenden sein.

V. **15a** fügt als neuen Aspekt hinzu, dass die Verfolgten mehr als nur Opfer sind, die ihr Leid schweigend ertragen. Es ist ihre Christenpflicht, Zeugnis abzulegen über ihre Motivation. Ihr alleiniger Herr ist Christus, und die von ihnen erwartete Verteidigung den Anfeindungen gegenüber ist das Christuszeugnis (der Logos) als Quelle ihrer Hoffnung (**15b**). Wer Christus im Herzen trägt, trägt Verantwortung für seine Botschaft und kann nicht anders, als über diese verinnerlichte Hoffnung zu reden. Der Begriff »Logos« ist bewusst gewählt. Wie im Johannesevangelium (Joh 1,1.14 u.ö.) steht auch im ersten Petrusbrief der Logos (das Wort) für Christus und seine Heilsbotschaft. Das so verstandene Wort ist immer schöpferisches (Joh 1,2 f.), lebendiges (1Petr 1,23) und geschehendes Wort Gottes (was Gott spricht, kommt ins Sein: Gen 1,3). Ein Mensch, der in seinem Innersten von dem Glauben wirkenden Wort erfüllt ist, kann nicht anders, als dieses Wort zu äußern und zur Sprache zu bringen. Für die Gläubigen bedeutet »Rechenschaft ablegen«, dass sie das Heil und die Hoffnung zum Ausdruck bringen, die sie erfüllt. Sie stehen denen gegenüber, die jetzt lästern und die Rechenschaft im Endgericht werden ablegen müssen (4,4 f.).

Das christliche Zeugnis soll nicht auftrumpfend erscheinen, sondern in Gottesfurcht, d. h. demütig (**16a**; vgl. 1,8). Christinnen und Christen suchen nicht ihren eigenen Ruhm, sondern stellen allein Gott in den Mittelpunkt. Den Gläubigen, die mit sich im Reinen sind, die ein gutes Gewissen haben (**16b**) und sich in ihrer Lebensführung mit Christus im Einklang wissen, wird verheißen, dass die Schmähungen gegen sie wegen ihrer Nachfolge Christi und wegen ihres guten Lebenswandels auf die Schmähenden selbst zurückfallen (**16c**).

Die Gläubigen sind sich gewiss, dass mit Blick auf ihre guten Taten gerade diejenigen, von denen sie jetzt Leid erfahren, am Tage der Heimsuchung Gott preisen werden (2,12).
Wie in 2,19 wird auch in 3,16 das gute Gewissen der Christinnen und Christen verknüpft mit dem Erdulden von ungerecht zugefügtem Leid in der Nachfolge Christi. Gott selbst lässt die Verfolger scheitern. Ein christliches Bedürfnis nach Vergeltung (V. 9) würde mit dem Willen und Wirken Gottes kollidieren.

Gläubige führen ein vorbildliches Leben und geben niemandem Anstoß. Erfahren sie dennoch Anfeindung und Leid, so setzen sich deren Verursacher ins Unrecht. Der Autor des ersten Petrusbriefes vollzieht eine Umkehrung dessen, was in der Welt Gültigkeit beansprucht, indem er erklärt: Leiden ist Gnade (2,19f.) und Leidende sind selig (3,14; vgl. 4,14).
Das Leiden der Gläubigen ist Ausweis ihres Anteils am Heil und die intensivste Form der Nachfolge des leidenden Christus (2,21). Im Leiden wissen sich die Gläubigen auf dem rechten Weg. Wer diese Überzeugung verinnerlicht hat, kann nicht anders, als Zeugnis zu geben von dem, was ihn bewegt (vgl. Mt 12,24 par.), selbst wenn das in der Praxis die Anfeindungen verstärkt. Für Nachfolger des leidenden Christus ist Leidensvermeidung keine Option. Ebensowenig kommen für sie Akte der Vergeltung in Frage. Christinnen und Christen sind sich gewiss, dass ihre Verleumder im Gericht Gottes gerade an dem gemessen werden, was sie momentan noch mit Schmähungen überziehen (vgl. 4,4), und das ist der gute Lebenswandel der Gläubigen (3,16).

3,17–22
Christus: Vorbild, Verkündiger und Erhöhter. Rettung durch die Taufe

[17] Besser ist es nämlich für gute Taten zu leiden, wenn das der Wille Gottes ist, als für böse. [18] Denn auch Christus hat ein für alle Mal für Sünden gelitten, als ein Gerechter für Ungerechte, damit er euch zu Gott hinführe. Dem Fleisch nach wurde er zwar getötet, dem Geist nach aber lebendig gemacht. [19] In ihm machte er sich auf und predigte den Geistern im Gefängnis. [20] Sie waren einst ungehorsam, als Gott in seiner Langmut in den Tagen Noahs abwartete, während die Arche gebaut wurde. In die hinein wurden wenige, das sind acht Seelen, durch das Wasser hindurchgerettet. [21] Entsprechend rettet euch jetzt die Taufe. Doch nicht in ihr wird das Schmutzfleisch abgelegt, sondern das geschieht durch die Bitte zu Gott um ein gutes Gewissen, aufgrund der Auferstehung Jesu Christi. [22] Er ist in den Himmel gegangen und an Gottes rechter Seite. Alle Engel, Gewalten und Mächte sind ihm unterworfen.

Der Autor setzt seine Argumentation fort mit einem Weisheitsvers (**17**; vgl. 2,15). In 3,10–12 hatte er aus dem 34. Psalm die Verse 13–17 zitiert. Den 20. Vers desselben Psalms, worin es heißt, dass der Gerechte viel leiden muss, legt er nun seiner weiteren Argumentation zugrunde, ohne den Bezug ausdrücklich zu kennzeichnen.

In den vorangegangenen Abschnitten hatte der Verfasser des ersten Petrusbriefes das Leiden als unausweichlich erwiesen (vgl. 1,6 f.9): Wenn ungerecht erfahrenes Leid (2,20b) Seligkeit vermittelt (3,14), dann ist solches Leiden Gottes Wille (**17b**; vgl. 4,12). Verbunden damit ist die Mahnung, sich nicht durch Verfolgungen vom Gutes-Tun abbringen zu lassen (**17a**).

In den Ausführungen für die Hausklaven (2,18–25) war ungerechtes Leid (2,19) der gut Handelnden (2,20), das um des Gewissens willen (2,19) ertragen wird, als Gnade (2,19 f.) beschrieben worden. Im zweiten Teil der Mahnung an die Dienstleute wurde der sündlos leidende Christus (2,21) als Vorbild (2,22) angeführt.

Analog ist die Argumentation im dritten Kapitel aufgebaut: Zunächst geht es um die Christen, die nach Gutem streben (3,13.16). Sie werden in ihrem zu Unrecht erfahrenen Leid (3,14a) als glückselig gepriesen (3,14b) und dürfen ein gutes Gewissen für sich in Anspruch nehmen (3,16b). Wie im zweiten Teil der Hausklavenmahnung (2,21–24) erscheint nach der Beschreibung des Leids der Gläubigen der gerechte Christus als Vorbild, der für die Sünden der Ungerechten gelitten hat (3,18).

Im Unterschied zu den leidenden Gläubigen hat er nicht nur gerecht *gehandelt*, er *war* selbst essentiell gerecht (**18b**), das heißt makellos (1,19b) und ohne Sünde (2,22a). Als solcher hat er für die Sünden der Ungerechten gelitten (**18a**). Anders als Christus waren die ungerecht leidenden Christen vor ihrer Umkehr selbst essentiell Ungerechte (vgl. 1,18b; 2,10.25). Erst Christi Leiden als Gerechter hat sie zu Gerechten gemacht und ihnen den Weg zum Vater eröffnet (2,24). Sie sind nun ein für alle Mal durch das einmalige Leiden des Einmaligen frei von der Macht der Sünde.

Im Unterschied zum regelmäßigen Tempelopfer bedarf das Opfer Jesu keiner Wiederholung; eine ähnliche Sprache und Argumentation bietet der Hebräerbrief (Hebr 7,27; 9,12.26; 10,2.10; vgl. Röm 6,10). Typisch paulinisch ist die den 18. Vers prägende Gegenüberstellung von Fleisch (**18c**) und positiv bewertetem Geist (**18d**; vgl. Röm 8,4–13; 1Kor 5,5; Gal 3,3 etc.). Zwar sind die Gemeindeglieder im Unterschied zu Christus noch nicht physisch gestorben, indem sie aber an Christus glauben, haben sie bereits teil am Tod des Fleisches. Das bedeutet, dass physisches Leid sie in ihrem christlichen Sein nicht mehr gefährden kann. Als Gläubige sind sie bereits mit Christus im Geist lebendig gemacht (**18d**)

und als durch Christus zu Gott Hingeführte schon mitauferstanden (vgl. Kol 2,12; 3,1).
Die Verse 18 und 19 sind in geprägter Sprache formuliert. Der Autor zitiert in V. 18 ein in seinem Umfeld gebräuchliches Glaubens- und Auferstehungsbekenntnis. Der 19. Vers wird vom Verfasser *mit*zitiert, und er erkennt, dass das mitzitierte Motiv der »Geister im Gefängnis« (19b) einer Erklärung bedarf. So bietet er in 20 und 21 einen Exkurs, in dem er assoziativ auf diverse Rettungsmotive (Langmut Gottes, Rettung Noahs, Taufe, Bitte zu Gott, Auferstehung) eingeht. Das Lebendig-gemacht-werden des gerechten Christus im *Geist* (18d) bildet die motivische und assoziative Brücke zu den in 19b erwähnten *Geist*ern im Gefängnis.

Es wird diskutiert, um welche Art von Geistern es sich handelt (19) und ob sie zu ewiger Gefängnisstrafe verurteilt sind oder ob auch ihnen Heil widerfährt. Ein Gericht zur ewigen Verdammnis wäre im Heilskontext der Verse ein Fremdkörper. Zuvor war die Rede vom im Geist lebendig gemachten Christus, der den Tod überwunden hat (18d). Im Anschluss daran geht es um die Rettung Noahs und seiner Familie (20) und in Analogie dazu um die rettende Taufe (21).
Wenn Christus, der den Tod besiegt hat, selbst im Geist zu den Geistern im Gefängnis geht und ihnen verkündigt d. h. das Evangelium bringt (19), kann dieses Wort nicht ohne heilsame Folgen bleiben. Das wirkmächtige Wort der Verkündigung »kommt nicht leer zurück« (vgl. Jes 55,11). Wer die Predigt des Auferstandenen unmittelbar hört, ist gerettet.
Die Erwähnung Noahs in V. 20 hat vermuten lassen, die Wendung von den Geistern im Gefängnis beziehe sich nur auf die Sintflut-Generation und mit den Geistern im Gefängnis seien die Riesen gemeint, von denen unmittelbar vor dem Beschluss Gottes zur Sintflut die Rede war. Laut Gen 6,2.4 waren sie aus der illegitimen Verbindung von Menschentöchtern und Söhnen Gottes hervorgegangen. Das Motiv begegnet auch im Judasbrief (Jud 6f.), der wiederum auf Traditionen aus dem in neutestamentlicher Zeit beliebten apokalyptischen äthiopischen Henochbuch zurückgreift (ÄthHen 10,2–15; 18,14). Damit wären die »Geister« negativ konnotiert. Dem steht entgegen, dass ansonsten im ersten Petrusbrief Formen von »Geist« durchgängig positiv gebraucht sind. Zudem legen die Erwähnung des heilsamen Kreuzestodes Christi (3,18) und die Argumentation mit der analog zur Bewahrung Noahs rettenden Taufe (20f.) nahe, bei den Geistern im Gefängnis an die ungetauft Verstorbenen aller Zeiten zu denken. Indem sie als Hörer der Verkündigung Christi und als »Geister« tituliert werden, stehen sie in einer Reihe mit den mit Christus nach dem Fleisch gestorbenen und im Geist lebendig gemachten Gläubigen (vgl. 4,6). Der Vergleichspunkt zwischen der Zeit Noahs und der Gegenwart des Autors ist das Schicksal derer, die weder durch die Arche noch

durch die Verkündigung zu Lebzeiten des irdischen Jesus oder die Taufe gerettet wurden, denen aber trotzdem durch den lebendig gemachten Christus selbst ein Zugang zum Heil eröffnet wurde.

Wird unter dem Gefängnis der Bereich der Toten verstanden (19b), dann sind hier alle Verstorbenen im Blick, die nicht Gelegenheit hatten, das Evangelium zu Lebzeiten zu hören. Die Menschen vor Jesu Wirken sind jedoch nicht im Nachteil, denn auch ihnen wurde im Gefängnis des Todes die frohe Botschaft zuteil.
Wie der Bereich des Heils nicht räumlich begrenzt oder zeitlich befristet, sondern ewig ist, so ist auch bei denen im »Reich des Todes« nicht nur an die zu denken, die zufällig am Karsamstag schon tot und damit bei Christi Predigt (3,19) anwesend waren. Gemeint ist das Totenreich als solches und damit alle Toten aller Epochen. Der im apostolischen Glaubensbekenntnis genannte Abstieg Christi in das Reich des Todes in der Zeit zwischen Grablegung und Auferstehung hat hier seine Basis.
Auch das *Abwarten der Groß- oder Langmut Gottes in den Tagen Noahs* wird unterschiedlich interpretiert (**20b**). Einige beziehen die Großmut darauf, dass Gott erst die Fertigstellung der Arche abwartete, bevor die Sintflut begann. Es liegt jedoch näher, den Heilskontext weiter zu fassen. Denn Gottes Langmut in der Zeit Noahs steht in Analogie zur Rettung der Christinnen und Christen durch die Taufe in der Gegenwart. Dem Gericht in der Sintflut entspricht die Hineinnahme in den Kreuzestod Jesu (3,18) in der Taufe (**21a**; vgl. Röm 6,3 f.). Das heißt, beide, sowohl Noah mit seiner Familie (20) als auch die Getauften, verdanken ihre Rettung der Langmut Gottes.
Ziel der Argumentation im dritten Kapitel des ersten Petrusbriefes ist es nachzuweisen, dass auch diejenigen durch Christus gerettet sind, die vor seinem irdischen Leben existiert haben oder die zu eigenen Lebzeiten nicht mit dem Evangelium in Berührung gekommen sind (vgl. 4,6). Das wiederum bedeutet, der erste Petrusbrief möchte *nicht* mit Hilfe alttestamentlicher Bezüge, etwa der Sintflut in 3,20, die christliche Taufe erklären. Vielmehr setzt er bei den Gemeindegliedern das Wissen um die Taufe als Basis christlicher Existenz und als Medium der Rettung voraus und verwendet sie als Argument: Der Verfasser knüpft an das bei seiner Leserschaft vorausgesetzte Wissen an und verbindet die Rettung in der Taufe mit der Rettung aus der Sintflut durch die Arche. Sein argumentatorisches Ziel ist es, durch die Verknüpfung beider Rettungsakte (Taufe und Arche), Christus als Retter für alle und zu allen Zeiten darzustellen, also auch schon zu Zeiten Noahs.
Die *Achtzahl der Geretteten* (**20c**) spiegelt sich im kirchlichen Kontext bis heute wider in den acht Ecken von Taufbecken oder Baptisterien. Die

Rettung der acht Seelen (Menschen) steht parallel zur Auferstehung Christi am Sonntag, als dem achten Tag nach Schöpfungsbeginn. Sie lässt sich verstehen als Überwindung der alten, der Sünde verfallenen siebentägigen Schöpfung und als Eingang in die ewige Neuschöpfung. Sintflut und Taufe entsprechen einander (21). Beides vernichtet die alte unerlöste Existenz und bringt Rettung durch die Bindung an den lebendig machenden Christus (vgl. 1Kor 15,22) und durch die gläubige Annahme der Verkündigung des Auferstandenen (19).

Die Ausführungen zur Taufe sind eingebettet in die Mahnung zu einem Gott wohlgefälligen Lebenswandel in der Nachfolge Christi und in die Aufforderung zum Streben nach einem guten Gewissen (3,16.21; vgl. 2,19). »Fleisch« ist bei Paulus meistens (vgl. die Ausführungen zu 1Petr 3,18) und auch mehrfach im ersten Petrusbrief (1,24; 4,2.6) negativ qualifiziert. In **21b** wird das Fleisch der Christen darüber hinaus als »schmutzig« klassifiziert. Gemeint sind damit die Sündentaten und der nicht Gott wohlgefällige Wandel, von dem selbst die Getauften nicht gänzlich frei sind (vgl. die Ausführungen zu 2,20 und die Unterscheidung zwischen Sünden*macht* und Sünden*taten*).

Es wäre ein Kurzschluss zu meinen, diese Gefährdung gehe Christinnen und Christen seit der Taufe nichts mehr an. Die Vernichtung des Alten allein genügt nicht – die neue Existenz muss gelebt werden. Auch Christen, die in der Taufe bereits existentielle Rettung aus ihrer Versklavung unter die Macht der Sünde erfahren haben, begehen nach ihrer und trotz ihrer Taufe noch Sündentaten. Schlechtes Handeln als Ausdruck der Fortexistenz des Schmutzfleisches (des als sündig qualifizierten Fleisches) wird *nicht* in der Taufe abgelegt, sondern abgelegt wird solches Handeln in der Bitte zu Gott um ein gutes Gewissen (**21c**). Ein gutes Gewissen ist erst kraft der Auferstehung Christi möglich (**21d**). Indem die Erlösten Gott darum bitten, streben sie zugleich nach einem entsprechenden Lebenswandel. Damit vollzieht sich in der Bitte bereits das, worum die Gläubigen bitten. Die *Bitte zu Gott um ein gutes Gewissen* (21c) bezeichnet keinen einmaligen Vorgang, sondern steht für die Dauerhaftigkeit christlicher Lebensführung. Sie geschieht nicht punktuell, im einmal vollzogenen Taufakt, sondern meint ein Streben nach einem rechten Lebenswandel der Getauften in Christus.

Der Abschlussvers des dritten Kapitels betont die Hoheit Christi (**22**). Er hat alle Dimensionen durchschritten und ist Verkündiger in der Unterwelt (dem Gefängnis der Geister; vgl. 19b), Herr der irdischen Welt und befindet sich nun als Auferstandener und als in den Himmel Aufgefahrener zur Rechten Gottes (**22a**). Alle Toten aller Zeiten, alle jetzt und alle zukünftig Lebenden, alle Gewalten und Kräfte dieser Bereiche, die Engel eingeschlossen, sind ihm untertan (**22b**; vgl. Phil 2,10).

Gläubige leiden als Gerechte in der Nachfolge Christi, der durch sein Leiden und seinen Kreuzestod als Sündloser die Sünde auf sich genommen und damit abgetan hat. Der im Geist lebendig gemachte und lebendig machende Auferstandene bringt nicht nur den gegenwärtig Lebenden, sondern auch den Verstorbenen das Evangelium und damit das Heil. Die Getauften finden ihr Abbild in der achtköpfigen Familie Noahs, die durch die Sintflut hindurch gerettet wurde. Damals wie heute schafft die Langmut Gottes den Raum zur Rettung.

Die getauften Gläubigen verharren nicht untätig unter Berufung auf ihre Rettung, sondern erstreben einen Gott wohlgefälligen Lebenswandel, indem sie beständig zu Gott um ein gutes Gewissen beten. Ihr bleibender Bezugspunkt ist der auferstandene und zur Rechten Gottes erhöhte Christus, dem alle Mächte unterworfen sind. Diese sonstigen Mächte (Engel etc.) sind entmachtet oder überhaupt nicht existent.

Im dritten Kapitel, wie auch im Brief insgesamt, dienen Bezüge auf die Tradition (Abraham und Sara, 3,6; Noah und die Sintflut, 3,20 f.) der Vorbereitung auf den rechten Umgang mit Leid und als Argumente in der ethischen Diskussion. Das heißt, es handelt sich beim ersten Petrusbrief nicht, wie vereinzelt vermutet wurde, um eine Tauffrede oder eine Deutung der Taufe, sondern mithilfe des als bekannt vorausgesetzten Taufsakramentes und seiner Verankerung in der Tradition wird die alle Zeiten übergreifende Rettung durch Christus erwiesen und zu einer christlichen Lebenshaltung aufgerufen. Im Vordergrund steht ein Gott wohlgefälliger Lebenswandel und die Ermutigung der Gläubigen, sich nicht beirren zu lassen durch die daraus resultierenden Leiden. Mit Recht nennt A. Reichert den ersten Petrusbrief eine Praeparatio ad martyrium (eine Vorbereitung auf das Leiden; das Wort geht zurück auf den Kirchenvater Tertullian, De ieiun. 12,2).

4,1–6
Leiden in der Nachfolge – Ende der Sünde – Bruch mit der Welt

4,1 Da Christus im Fleisch gelitten hat, wappnet auch ihr euch mit dieser Einstellung: Wer im Fleisch gelitten hat, hat mit der Sünde abgeschlossen. **2** Lebt in der verbleibenden Zeit nicht mehr nach den Begierden der Menschen, sondern gemäß dem Willen Gottes. **3** Es reicht nämlich, dass ihr in der Vergangenheit das Treiben der Heiden mitgemacht habt. Euer Leben war bestimmt von Ausschweifungen, Begierden, Weingelagen, Schwelgereien, Besäufnissen und frevlerischen Götzendiensten. **4** Nun sind sie darüber befremdet und lästern, weil ihr Euch nicht mehr in derselben Flut der Heillosigkeit mittreiben lasst. **5** Sie werden Rechenschaft ablegen müssen vor dem, der bereitsteht, Lebende und Tote zu richten. **6** Dazu wurde auch Toten das Evangelium verkündet, damit sie im Fleisch den Menschen gemäß gerichtet werden, im Geist aber Gott gemäß leben.

Die physischen Leiden der Gläubigen, aber auch ihr Leiden unter Anfeindungen und Verunglimpfungen sind ein zentrales Thema des ersten Petrusbriefes (**4,1a**). Sein Autor möchte verdeutlichen, dass Leiden für Christen nicht atypisch, sondern im Gegenteil wesentlich sind. Gerade durch ihre Leiden stehen sie in der Nachfolge Christi (2,21–24). Seine Passion war keine geistlich-theoretische, sondern eine konkret leibliche. Den Christen bietet das Leiden als Ausweis der Nachfolge Christi (2,22) die Gewähr dafür, nicht mehr der Sünde unterworfen zu sein (**4,1b**). Wer den sündlosen Christus seinen Herrn nennt und als sein Anhänger leidet, beendet damit seine Existenz als Sklave der Sünde, denn keiner kann zwei Herren dienen (vgl. Mt 6,24 par). Leibliches Leid ist die sicht- und fühlbare Gemeinsamkeit zwischen Christus und denen, die ihm als ihrem Herrn nachfolgen. Wer im Leiden teilhat am sündlosen Christus und seiner Heilstat, kann nicht zugleich der Sünde unterworfen sein. Der Weg zum Heil ist durch Christus freigemacht, und diesen einzigen Weg nachzugehen, bedeutet Leiden zu ertragen. Wer sich im Leid als Zugehöriger Christi erweist, hat bereits Teil am Herrschaftsbereich Gottes und folgt seinem Willen (**4,2**; 2,20f.). Doch das alte Leben (»im Fleisch«) geht für die Gläubigen zunächst weiter. Diese Zwischenphase bis zur endgültigen Erlösung gilt es, gottgemäß zu leben. Dazu gehört, dass alte Abhängigkeiten und (leibliche) Lüste für Gläubige keine Bedeutung und Bindekraft mehr haben und dass sich die, die Christus nachfolgen, davon freimachen (vgl. 1Petr 3,21).

Die Briefempfängerinnen und -empfänger werden mit mahnendem Ton an ihre vorchristliche Vergangenheit erinnert (**4,3**). Jetzt gilt es, mit aller Kraft das Leben in der Nachfolge Christi zu leben, denn es war schlimm genug, wie sie in ihrer vorchristlichen Existenz gehandelt haben, als Mitläuferinnen und Mitläufer der Gottlosen.

Der Lasterkatalog (**4,3b**) bietet eine nicht auf Vollständigkeit angelegte Auswahl dessen, was in der vorchristlichen Vergangenheit für die Unerlösten eine entscheidende Rolle spielte. Dass »Götzendienste« betont am Ende stehen, verdeutlicht, dass der Autor an dieser Stelle ehemalige Nicht-Juden als Hauptadressaten vor Augen hatte. Wie der Vorwurf des verwerflichen »von den Vätern überlieferten Wandels« in 1,18 wäre die Bezichtigung, des Götzendienstes schuldig zu sein, für Juden unzutreffend und gänzlich unangebracht.

Auffällig am gebotenen Lasterkatalog ist der Akzent auf Alkoholmissbrauch und dessen Folgen. Selbst wenn dahinter konkrete Erfahrungen des Autors stehen sollten, wären doch Vermutungen zu bestimmten Ge-

meinden oder Gegenden Spekulation. Denn die Möglichkeit zu unmäßigem Weinkonsum war fast überall im römischen Reich gegeben.
Wer gläubig wird, schert aus (4,4). Christinnen und Christen lassen nicht nur ihre heidnische Vergangenheit hinter sich, sondern mit ihr geben sie auch ihre vormaligen Bekannten- und Freundeskreise auf. Ihre neue Lebensführung muss von denen, die an der alten Existenz festhalten, als Anklage empfunden werden. Gläubige erscheinen als die, die scheinbar von einem Tag auf den anderen eine höhere Erkenntnis für sich in Anspruch nehmen. Auf Außenstehende wirken sie, als hielten sie sich für etwas Besseres. Dem selbstinitiierten Rückzug aus dem alten Bekanntenkreis korrespondiert ihre Ausgrenzung durch die vormalige Lebenswelt (**4,4b**). Das gewählte Vokabular schaukelt sich auf: Die Rede von der »Heillosigkeit« des Lebens derer, die ihr altes Leben weiterführen, muss als Angriff und als Ausdruck von Verachtung empfunden werden. Deren Reaktion ist Lästerung für den scheinbar abrupten und unverständlichen Sinneswandel und die Abkehr vom bisher gemeinsam beschrittenen Weg. Der Riss ging notwendig auch durch (Groß-)Familien, was wiederum den Verlust des alten sozialen Netzes nach sich zog.
Gläubige werden durch den Autor des ersten Petrusbriefes angesichts der Anfeindungen von außen in ihrem Bewusstsein bestärkt, auf der richtigen Seite zu stehen (**4,5**). Nach der noch verbleibenden Zwischenzeit bis zur Wiederkunft Christi wird sein Gerichtsspruch über alle Menschen und alle Zeiten ergehen. Dabei werden die aktuellen Verunglimpfungen der Gläubigen auf ihre Urheber zurückfallen (**4,5a**; vgl. 3,16). Sie werden sich vor dem Richterstuhl Christi zu verantworten haben. Der Richter hat bereits seinen Platz eingenommen. Sein Richtspruch wird sowohl über Lebende als auch über Tote ergehen (**4,5b**). Damit ist die Anknüpfung zum vorangegangenen Kapitel (3,18 f.) und zum Folgevers gegeben (**4,6**).
Das Evangelium (**4,6a**) gilt ohne Ausnahme allen: Juden und Nicht-Juden, Lebenden und Toten (vgl. in 1Petr 3,19 die den Geistern im Gefängnis geltende Predigt des Gekreuzigten). Dadurch, dass nun jedem in Vergangenheit und Gegenwart das Evangelium verkündigt wurde, ist der Weg gebahnt zum umfassenden, allen geltenden Gericht in 4,6.
Das Urteil über die alte weltliche Existenz vollzieht sich für Lebende und Tote gemäß ihren »fleischlichen Taten« (**4,6b**; vgl. 1,17). Der Freispruch zum ewigen Leben für die, die das Evangelium empfangen haben und damit dem Reich Gottes angehören, ist durch und in Christi Geist gewirkt (**4,6c**).

Für Christinnen und Christen hat sich ein Herrschaftswechsel vollzogen. Sie sind nicht mehr Knechte der Sünde, sondern Diener Christi. Aktuelle Leiden sind Ausweis der Nachfolge Christi und notwendiges Charakteristikum der Zugehörigkeit zu Christus. In der Nachfolge des sündlosen Christus sind Leiden zugleich eine Absage an die Sünde. Die ehemaligen Freunde sind befremdet durch die Kehrtwende der Christen und darüber, dass sie nicht mehr mitmachen bei einem durch Genusssucht geprägten Leben. Gläubige sind der alten Welt fremd geworden (vgl. 1,1).

Die neue Existenz in der Zeit zwischen dem bereits vollzogenen Wechsel unter die Herrschaft Christi und dem noch ausstehenden Gericht über die Welt gilt es nach dem Willen Gottes zu leben.

Dem gewiss kommenden Gericht nach den Taten sind Lebende wie Tote unterworfen. Auch Letzteren ist das Evangelium verkündet worden, sodass einerseits jedem die Chance auf Rettung eröffnet ist, sofern er das gepredigte Evangelium annimmt, andererseits ist ihnen aber auch jede Möglichkeit einer Entschuldigung im Gericht genommen.

4,7–11
Geschwisterlichkeit zur Ehre Gottes angesichts des Gerichts

⁷ Das Ende von allem ist herangekommen. Seid nun besonnen und nüchtern zum Gebet. ⁸ Vor allem habt zueinander beständige Liebe, denn Liebe deckt die Sündenmenge zu. ⁹ Seid gastfreundlich zueinander ohne zu murren. ¹⁰ Entsprechend der Gnadengabe, die jeder empfangen hat, dient einander als gute Verwalter der vielgestaltigen Gnade Gottes. ¹¹ Wenn einer redet, dann rede er es als Aussprüche Gottes. Wenn einer dient, dann sei es mit aller Kraft, die Gott verleiht. Auf dass in allem Gott verherrlicht werde durch Jesus Christus. Ihm sei Ruhm und Macht in alle Ewigkeit. Amen.

Die Gegenwart der Gottesherrschaft geht einher mit dem als unmittelbar bevorstehend und schon als angekommen gedachten Ende der bisherigen Welt. Verbunden damit ist die Erwartung des baldigen Gerichts (**4,7a**). Die Gläubigen existieren in einer Zwischenzeit. In ihr leben sie (im Fleisch; vgl. 4,2). Im und durch den Glauben an den Auferstandenen haben sie bereits Anteil am Reich Gottes. Der Modus der Teilhabe an jener Welt ist das Gebet (**4,7b**). Beten ist die Brücke zwischen den Welten. Es ist gleichsam das durch Christus geöffnete Fenster zu Gott. Statt an der vergehenden Welt zu verzweifeln, gilt es, sich mit klarem Verstand (»nüchtern«) auf das Gottesreich zu konzentrieren, das im Gebet bereits gegenwärtig ist. Die im Kontext des Gebetes eingeforderte

Nüchternheit korrespondiert den in 4,3 zurückgewiesenen Rauschzuständen.

Die Anfänge der aufeinanderfolgenden Verse in 4,7 und **4,8** sind parallel konstruiert (»von allem ...«; »vor allem ...«): Die persönliche Rettung im *all*umfassenden Gericht ist das eine, der *alles* bestimmende Umgang mit den anderen Gläubigen innerhalb der Übergangszeit das andere (4,2). Der Modus der Begegnung der Gemeindeglieder untereinander ist ausdauernde Liebe (**4,8a**). Sie findet ihren Ausdruck nicht (nur) in punktuellen Liebestaten, sondern gemeint ist Liebe als eine Grundhaltung. Eine solche Haltung lässt sich in der Begegnung mit Nicht-Gläubigen nicht einfach abschalten. Ihnen ist zu begegnen als *Noch*-nicht-Gläubigen. Damit ist christliche Existenz zugleich auch missionarische Existenz (vgl. 2,15). Eine liebende Grundhaltung deckt die Sündenfülle zu. Das aktuelle Leben der Christen ist so zu führen, dass etwaige aktuelle Sündentaten darin untergehen und letztlich nicht mehr erkennbar sind. Hieß es in 4,1b noch, wer im Fleisch, d. h. in dieser Welt leidet, hat mit der *Sünde* abgeschlossen, so heißt es in **4,8b**, die Liebe bedeckt die *Sünden*menge (vgl. Spr 10,12). Gemeint ist nicht, dass nur eine Mehrzahl der Sünden verdeckt ist, einige aber noch offen zu Tage liegen. Die Liebe macht keine halben Sachen, das Sündenmeer in seiner Gesamtheit ist vollständig und dauerhaft zugeschüttet.

Der Gebrauch des Singulars von Sünde in 4,1b im Gegenüber zu den Sünden im Plural 4,8b, eröffnet die Möglichkeit an die Sündenmacht im Unterschied zu den einzelnen Sündentaten zu denken (vgl. die Ausführungen zu 2,20). Von ersterer ist der Gläubige durch Christi Heilstat und den Glauben an das Evangelium ein für alle Mal befreit. Den Sündentaten, die auch der Erlöste noch tut, soll er ein Übermaß an Liebestaten entgegenstellen (vgl. 3,21b).

Die anhaltende Liebe ist das Siegel und die Versicherung dafür, dass die Sündenfülle für Christinnen und Christen nicht mehr existent ist. Kämen die Sünden wieder zum Vorschein, hieße das, die Liebe wäre zu Ende. Das aber wäre gleichbedeutend mit dem Ende der durch die Liebe bestimmten christlichen Existenz.

Zur Zeit des ersten Petrusbriefes lebt und überlebt die junge und angefochtene Gemeinde durch den Zusammenhalt in einer feindlichen Welt. Die Gemeinde bildet in der Antike ein »weltweites« Netz, das jede Christin und jeden Christen auffängt. Fremde, Reisende und Flüchtlinge sind ohne Wenn und Aber aufzunehmen (**4,9**; vgl. Hebr 13,2). Die Alternative für neu in einen Ort kommende und von der Gesellschaft beargwöhnte Gläubige wären Obdachlosigkeit und Anfeindung. Schon die ersten Christinnen und Christen mussten erfahren, dass Vertreibung um des Glaubens willen alle betrifft.

Die Aufforderung zur Bruderliebe gilt jeder und jedem nach Maßgabe der je eigenen Möglichkeiten (**4,10a**). Alle Gläubigen mögen sich als reich beschenkt durch Gott betrachten. Ihnen ist auf vielfältige Weise die Gnade Gottes zuteilgeworden. Gute Verwalterinnen und Verwalter dieser Gnade zu sein, bedeutet, dass die Großzügigkeit im Umgang damit derjenigen Großzügigkeit entspricht, mit der man die Gnadengabe selbst empfangen hat (**4,10b**).
Der hier behandelte Vers ist außerhalb der paulinischen Korrespondenz (einschließlich der Pastoralbriefe) der einzige neutestamentliche Beleg für den Begriff der Gnadengabe (Charisma). Das weite Bedeutungsspektrum von Charisma in den Briefen des Paulus ist im vierten Kapitel des ersten Petrusbriefes fokussiert auf christliches Reden und das einander Dienen: Das konkrete christliche *Handeln* gegenüber den Nächsten ist der eine Eckpfeiler (**4,10b.11b**), der andere ist das *Reden* der Gläubigen (**4,11a**; vgl. 3,15c). Im Verhalten der Christen gibt es keine wertfreien Räume. Alles Tun ist christlich qualifiziert. Gleiches gilt für Sprache und Denken. Alles ist Ausdruck der in 4,8 genannten umfassenden Liebe. Leeres Gerede, ganz zu schweigen von verletzenden Worten, kommt für Gläubige nicht in Frage. Für Menschen, die in dieser Welt bereits an jener teilhaben, ist jedes Wort, das ihnen durch Gemeindeglieder zugesprochen wird, Ausdruck ihrer Zugehörigkeit zum Herrschaftsbereich Gottes und das heißt, es ist selbst wie ein Wort Gottes (**4,11a**; »als Aussprüche Gottes«). Ein solcher Anspruch an die eigenen Worte und an die von Gläubigen gehörte Rede verändert mittels der Sprache notwendig das Denken und Handeln.
Kein christliches Tun, kein Dienst an anderen geschieht aus menschlicher Kraft und Einsicht. Werke von Christinnen und Christen beziehen ihre Energie aus Gott (**4,11b**). Indem Gläubige motiviert durch ihren christlichen Glauben gut handeln und indem dieses Handeln als ein durch die Kraft Gottes ermöglichtes Handeln verstanden wird, dient es der Verherrlichung Gottes. Damit wird Christinnen und Christen eine ungeheure Verantwortung auferlegt: Alles, was sie sagen und tun, soll so geschehen, dass es der Ehre Gottes dient (**4,11c**; vgl. 1,7c; 2,12b). **4,7–11** beinhaltet der Sache nach eine christliche Ethik, die durch eine Doxologie abgeschlossen und durch ein im ersten Petrusbrief erstmalig gesprochenes »Amen« bekräftigt wird (vgl. 1Petr 5,11).

> Christinnen und Christen stehen vor der Frage, wie sie ihr Leben vor dem Hintergrund des nahen Endes angemessen führen sollen. Die in 4,7 formulierte Aufforderung zur Nüchternheit bietet das Gegenstück zum vormaligen ausschweifenden Leben der noch Unbekehrten: Gläubige führen ein nüchternes Leben vor Gott im Gebet.

Damit wird an die Bitte zu Gott um ein gutes Gewissen aus 3,21 angeknüpft. Das christliche Leben konkretisiert sich in der Liebe der Gemeindeglieder untereinander und in der Gastfreundschaft. Wie das Erdulden ungerechter Leiden (= passiv) in der Nachfolge Christi für die Ruhe vor der *Macht der Sünde* steht (4,1), so bedeutet christliche Liebe (= aktiv) die Überdeckung der *Sündentaten* (4,8).
In ihrer Lebensführung geben Christinnen und Christen weiter, was sie als Gnadengaben von Gott durch Christus empfangen haben. Für einen Gläubigen existiert kein von Gott unabhängiges Handeln oder Reden. Damit dient jede Tat und jedes Wort einer Christin und eines Christen der Verherrlichung Gottes durch Christus. Diese Grundlegung aller christlichen Ethik und die Erkenntnis Gottes als ihrer Kraftquelle und ihres Ziels schließt der Autor ab mit einem Lobpreis, den er mit einem »Amen« als Ausrufezeichen bekräftigt.

4,12–16
Vorbereitung auf Verfolgungen im Namen Christi

¹² Geliebte, lasst euch nicht verunsichern durch die Feuersglut bei euch, als sei sie etwas Unvorhergesehenes. Es geschieht für euch als Prüfung. **¹³** Freut euch stattdessen, weil ihr teilhabt an den Leiden Christi. Denn so werdet ihr euch auch freuen bei der Offenbarung seiner Herrlichkeit, voller Jubel. **¹⁴** Wenn ihr beschimpft werdet wegen des Namens Christi, seid ihr Selige. Denn Gottes Geist, der Geist der Herrlichkeit ruht auf euch. **¹⁵** Keiner von euch leide als Mörder oder Dieb oder Übeltäter oder als einer, der sich in fremde Sachen mischt. **¹⁶** Wenn er aber als Christ leidet, soll er sich nicht schämen, sondern gerade darin verherrliche er Gott.

Die bisherigen Ausführungen (bis einschließlich 4,11) lassen sich als grundsätzliche Erwägungen verstehen, die mit dem ersten »Amen« des Briefes bekräftigt und abgeschlossen wurden. Benannt wurden sowohl das Heil in Christus, das den getauften Gläubigen niemand mehr nehmen kann, als auch ein Gott wohlgefälliger Umgang mit diesem Gut.
Eigentlich dürften die Gläubigen erwarten, dass sie für ihren vorbildhaften Lebenswandel geehrt werden. Doch tatsächlich erfahren sie Verleumdung und Drangsal ohne Aussicht auf Verbesserung (**4,12a**). Statt von ihrer nichtchristlichen Umwelt belohnt zu werden, ähnelt das, was ihnen widerfährt, der Bestrafung von Verbrechern (vgl. 2,20). Die konkret betroffenen Gemeindeglieder erleben ihre Situation als unerwartet und verstörend, Zweifel werden laut (**12b**).
Der Autor versucht nicht, das reale Leid klein zu reden oder als vorübergehendes Phänomen abzutun. Er deutet die aktuellen Widerfahrnisse

im Kontext des Christusgeschehens und als notwendige Konsequenz des Christusbekenntnisses (**13a**). Es vollzieht sich nicht etwas Fremdes, sondern das zu Erwartende.

Für einen konkreten Rückschluss auf kirchenhistorische Ereignisse sind die Ausführungen nicht hinreichend. Wahrscheinlich handelt es sich bei den angedeuteten Verfolgungen nicht mehr nur um Ausnahmen und Einzelfälle, zugleich aber sind systematische und flächendeckende staatlich verantwortete Maßnahmen noch nicht als Hintergrund des Briefes erkennbar. Die großen »klassischen Christenverfolgungen« stehen noch bevor. Wären umfassende oder systematische Verfolgungen bereits akut, hätte – wie zum Beispiel in Hebr 6,4–6 – die Frage der Verleugnung des Glaubens angesichts von Repressalien wohl einen höheren Stellenwert.

In den Folgeversen geht es um die Deutungshoheit über das erfahrene Leid und den konkreten Umgang mit der Leidenssituation. Zu Beginn des Briefes (1,7a) parallelisierte der Autor die Anfechtung des Glaubens mit der notwendigen Läuterung des Goldes (**12a**). In diesem Sinne möchte er die aktuelle Lage verstanden wissen: In der konkreten Gemeindesituation stehen Christinnen und Christen wegen ihres Bekenntnisses im Feuer. Es ist ein Läuterungsfeuer, das das Wertvolle zu Tage fördert und noch stärkt. Mit dem Terminus »Prüfung« oder »Versuchung« werden die biblischen Versuchungen ins Bewusstsein gerufen (vgl. 1,6), die der Tradition nach vor allem den Treuesten auferlegt wurden und aus denen sie als erprobt und siegreich hervorgingen (vgl. Gen 22,1–18; Mt 4,1–11 par). Das erfahrene Leid ist also Gottes Willen, es ist notwendig und gehört zum Christsein.
Wer um des christlichen Glaubens willen leidet, steht in der Nachfolge Christi (2,21; 3,18), der ebenfalls gelitten hat (4,1.13a). Wer mit ihm im Leiden verbunden ist, ist es auch bei seiner Wiederkunft (am Tag der Heimsuchung 2,12b), bei der seine Herrlichkeit für alle erkennbar wird. Damit verhält es sich mit der Teilhabe am Leiden Christi (2,24b) wie mit der Teilhabe an seinem Tod in der Taufe: Wer in der Taufe auf den Namen Christi und den des dreieinigen Gottes mit hineingenommen wird in Christi Sterben am Kreuz, erhält auch Anteil an seiner Auferstehung (vgl. Röm 6,3–6; Kol 2,12). Wer in der Nachfolge des Leidens Christi steht, wird teilhaben an seiner Herrlichkeit (vgl. 1,7b) und sich gegenwärtig und zukünftig freuen und jubeln (**13b**; vgl. Mt 5,11 f. par).
Das Leiden der Gläubigen wird zu einem Indikator der Zugehörigkeit zu Christus. Wer wegen der Nachfolge Christi, das heißt um seines Namens willen, angefeindet und beleidigt wird (3,14.16; 4,4.**14a**; vgl. 2,19), darf gerade aus der daraus resultierenden Drangsal schließen, dass er

auf der Seite Gottes steht und teilhat an seiner Herrlichkeit. Teilhabe am Reich Gottes wiederum bedeutet, den Geist Gottes zu haben (**14b**). Daraus folgt, dass solches Leiden gottgewollt und Grund zur Freude ist. Als Teilhabende am Leiden Christi sind die Gläubigen in ihrer aktuellen Situation bereits selig (1,5.9 f.; 3,14).

Wie schon in 2,20 wird in **4,15a** betont, dass es nicht um Leiden geht, die aus berechtigten Strafen resultieren. Selbstverständlich ist es indiskutabel, dass Christen morden oder rauben oder sich sonstiger Untaten schuldig machen. Dadurch, dass der Autor an erster Stelle schwere Verbrechen aufzählt, eröffnet er einen semantischen Kontext, der »abfärbt« auch auf Handlungen und Verhaltensweisen, die nicht notwendig Strafen nach sich ziehen, die aber mit Verbrechen in eine Reihe gestellt werden und von denen Christinnen und Christen sich fernhalten sollen (**15b**). Die im Kontext schlimmer Verbrechen ausgesprochene Mahnung, sich nicht in Fremdes zu mischen, ist durch ihre Positionierung am Ende und als Höhepunkt einer Aufzählung hervorgehoben. Auch wenn die Mahnung nicht konkretisiert wird, haben die Leserinnen und Leser den Terminus »fremd« als Leitbegriff des Briefes wahrgenommen und verstehen die Warnung vor der Einmischung in Fremdes als Aufforderung zur Abgrenzung von der nichtchristlichen Mehrheit. Deren Welt wird den Gläubigen notwendig fremd (1,1; 4,4) und soll es auch bleiben.

Wer wegen seiner Fremdheit leidet, also wegen seines Glaubens an Christus, möge stolz darauf sein (**4,16a**). Indem Gläubige als Christinnen oder Christen, das heißt im Namen Christi und für seinen Namen leiden, verherrlichen sie Gott (**4,16b**). Das ist wahrer Gottesdienst. Was dieses Verherrlichen Gottes im Namen Christi genau bedeutet, führt der Autor nicht aus. Im jüdischen Kontext, der dem Autor vertraut ist, bedeutet Bereitschaft zur Verherrlichung oder Heiligung des Namens, die Bereitschaft, für den Namen Gottes zu sterben (Kiddusch HaShem). Das Martyrium als äußerste Option des Eintretens für Christi Namen ist dabei mit im Blick.

> Nach den Ausführungen zu einem Gott wohlgefälligen christlichen Leben bezieht sich der Autor auf die Fälle, in denen Christinnen und Christen um des Namens Christi willen (als »Christen«) Verfolgungen und Leid erfahren. Zunächst wurde Leid mit dem Ende der Sünde in Verbindung gebracht (4,1), nun steht Leid für die Nachfolge Christi und Teilhabe an seinem Reich. Leiden sind notwendige Konsequenz des Christseins und Anlass zum Jubel. Ein *Anwachsen* des Leids soll als ein umso größerer Anlass zur Freude angenommen werden, es ist Indikator der Heilszugehörigkeit.
>
> Die zum wiederholten Male ausgesprochene Warnung vor Strafleiden wird ergänzt um den hier erstmals formulierten Aspekt des Verzichts auf Ein-

mischung in fremde Angelegenheiten. Dieses Sich-heraus-Halten bezieht sich auf die gesamte nicht-christliche Welt, denn sie ist den Gläubigen fremd geworden. Wer als Gläubiger Anteil am Reich Gottes hat, soll sich der »Güter« der irdischen Welt und ihrer Geschäfte enthalten.
Die Argumentation kulminiert in der Aufforderung zur »Heiligung des Namens«. Dabei handelt es sich um die aus der jüdischen Tradition vertraute Bereitschaft zum »Kiddusch HaShem«. Christinnen und Christen sind angehalten zum bewussten Leiden und Sterben zur Ehrung Gottes im Namen Christi.

4,17–19
Wer im Gericht leidet, ist geborgen bei Gott

¹⁷ Denn das Gericht nimmt in diesem Augenblick seinen Ausgang beim Haus Gottes. Wenn aber bei uns zuerst, wie wird dann erst das Ende derer sein, die dem Evangelium Gottes nicht anhängen? ¹⁸ Und wenn der Gerechte kaum gerettet wird, wo bleiben dann Gottlose und Sünder? ¹⁹ Deshalb: Welche dem Willen Gottes gemäß leiden, sollen dem treuen Schöpfer ihr Leben anvertrauen, indem sie Gutes tun.

Der Autor führt seinen Gedanken konsequent weiter. Für ihn steht außer Frage, dass mit Christus das Gerichtsgeschehen begonnen hat. Gericht bedeutet Heil für die Gerechten (d. h. die Gläubigen) und Verwerfung der anderen (d. h. Verurteilung der Sünder). Indem er vom Anfang des Gerichts beim Haus Gottes spricht (**4,17a**), macht er klar, dass die gegenwärtigen Leiden bereits als Gerichtsleiden zu werten sind. Durch diese Leiden wird das Heil der Gläubigen vorbereitet. Ein Seitenblick fällt auf alle, die nicht glauben (**4,17b**). Bei den »Ungehorsamen« muss nicht notwendig an die gedacht werden, die von ihrem Glauben abgefallen sind. Jeder, der – aus welchen Gründen auch immer – das Evangelium Gottes, das heißt die Botschaft der Erlösung durch Christus, nicht oder nicht mehr annimmt, ist ihm ungehorsam und wird im Gericht verworfen.
Die Ausführungen dieses wie des nächsten Verses (**4,18**) argumentieren *a minori ad maius*: Es wird vom Kleineren auf das Größere geschlossen. Wenn die aktuelle Situation als Beginn des Gerichts erlebt wird, das bei der eigenen Gemeinde seinen Ausgang nimmt, also nicht einmal die Gläubigen ausspart, um wie viel mehr sind im Fortgang alle anderen, das heißt die Ungläubigen, davon betroffen?
Der Autor spitzt weiter zu. Gläubige sind gerechtfertigt, ihnen ist Rettung im Gericht verheißen. Wenn jedoch ihr eigenes Gericht (vgl. 1,17) sich unter Qualen vollzieht, die selbst für sie beinahe unerträglich schei-

nen, um wie viel härter wird die Drangsal alle Nichtgläubigen treffen (vgl. 2,12)?
Gläubige dürfen sich der Annahme durch Gott gewiss sein. Wer nicht wegen einer verdienten Strafe leidet, versteht sein Leiden als Ausdruck göttlichen Willens (**4,19a**; vgl. 3,17) und damit als ein Gnadengeschenk (2,19f.), das die Leidenden nur stärker an Gott bindet. Gott ist den Gläubigen als seinen auserwählten Geschöpfen treu. Folglich stellen sie das bereits im Gang befindliche Gericht nicht in Frage oder wundern sich darüber. Ihre Antwort ist die Hingabe ihres Lebens an den Schöpfer. Der Modus dieser Hingabe ist das Tun des Guten (**4,19b**), und ein solcher guter Lebenswandel hat, wie zuvor ausgeführt wurde, auch eine missionarische Implikation (2,12b.15; 3,8f.; 4,8).

Abermals wird Leid als Ausdruck von Gnade hervorgehoben. Leiden sind Ausweis der Nachfolge Jesu und folglich Grund zur Freude. Im Vergleich zu dem Gericht, das die Ungläubigen erwartet, fällt das Leiden der Christen in der Gegenwart nicht ins Gewicht (vgl. Röm 8,18). »Gutes Leiden«, d. h. ungerechtes Leiden, wird von »schlechtem Leiden«, d. h. von Leiden als einer verdienten Strafe, abgehoben. Die seit der Spätantike und dem frühen Mittelalter begegnende »Leidenssuche« von Gläubigen, die meinten, dass auch selbst verursachtes Leid ein Mehr an Gnade bewirkt, war für den Autor des ersten Petrusbriefes (noch) nicht im Blick. Für ihn ist die adäquate Antwort auf Gottes Gnadenwahl ein guter Wandel der Gläubigen.
Wenn das Umfeld der Christen im ersten Petrusbrief als gottlos und untergangswürdig beschrieben wird (4,3), dann ist daraus nicht abzuleiten, dass die Welt in ihrer Negativität stabilisiert werden soll, um so das Urteil des Briefes zu bestätigen. Die Absage des ersten Petrusbriefs an die Welt, wie sie ist, impliziert den Einsatz für eine Welt, wie sie sein soll, und für eine Welt, die es Christen ermöglicht, als Christen in der Welt zu wirken (2,12.14f.20; 3,1–17).

Die Seligpreisungen derer, die um des Namens Christi willen Leiden ertragen (3,14; 4,14), sind eine Herausforderung für Christinnen und Christen in der modernen, westlichen Welt. Sie nötigen zu einer Auseinandersetzung mit der Lage derer, die aktuell um ihres Glaubens willen verfolgt werden und rufen die eigene privilegierte Situation in einem nicht durch Verfolgung geprägten Umfeld ins Bewusstsein.
Wenn bedrängte Gläubige aus den Worten des ersten Petrusbriefes für sich Trost und Kraft schöpfen und bewusst Nachteile in Kauf nehmen, indem sie sich als Christen bekennen, verdient ihre Haltung Respekt. Jedoch unter Verweis auf den ersten Petrusbrief den Christen in einer akuten Verfolgungssituation von außen Ratschläge zu erteilen und etwa zu empfehlen, sich mit ihrer vorgeblich gottgewollten Lage zu arrangieren, wäre wohlfeil und liefe

der Intention des Briefes zuwider. Aus Trost würde Vertröstung und der erste Petrusbrief müsste dazu herhalten, Unrecht zu stabilisieren.
Wenn der erste Petrusbrief den Christen in einem ihnen feindlich gesonnenen Umfeld Deutungen der eigenen Existenz anbietet, Glaubensmöglichkeiten eröffnet, und ihre Leiden als Leiden in der Nachfolge Christi interpretiert (2,21; 4,1.14), dann heißt das nicht, dass das feindliche Umfeld und das Verhalten seiner Protagonisten gutgeheißen werden. Im Gegenteil bezeichnet der erste Petrusbrief gewalttätige Herren (2,18), ungerechte Strukturen (2,13a) und verwerfliche Handlungsweisen von Zeitgenossen als das, was sie sind: als verbrecherisch (2,11.14; 3,16b) und als dem Willen Gottes zuwider. Leiden und Verfolgung wird gerade kein Bestand verheißen (1,6; 4,7; 5,10), und die aktuellen Verfolger sollen in Kürze die Schlechtigkeit ihres Handelns und Verhaltens erkennen (2,12; 3,16). Ein solches Urteil des ersten Petrusbriefes über die bedrängende Welt ist zugleich ein Auftrag an alle Gläubigen, die aktuell außerhalb von Verfolgungskontexten leben, sich für die Betroffenen einzusetzen, und die als negativ erkannten Verhältnisse zu bessern – auch unter Inkaufnahme eigener Opfer.

IV
5,1–14
Schlussmahnungen und Grüße

5,1–5
Vorbildlichkeit der Gemeindeleiter; Demut der Gemeindeglieder

5,1 Eure Ältesten nun ermahne ich, denn ich bin ein Mitältester und Zeuge der Leiden Christi. Desgleichen bin ich auch Teilhaber der Herrlichkeit, die kurz davorsteht, offenbart zu werden: **2** Weidet die euch anbefohlene Herde Gottes und habt gut auf sie acht. Tut dies nicht unter Zwang, sondern freiwillig, wie es Gott gefällt. Es geschehe nicht aus verachtenswertem Gewinnstreben, sondern aus tiefstem Herzen. **3** Tretet nicht auf als Gewaltherrscher über die Gemeinde, sondern werdet für die Herde zu Vorbildern. **4** So werdet ihr, wenn der Erzhirte erscheint, den nie verwelkenden Kranz der Herrlichkeit empfangen. **5** Das gilt auch für euch Jüngere. Ordnet euch den Ältesten unter. Alle aber hüllt euch ein in Demut. »*Denn die Überheblichen sind Gott zuwider. Den Demütigen dagegen gibt er Gnade*« (Spr 3,34).

Im Schlussabschnitt des Briefes schlägt sein Autor einen anderen Ton an. Nach Ausführungen zum Sein der Gläubigen und der Verankerung ihrer christlichen Existenz in der Tradition sowie Mahnungen zu angemessenem Verhalten in Verfolgung und Leid geht es im Schlussabschnitt (5,1–4) zunächst um Fragen der Gemeindeleitung. Bemerkenswert dabei ist, dass der sich als Apostel Petrus ausgebende Autor (1,1) nicht seine Sonderrolle als Wortführer der Jünger Jesu geltend macht. Im Brief fordert er keine Führungsrolle für sich selbst ein und ordnet nicht autoritativ das Notwendige an. Stattdessen reiht er sich als *Mitältester* ein (**5,1a**) und wirbt im Unterschied zu den vorangegangenen Passagen um Gehör und Gehorsam. Er bezeichnet sich dabei als »Zeugen« (so die deutsche Bedeutung des dem Griechischen entlehnten Wort »Märtyrer«) der Leiden Christi (**5,1b**). Dass er physisch bei Jesu Passion zugegen oder persönlich in irgendeiner Weise in das Kreuzigungsgeschehen involviert war, behauptet er damit nicht, denn auch die Teilhabe am Leiden um des Namens Christi willen lässt sich als »Zeugenschaft« verstehen.

Wenn hier von »Ältesten« die Rede ist (griechisch: presbyteros, wovon sich »Presbyter« und »Priester« ableitet), dann sind keine Greise im Blick, sondern es handelt sich um Funktionen (vergleichbar der deutschen Einrichtung eines Ältestenrats oder Presbyteriums). Die »Ältesten« sind die Gemeindeleiter, die sich vor anderen durch Erfahrung und Begabungen auszeichnen. Die Entsprechung zu den Ältesten sind die »Jüngeren«. Auch bei ihnen spielt das Lebensalter nur eine sekundäre Rolle. Zu ihnen zählt, wer neu in die Gemeinde aufgenommen wurde, noch wenig Erfahrung besitzt und noch keine Ämter innehat. Im Kontext von 5,5 wird deshalb auch von »Neueren« als Pendant zu den Ältesten gesprochen.

Mit den übrigen Gemeindegliedern hat jeder, egal wann er oder sie aufgenommen wurde, bereits teil am Reich Gottes und ist sich gewiss, dass dessen vollständige Offenbarung unmittelbar bevorsteht. Mit dieser im Erscheinen begriffenen Offenbarung erwartet er (**5,1b**) Ruhm für sich und alle Gemeindeglieder (**5,1c.4b**).

Die persönliche Zurückhaltung, die der Autor selbst an den Tag legt, erwartet er auch von der Gemeindeleitung. Die gebrauchte Kennzeichnung als »freiwillig« strahlt in zwei Richtungen aus (**5,2a**). Einerseits mögen die Gemeindeleiter sich *freiwillig* ihrer nicht ungefährlichen Aufgabe stellen, auf der anderen Seite sollen sie die Glieder ihrer Gemeinde so anleiten und führen, dass sie gern und *freiwillig* folgen. Verantwortung statt Zwang ist Kennzeichen rechter und Gott wohlgefälliger Gemeindeleitung. Auch soll die Leitung der Gläubigen um Gottes willen geschehen und nicht wegen persönlicher Vorteile (**5,2b**). Die Motivation der Anführer sei nichts Äußeres, sondern für alle Seiten möge deutlich werden, dass es sich um eine Herzensangelegenheit handelt (**5,2c**). Mit der Aufforderung zum Weiden wird das Bild vom guten Hirten im Unterschied zum »Lohnknecht« aufgerufen (vgl. Joh 10,11–15). Beim Leitungsamt der Bischöfe geht es um Aufsicht im Sinne von Bewahrung. Ziel der Leitung sind Schutz und das Sicherstellen der Versorgung der Anvertrauten.

Leitungsämter dürfen weder als Positionen zur ungehemmten Machtausübung noch als Erbhöfe missverstanden werden (**5,3a**). Autorität ist stets neu zu erarbeiten und zu verdienen. Was von anderen erwartet wird, muss zunächst vorgelebt werden. Der Autor geht dabei als »Mitältester« (5,1a) und gemeinsamer Teilhaber am Ruhm Christi in seiner Ansprache an die Leitenden mit gutem Beispiel voran. Seine Rolle ist mehr die eines Vorbilds als eines Führers (**5,3b**).

Jesus selbst ist Vorbild (»Erzhirte«) und Beispiel für alle Gemeindeleiter (**5,4a**). Ihm als dem Urbild eines Hirten gilt es nachzueifern. Der Lohn für die Gemeindehirten ist nicht als materieller Lohn oder in Form von Ehrungen bereits in dieser Welt zu erwarten oder einzufordern (**5,4b**).

Im Unterschied zu den Ehrungen derer, die aktuell scheinbar zu den Gewinnern gehören, wird *ihr* Siegespreis bei Christi Wiederkunft Bestand haben (vgl. 1Kor 9,25). Ihre Siegeskrone (lateinisch: Corona) ist un*verwelklich* und steht damit in Gegensatz zum Fleisch (1,24), das dem *verwelklich*en Gras gleicht. Während Sieger in dieser Welt durch neue Sieger entthront und abgelöst werden, ist der Sieg in Christus ein den Gläubigen nicht mehr zu nehmendes Wesensmerkmal. Die Standhaftigkeit in körperlichem (»fleischlichem«) Leid verdient ewigen Lohn (vgl. Offb 2,11), während Hingabe an das Fleisch keinen Bestand hat. Die Bezeichnung als »Kranz (Krone) der Herrlichkeit« (**5,4**) macht deutlich, dass es sich um den Höchstpreis handelt. Er lässt sich durch nichts überbieten und durch niemanden entreißen (vgl. Offb 3,11).

War eben noch von den Älteren in ihrer Funktion als Leiter der Gemeinde die Rede, wechselt der Autor nun die Perspektive und spricht die neueren Gemeindeglieder an, die noch keine Ämter innehaben (**5,5**). Die Art der vorgeschalteten Belehrung der Gemeindeleiter (**5,1–4**) verdeutlicht, dass die geforderte Unterordnung nicht allein auf Amtshierarchien basieren soll, sondern auf Respekt gegenüber den Erfahreneren, die sich selbstlos für das Wohl der Gemeinde einsetzen (5,2f.). Für die Aufforderung zur Unterordnung unter die Ältesten begnügt sich der Autor mit einem einzigen vergleichsweise kurzen Satz (**5,5a**), dem unmittelbar eine an alle gerichtete Mahnung folgt (**5,5b**). In der Aufforderung zur Demut wird das zuvor Gesagte als für jedes einzelne Gemeindeglied gültig zusammengebunden.

Autorisiert werden die Weisungen mit einem Vers aus dem Buch der Sprüche (Spr 3,34). Diesem Schriftverweis verdankt sich die explizite Nennung der Überheblichkeit (**5,5c**). Sie fungiert als Widerpart zur Demut und unterstreicht deren Wichtigkeit. Auf tatsächliche und eklatante Fälle von Hochmut als eines schwerwiegenden Gemeindeproblems oder auf konkrete Streitigkeiten und Missstände in den Gemeinden lässt sich aus dieser zur Bekräftigung angeführten Weisheitstradition nicht schließen. Ebenso wäre die den Vers beschließende Verheißung, dass Gott denen Gnade gibt, die sich demütig zeigen, in ihrer Bedeutung missverstanden, wollte man Demutsverhalten als Möglichkeit des Gnadenerwerbs von Seiten des Menschen verstehen. Gnade ist nie Lohn, sondern stets Geschenk.

In der Phase ihrer Zugehörigkeit zur Welt bedarf die Gemeinde der Leitung und fester Strukturen. Maßstab für Gemeindeleiter ist eine an Christus als dem Erzhirten orientierte Vorbildhaftigkeit. Nicht persönliche Ambitionen, sondern das Wohl der anvertrauten Gemeinde sind die Leitlinien. Eine solche Leitung soll ihre Entsprechung im Sich-Leiten-Lassen der Gemeindeglieder finden. Demut ist der alles umgreifende Rahmen, in den sich alle, auch der Autor als *Mitältester*, einfügen.

5,6–11
Leiden als Aufgabe; Standhaftigkeit als Verteidigung gegen Satan

⁶ Demütigt euch nun unter die mächtige Hand Gottes, damit er euch erhöht, wenn es an der Zeit ist. ⁷ Eure ganze Sorge werft auf ihn, denn es liegt ihm an euch. ⁸ Seid nüchtern, wacht! Euer Widersacher, der Teufel, wie ein Löwe brüllt er. Er streift umher und sucht, wen er verschlingen kann.
⁹ Dem widersteht, gefestigt im Glauben. Wisst, dass eure Geschwister in der ganzen Welt die gleichen Leiden ertragen müssen. ¹⁰ Der Gott aller Gnade hat euch durch Christus zu seiner ewigen Herrlichkeit gerufen. Er wird euch selbst, die ihr kurze Zeit leiden müsst, aufrichten, stärken, kräftigen und auf festen Grund stellen. ¹¹ Ihm sei die Macht in Ewigkeit. Amen.

Von der Aufforderung zu einer demütigen Grundhaltung gegenüber den Glaubensgeschwistern, leitet der Schreiber über zur Unterordnung unter die Macht Gottes (**5,6**). Damit werden die Lesenden darauf eingestimmt, alles, was im Folgenden noch genannt wird, demütig als Gottes Willen anzunehmen. »Sich demütigen« hat im Deutschen keinen guten Klang. Doch wer anderen etwas zu tragen geben will, was er selbst nicht tragen kann (vgl. 5,7a), muss dessen Stärke anerkennen. Um diese Anerkenntnis der Überlegenheit Gottes und der eigenen Schwäche geht es bei der Aufforderung zur Demut (**5,6a**). Dem, der sich Gott als dem unendlich Überlegenen unterordnet, wird verheißen, dass er bei der zukünftigen Offenbarung groß erscheinen wird (**5,6b**). Wann dieser Augenblick der Erhöhung kommt, weiß und entscheidet Gott allein (**5,6c**; Mk 13,32 par). Wer Gott als seinem Herrn vertraut, der vertraut ihm auch alles an, was ihn selbst beschwert. Davor scheue niemand zurück in der Meinung, er dürfe Gott nicht mit seinen vermeintlich unbedeutenden Sorgen behelligen (**5,7a**). Dem starken und allmächtigen Gott ist nichts zu klein, was seine Gläubigen betrifft. Es ist Gott nicht nur nichts zu banal oder zu schwer, sondern es ist ihm wichtig, dass die Menschen sich mit allem an ihn wenden (**5,7b**; vgl. Mt 11,24; 21,22). Der Autor zeichnet das Bild eines fürsorglichen, zugewandten Gottes, der an allem, was den einzelnen Menschen betrifft, Anteil nimmt.
Auf den Zuspruch göttlicher Zugewandtheit folgt eine Warnung (**5,8**). Die Mahnung zur Nüchternheit (**5,8a**) bezeichnet nicht nur die Ent-

haltung von (unmäßigem) Alkoholgenuss (vgl. 4,3). Christinnen und Christen sind aufgerufen, alle Zeit einen klaren Kopf zu behalten (vgl. 1,13; 4,7), denn jederzeit droht ihnen eine Gefahr, die noch weit größer ist als etwaige Anfeindungen der Umwelt.
Der Gegner der Gläubigen schlechthin ist der Teufel (**5,8b**). Verglichen wird er mit der gefährlichsten und bedrohlichsten Bestie, die sich der Autor vorstellen kann, einem Löwen (**5,8c**). In einer antiken Umwelt ohne Verkehr und Maschinen hatte Lautstärke eine andere Relevanz als heute. Ein laut brüllender Löwe steht für den Inbegriff des Schreckens (vgl. Offb 10,3). Bei dem Teufel handelt es sich um eine gerade den Christinnen und Christen auflauernde, sie suchende Gefahr. Das Verschlingen bezeichnet die Ganzheit der Bedrohung. Nichts bleibt übrig. Wer dem Teufel anheimfällt, verschwindet rest- und spurlos (**5,8d**).
Doch die Gläubigen sind dem Bösen nicht ausgeliefert. Ihre Verteidigung ist ihr Glaube (**5,9a**). Wer darin standhaft ist, hat nichts zu befürchten. Wenn im Folgenden wieder von Leiden die Rede ist, dann ist durch die vorherige Teufelserwähnung klar, wem alle Leiden letztlich zugeschrieben werden.
Unmittelbar im Anschluss an die Warnung vor dem Teufel formuliert der Autor ein Trostwort (**5,9b**): Mit dem, was der konkreten Gemeinde geschieht, steht sie nicht allein. Die Gemeindeglieder sind aufgehoben in einer weltweiten Leidensgemeinschaft: *Alle* christlichen Gemeinden *überall* sind betroffen und müssen es auch sein. Denn die Leiden in dieser Welt sind Wesensmerkmal und Ausweis der Zugehörigkeit zur Heilsgemeinschaft. Es gibt keine Nachfolge Christi ohne Leid. Wer als Christ und um des Namens Christi willen leidet, ist auf dem richtigen Weg. Der Trost dient zugleich der Vorbereitung auf (noch) schwerere Zeiten.
Die Einsicht in die teuflische Herkunft und die Allgegenwart des Leidens hilft, sich dagegen zu wappnen und bereitet darauf vor, es zu bewältigen. Gläubige sind der satanischen Welt fremd. Ausdruck der Fremdheit ist das Leid. Nicht zu leiden, stünde für Welt- und Satanverfallenheit, Leiden in und an der fremden Welt dagegen stehen für Zugehörigkeit zur christlichen Gemeinschaft aus Brüdern und Schwestern. Leiden in der Welt ist Gnade (2,19f.) und Ausdruck der Nachfolge Christi (2,21; 4,1).
Schon in 4,19 wurde Gott der treue Schöpfer genannt, dem sich die Gläubigen vollständig anvertrauen sollen. In **5,10a** wird er als der beschrieben, der die Gemeindeglieder zu sich ruft und ihnen durch Jesus Christus Anteil gibt an seinem ewigen Ruhm. Als Angenommene sind sie gerettet und erfahren Stärkungen aller Art im gegenwärtigen Leiden. Die Gläubigen erwarten die Wiederkunft des Auferstandenen als unmittelbar bevorstehend. Es gilt nur noch eine kurze Zeit (vgl. 1,6) durchzuhalten und sich zu bewähren (**5,10b**). Gegenüber der Herrlichkeit der künfti-

gen Welt fallen alle Leiden *dieser* Zeit nicht ins Gewicht (vgl. Röm 8,18). Das Leid wird nicht in seiner Intensität relativiert (vgl. 4,12), sondern als Ausdruck der Gnade Gottes (2,19 f.) gedeutet. Folglich verstehen die Gläubigen ihr Leid als Bestätigung, auf dem rechten Weg zu sein und Christus auf seinen Spuren nachzufolgen (2,21). Wer auf Christus vertraut, ist durch seinen Glauben unangreifbar, und alle Leiden der Welt werden ihm nichts anhaben.

Diese Zuversicht schöpft der Autor des ersten Petrusbriefes aus der Gewissheit, dass Christus über alle Epochen und alle Bereiche herrscht (**5,11**). Ihm als Herrn der Äonen sind sämtliche Mächte unterworfen, auch diejenigen, die Leiden verursachen. Er verfügt über alle Gewalt sowohl in diesem Zeitalter wie auch im künftigen. Dass daran kein Zweifel besteht, bestätigt der Autor mit dem zweiten der beiden »Amen« des Briefes (vgl. 4,11).

Wer sich zu Gott bekennt, anerkennt ihn als den Allmächtigen. Damit demütigt er sich vor ihm und unterstellt alles seiner Verantwortung. Diejenigen, die in dieser Demutsbeziehung zu Gott stehen, wird er erhöhen. Gott ist damit auch derjenige, dem die Gläubigen alles anvertrauen dürfen und sollen. Alles, was sie in dieser Welt belastet, stellen sie Gott anheim.

Ausdruck der feindlichen Welt ist das Wirken des Teufels. Christinnen und Christen vermögen ihm im Glauben zu widerstehen. Ihr Leiden in und an der Welt beweist, dass sie Angehörige des Reiches Gottes und damit der Gemeinschaft der Gläubigen sind. Auf sie hat der Teufel keinen Zugriff, denn Christus ist der Herr über alle und alles.

5,12–14
Schlussgrüße aus »Babylon« an die in »Babylon«

¹² Durch Silvanus, den ich als treuen Bruder erachte, schrieb ich euch in aller Kürze. Ich ermahne euch und bezeuge, dass dies die wahre Gnade Gottes ist. Dazu sollt ihr stehen. ¹³ Es grüßt euch die mitauserwählte Gemeinde in Babylon und Markus, mein Sohn. ¹⁴ Grüßt einander mit dem Kuss der Liebe. Friede euch allen, die ihr seid in Christus.

Der Schluss mit den Grüßen fällt kurz aus. Silvanus wird als Schreiber oder Überbringer des Briefes benannt (**5,12a**). Bereits eingangs wurde diskutiert, in welchem Grade Silvanus eigenverantwortlich tätig war. War er nur der Bote oder hat er alles notiert, was der Autor auf Griechisch diktierte? Hat er eine aramäische (schriftliche oder mündliche) Fassung übersetzt? Hat er die Gedanken und Absichten des Autors selb-

ständig in eine griechische Form gebracht? Ist der Brief in ständigem Austausch und kontinuierlicher Diskussion entstanden? Mehr, als dass der Autor nicht exakt mitteilen wollte, welchen Anteil Silvanus am Abfassen des Briefes hatte, lässt sich nicht sicher erkennen.
Den paulinischen Gemeinden ist sein Name, der sonst im Neuen Testament stets mit Timotheus gemeinsam genannt wird, vertraut (1 u. 2Thess 1,1; 2Kor 1,19; vgl. die Kurzform »Silas« in Apg 17,14 f.; 18,5). Durch die Bezeichnung des Silvanus als *treuen* Bruder und durch das Wort vom »Bezeugen« der Botschaft durch den Verfasser wird deren Zuverlässigkeit herausgestrichen. Gewicht und Gültigkeit hat erst das durch zwei verschiedene Zeugen Bezeugte (Mt 18,16b; 1Tim 5,19; Hebr 10,28). Das hier (**12b**) neben ›Ermahnen‹ gebrauchte ›Bezeugen‹ hat im Griechischen denselben Wortstamm wie »Märtyrer« und ruft damit abschließend das Hauptthema des Briefes auf: das mit dem Willen Gottes im Einklang befindliche Leiden. Abermals bekräftigt der Autor (**12c**), dass die gegenwärtige Leidenssituation der Gemeinde dem Willen Gottes entspricht; ja, dass diese Leiden Beweis seiner Gnade sind (vgl. 2,19 f.).
Während bei Silvanus der Eindruck einer Identität mit dem Paulusbegleiter beabsichtigt ist, soll die Identität der »Mitauserwählten« in Babylon (**5,13**) in der Schwebe bleiben (der Begriff ist parallel zum *Mit*ältesten in 5,1 konstruiert). Die gewählte Femininform lässt an eine mitauserwählte christliche Gemeinde denken. Babylon ist eine auch in der Apokalypse des Johannes übliche Chiffre für Rom (vgl. Offb 14,8; 18,2.10.21). Babylon ist Synonym für die vom Satan beherrschte Welt, die den Gläubigen entgegensteht. Der angeschriebenen Gemeinde wird vermittelt, dass ihre Situation eine für alle Christen typische ist. Möglicherweise soll Rom als mit Babylon identifizierter konkreter Absendeort des ersten Briefes erscheinen, wichtiger aber ist dem Autor die theologische Komponente: Babylon ist überall in der Welt.
Dadurch, dass »Babylon« als das Synonym schlechthin für Fremdheit und Verfolgung fungiert und die verfolgte Empfängergemeinde sich somit in einem Zustand befindet, der mit »Babylon« bezeichnet werden kann, und dass auf der anderen Seite der Absender seine eigene Gemeinde ausdrücklich in Babylon verortet (5,13), soll deutlich werden, dass Briefempfänger und -absender in einem Boot sitzen, genannt Babylon. Der Empfängergemeinde wird Trost zugesprochen, indem ihr vermittelt wird, dass sie in der Gemeinde des Absenders (in Babylon; 5,13) eine Leidensgenossin hat, die an sie denkt.
Der Hinweis auf die mit dem Namen Babylon assoziierte Fremdheit als Grundsituation der Gläubigen im vorletzten Vers des Briefes knüpft an die Anrede im ersten Vers an (1,1b). Das Schreiben richtet sich bereits in seinem ersten Vers an diejenigen in der Zerstreuung (Diaspora). So

schließt sich der Kreis. Die Situation bleibt dieselbe; neu ist die Akzeptanz der Lage als gottgewolltes christliches Spezifikum.

Der Name »Markus« (**5,13b**) erscheint nicht unvermittelt; seine Nennung sollte die petrinische Autorschaft des ersten Petrusbriefes untermauern. Laut Apg 12,12 ist das Haus der Mutter des Johannes, mit dem Beinamen Markus, der Versammlungsort der Jerusalemer Gemeinde und für Petrus die erste Anlaufstelle nach seiner Befreiung aus dem Gefängnis. Laut einem Zeugnis des Papias von Hierapolis (ca. 95–110 n. Chr.) war Markus Dolmetscher des Petrus und identisch mit dem Evangelisten Markus (Euseb Kirchengeschichte 3,39,15 f.). Die Leserinnen und Leser des Briefes verstanden die Rede von Markus als dem Sohn des Petrus (**5,13c**) als Hinweise auf dessen Missionierung durch den Apostel.

Der wechselseitige Kuss, zu dem die Gläubigen aufgerufen sind (**14a**), ist Zeichen der Verbundenheit im Glauben und der Gemeinschaft in der Liebe Christi. Die Aufforderung zu so einem Kuss ist zugleich eine Mahnung zur Eintracht und geschwisterlichen Unterstützung in Leiden und Not. Im Unterschied zur Aufforderung zum ›Kuss der Liebe‹ im ersten Petrusbrief (5,14) beschließt Paulus die Mehrzahl seiner als echt geltenden Briefe (Röm 16,16; 1Kor 6,20; 2Kor 13,12; 1Thess 5,26) mit der Aufforderung zum ›heiligen Kuss‹. Angesichts der Gewichtung des Kusses unter Christen in etlichen Briefen des Neuen Testaments wiegt der in den Evangelien berichtete Verrat des Judas durch einen Kuss (Lk 22,48) umso schwerer.

Alle Gläubigen stehen unter dem Frieden Christi (**14b**). Sie haben Anteil an seinem Reich und sind bereits jetzt *in* allem Leiden, das ihnen widerfährt, bewahrt durch Christus. Wie auf den ersten Worten eines Schreibens, so liegt auch auf seinen letzten Worten besonderes Gewicht. Die beiden Rahmenworte des ersten Petrusbriefes sind »Petrus« (1,1) und »Christus« (5,14). Tatsächlich lässt sich der Brief als ein Weg von Petrus zu Christus verstehen. Ein Weg, auf dem unterschiedliche Gruppen und ihre Mitglieder eingesammelt und am Ende in Christus vereint werden.

Christinnen und Christen sind Angehörige des Reiches Gottes und leben als solche zugleich in der Fremde. Für sie ist überall in der Welt »Babylon«. Durch die Verknüpfung des Leids mit dem Heil wird den Gemeindegliedern der stärkende Beistand Gottes in aller Bedrohung und Bedrückung zugesagt. Verbunden ist diese Heilsvergewisserung mit der Mahnung an die Gläubigen, sich ihrem Heilsstatus entsprechend zu verhalten. Der Gott wohlgefällige Wandel der Gemeinde, die eingehüllt ist in den Frieden Christi, findet seinen Ausdruck im geschwisterlichen Liebeskuss der Gläubigen untereinander.

Die Botschaft des ersten Petrusbriefes – eine Zusammenfassung

I) Von Petrus zu Christus

»Petrus«, das erste Wort des ersten Petrusbriefs (1,1), und dessen letztes Wort: »Christus« (5,14) sind vom Autor bewusst gesetzt und programmatisch für seine Theologie.
Petrus, »der Fels«, der Apostel und eine der profiliertesten Personen des Urchristentums, tritt einmal auf (1,1) und tritt wieder zurück in die Gruppe der Mitältesten (5,1). Er reklamiert für sich keine Sonderrolle, sein Name erscheint kein weiteres Mal. Er geht auf in der Gemeinschaft in Christus.
Auf seinem Weg vom hervorgehobenen Individuum in die Gemeinschaft aller Gläubigen nimmt er in seinem Brief die Einzelgruppen unter den Christen mit. Er sammelt gleichsam die Verstreuten. Bereits im ersten Vers des Briefes tituliert er seine Adressatengemeinden als Fremdlinge in der Zerstreuung (Diaspora; 1,1). Im Verlauf des Briefes wird deutlich, dass es nicht allein um die *geografische* Trennung geht.
Die Dynamik des Briefes von der Zerstreuung und Vereinzelung hin zur Gemeinschaft der Gläubigen in Christus (5,14) findet ihre Entsprechung in der Autorfrage. Bei der Nennung des »Petrus« geht es weniger um die Person, die den Brief konkret verfasst hat, vielmehr ist »Petrus« eine theologische Chiffre, vergleichbar der Erwähnung Abrahams und Saras (3,6) oder Noahs (3,20). Was bezogen auf den Autor gilt, trifft ebenso auf die Adressaten des Schreibens zu: Nicht, wo sie genau zu lokalisieren sind, ist entscheidend, sondern, dass sie als Fremdlinge in der Zerstreuung leben und in Christus gesammelt werden.
Bei der Nennung des »Petrus« geht es also mehr als um die historische Autorschaft. Die in der Person des Verfassers begegnenden zwei Seelen, finden sich wieder als die jüdische und die nichtjüdische Seite der *einen* Gemeinde in Christus. Petrus, der jüdische Fischer und Jünger Jesu, wendet sich als »Mitältester« mehrfach an *Nicht*juden. Er wird zum »Menschenfischer« (vgl. Mt 4,19par.) für so verschiedene Gruppen wie Heiden (1,18; 4,3) und Juden (3,6), Sklaven und Herren (2,18), Männer und Frauen (3.1.7), Lebende und Tote (3,19 f.; 4,6), Leidende und Jubelnde

(1,6–8; 4,12 f.), Alte und Junge (5,1.5), Gemeindeleiter und Gemeindeglieder (5,1.5). Sie alle sollen eins in Christus sein (5,14 vgl. 3,15 f.; 4,11–16; 5,10).
Der sich »Petrus« nennende Autor, ein Sammler der Zerstreuten und Menschenfischer, bietet seiner Leserschaft mit dem ersten Wort seines Briefes genau das an, was sie hören, lesen und haben möchten, ein berühmtes Leitbild. Doch dieser Petrus erweist sich im Verlauf des Briefes als ein »Wegführer« im doppelten Wortsinne: Er führt seine mit dem ersten Wort eingefangenen Leserinnen und Leser von seiner eigenen Person weg. So destruiert sich im ersten Petrusbrief die Autorfiktion mit Hilfe des fiktiven Autors selbst, um seine Leserschaft aus der Falle ihrer Autorfixierung zu befreien. Aus der Leit- und Zielfigur wird ein »bloßer« Mitältester (5,1), der als Pädagoge seine auf ihn fixierte Anhängerschaft von sich selbst wegführt, hin zum Miteinander aller Gläubigen in Christus (5,14).

II) Judenchristen und Heidenchristen

Es geht um das Zusammenbinden unterschiedlicher Pole des Gemeindespektrums. Dem die Pole verbindenden Inhalt des Briefes korrespondiert seine Form. Wiederholt gebraucht der Autor Formulierungen, die ein mehrfaches Verständnis erlauben. Exemplarisch sei hier auf die Rede von der »Offenbarung Christi« (1,4) verwiesen, die als *das Offenbarwerden des Christus* und als *das Offenbarmachen durch Christus* verstanden werden kann und soll. In einer einzelnen Wortkonstruktion sind verschiedene Bedeutungsebenen gegenwärtig. So werden sprachlich die Grenzen zwischen Subjekt und Objekt oder zwischen Vergangenheit, Gegenwart und Zukunft überwunden.
In Christus sind alle Grenzen zwischen den Gläubigen untereinander irrelevant und aufgehoben (vgl. Eph 2,14). Zeit und Raum spielen angesichts des ewigen Heils in Christus ebensowenig eine Rolle wie die Frage, ob jemand als Jude oder als Heide zum Glauben an Christus gekommen ist. Wer in der Verheißung Christi steht, wie sie durch die alttestamentlichen Schriften bezeugt ist, hat selbst Anteil an diesen alttestamentlichen Traditionen. Wenn Christus das Lamm ist (1,19), das schon in der ägyptischen Passanacht die zum Auszug gerüsteten Israeliten bewahrt hat (1,13), und das Blut dieses Lammes auch die Christen rettet (vgl. 1Kor 5,7), dann hatten alle Gläubigen aus Juden und Heiden bereits Anteil an der Rettung in der ägyptischen Passanacht.
Wenn diejenigen, die aus unvergänglichem Samen neugeboren sind (1,23), als gehorsame Kinder von Abraham und Sara bezeichnet werden (1,14; 3,6), dann zählen für den Autor des ersten Petrusbriefes alle Gläu-

Die Botschaft des ersten Petrusbriefes 99

bigen zu Abrahams Samen und sollen wie die Kinder Israels zum Auszug bereit sein (1,13). Das heißt, in Christus sind die Grenzen zwischen der Geburt als Jude und der heidnischen Herkunft aufgehoben (vgl. Eph 2,14).

III) Sammlung der Gläubigen aller Zeiten und an allen Orten

Nicht nur die räumlichen, sondern auch alle zeitlichen Differenzierungen sind in Christus aufgehoben. Das durch Christus gebrachte Heil ist ein umfassendes und das bedeutet, ein ewiges Heil. Es war und ist schon immer erwirkt. Es liegt bereit für alle Gläubigen aller Zeiten (1,4) und das heißt unabhängig davon, ob sie vor oder nach Jesu irdischer Existenz lebten.
Was Paulus mit einem Satz auf den Punkt bringt, dass in Christus weder Jude noch Grieche, weder Sklave noch Freier, weder männlich noch weiblich zähle (Gal 3,28; vgl. 1Kor 12,13; Kol 3,11), das führt der Autor des ersten Petrusbriefes ausführlich aus. Er geht auf jede der einzelnen Gruppen detailliert ein und ergänzt seine Worte um Ermutigungen und Mahnungen. Assoziativ aneinander gereiht behandelt er die unterschiedlichen Fraktionen in verschiedenen Zuordnungen und Kontexten. Er benennt Judenchristen und Heidenchristen, Herren und Sklaven, Frauen und Männer, Lebende und Tote, Gemeindeleiter und Gemeindeglieder, Alte und Junge. Er überwindet das Trennende (vgl. Eph 2,14), verbindet die Gegensätze unter den Gläubigen und fügt alle Gruppierungen und Parteien ein in den einen Leib Christi. »Einander« wird zu einem Schlüsselbegriff (1,22; 4,9; 5,5.14), der in die beiden letzten Wörter des Briefes mündet: »in Christus« (5,14).
Die auf die *Gegenwart* der Briefempfänger bezogenen Ausführungen zur Taufe (3,21) werden auch in Richtung auf die *Vergangenheit* fruchtbar gemacht (3,19f.). Der Verfasser setzt in seinem Schreiben an die Gläubigen der angeschriebenen christlichen Gemeinden voraus, dass sie getauft sind und dass sie um die Heilsnotwendigkeit der Taufe wissen. An dieses Wissen knüpft der Autor an, und beantwortet die Frage, wie es um diejenigen bestellt ist, die nicht in den Genuss der Taufe gekommen sind, weil sie zeitlich vor Christi Geburt gelebt haben und inzwischen verstorben sind. Er geht auf diese Problematik ein, indem er ansetzt bei Rettungserfahrungen, die in der alttestamentlichen Tradition greifbar sind. Er argumentiert mit Menschen, die Heil erfahren haben, ohne dass sie unmittelbar an einem Rettungsgeschehen teilhatten.
Grundvoraussetzung ist, dass eine Rettung unabhängig von Christus undenkbar ist. Alle, die je das Heil erlangten, müssen durch Christus gerettet sein. Entsprechend wird die Rettung der Familie Noahs in der Arche als

rettende Taufe gedeutet (3,20). Neben dieser kleinen Gruppe von acht Personen wurden auch diejenigen, die von Anbeginn zur Rettung bestimmt waren, aber keinen Platz in der Arche fanden, durch die Predigt des Evangeliums im Totenreich durch Christus persönlich gerettet (3,19).
Was für die Geretteten aus der Sintflut gegolten hatte, galt und gilt ebenso für alle, die im Verlauf der Geschichte keine Gelegenheit hatten, getauft zu werden oder mit dem Evangelium in Berührung zu kommen. Im Reich des Todes wird auch ihnen durch Christus das Heil verkündet, so dass niemand in Vergangenheit und Zukunft verloren geht, der oder die für das Heil in Christus bestimmt ist.
Dem Verfasser des ersten Petrusbriefes ist wichtig zu vermitteln, dass mit Blick auf das rettende Evangelium Zeit und Raum keine Rolle spielen. Das rettende Erbe für die Gläubigen liegt schon immer bereit (1,4 f.); wer es erlangt, ist seit ewig vorausgesehen und vorherbestimmt. Damit sind alle Gläubigen aller Zeiten selbst den Engeln gegenüber privilegiert, die dieses Heil ebenfalls erstrebten, aber nie erlangten (1,12).
Es ist also nicht primär die Absicht des Autors, über den Sinn der Taufe zu belehren, sondern ihm geht es darum, mithilfe der als bekannt vorausgesetzten Taufe zu verdeutlichen, dass das Heil in Christus alle zeitlichen und räumlichen Dimensionen umgreift. Diese Vorstellung des zeitunabhängigen Heils in Christus ist auch für Paulus Voraussetzung seiner Hermeneutik: Der Fels aus dem die Israeliten während ihres 40jährigen Zugs durch die Wüste tranken, war Christus (1Kor 10,4), und es war der Glaube an Christus als den verheißenen Samen, durch den Abraham gerechtfertigt und gerettet wurde (Gal 3,16).
Der Autor des ersten Petrusbriefes klärt die Rahmenbedingungen des Heils und macht deutlich, wer an diesem Heil teilhat. Er zeichnet jedoch kein starres Bild der Heilsteilhabe, sondern steckt das »Spielfeld« ab, auf dem sich christliches Leben zu bewähren hat. Was die ekklesiologischen Vorstellungen des ersten Petrusbriefes auszeichnet, ist deren Dynamik. Die Gemeinde ist kein auf ewig unveränderlicher, festgefügter Bau, sondern die Gläubigen bilden ein geistliches Haus aus lebendigen Steinen (2,5). Indem sie als heilige Priesterschaft bezeichnet werden (2,5b; vgl. 9), die geistliche Opfer bringt (2,5c), verdeutlicht der Autor, dass erst das Handeln der Gemeinde ihr Sein bestimmt.
Die Flexibilität der Gemeinde verdankt sich den vielfältigen Gnadengaben Gottes (4,10a). Sie sind ausdrücklich bezogen auf Dienst (4,10b) und Verkündigung (4,11) nicht aber auf Leitungsämter, entsprechend sind dem Autor auf ewig festgelegte Gemeindehierarchien fremd (5,1). Nicht feste Strukturen, sondern das Wohlergehen der einzelnen Gemeindeglieder steht im Zentrum (5,2–5). Triebmittel der Dynamik ist die Liebe (1,22; 2,17; 4,8). Deren Basis sind das Erbarmen (2,10) und die

Gnade Gottes (4,10f.). Sie untereinander zu üben (1,22; 2,17) und auf dem Fundament der wahren Gnade Gottes durch Christus (5,10.12) eine lebendige Gemeinde in wechselseitiger Fürsorge zu errichten, sind alle Gruppen unter den Gläubigen angehalten (5,1–5).

IV) Sündenmacht, Sündentaten und die Taufe

Alle, die an Christus als ihren Retter und seine Heilstat am Kreuz glauben, sind seit ihrer Taufe von der Macht des Satans und von der Macht der Sünde befreit (4,1; 5,8). Die Taufe wandelt das Sein der Getauften, befreit sie ein für alle Mal von der Sündenmacht und verbindet sie mit Christus. Allerdings gehören die Getauften in ihrem irdischen Leben (im Fleisch) äußerlich weiter zu dieser Welt und sind deren Attributen unterworfen. Dazu zählen körperliche Begierden, Bedürfnisse und alle Sündentaten (3,21; 4,2–4).
In 2,24 und 3,18 geht es darum, dass die hinter den Sünden stehende Macht durch den Kreuzestod Christi ein für alle Mal gebrochen wurde. Die Gläubigen sind für die Sünden tot, sie bieten ihnen und der Sündenmacht keine Angriffsfläche mehr.
Die Getauften sollen danach streben, ihre Taten ihrem neuen Sein anzugleichen. Das heißt konkret, Sündentaten zu meiden. Als Christen sollen diejenigen, auf die die Sünde als Macht keinen Zugriff mehr hat, von den fleischlichen und schmutzigen Taten dieser Macht Abstand nehmen (3,21). Sündentaten sind den Gläubigen wesensfremd (4,3f.). Dem neuen christlichen Wesen entsprechen allein gute Taten, die in Fülle zu praktizieren sind. Im Bewusstsein menschlicher Schwäche erklärt der erste Petrusbrief, dass eventuell weiter vorkommende schlechte Taten unter einer Fülle an Liebestaten begraben werden sollen (4,8). Die Liebestaten sollen so dominierend sein, dass die Sündentaten darunter nicht mehr erkennbar sind.
Die Taufe rettet grundsätzlich von der Macht der Sünde und eignet den Gläubigen das durch Christus in seinem Kreuzestod erwirkte Heil zu. Der Autor wehrt dem Missverständnis, dass etwaige auch von Christinnen und Christen noch vollbrachte sündige Taten durch die Taufe bereits gesühnt oder als nicht mehr relevant abgetan sind. Die den Christen weiter anhaftenden Attribute der alten, sündigen, fleischlichen, schmutzigen Existenz werden allein durch gute Taten zugedeckt und überschrieben.
Wer Böses meidet und Gutes tut, hat ein gutes Gewissen (3,21). Das heißt, das »Rezept« gegen Sündentaten ist das Sich-Bemühen um das Gute, das sich im Streben nach einem guten Gewissen manifestiert. Der intensivste Ausdruck dieses Strebens ist das Gebet, das Bitten zu Gott.

V) Stärkung nach innen – Abgrenzung nach außen

Bei allem Integrierenden nach Innen lässt der Autor keinen Zweifel an der Notwendigkeit der Abgrenzung nach außen. Alle inneren Gegensätze zählen nicht, Spaltungen sind zu überwinden.
Für die Gläubigen der unterschiedlichsten Gruppen gilt: Alle eins in Christus! Das heißt, alle Unterschiede nach Innen dürfen nicht trennen und sind zu überwinden. Die einzige Unterscheidung, die zählt und die gewahrt werden muss, ist die zwischen Gläubigen und Ungläubigen, zwischen Satan und Christus, zwischen Babylon und Gemeinde.
Die Ungläubigen repräsentieren die Welt des Teufels (5,8). Ihr sind die Gläubigen als Heilige (1,15 f.) und als Priesterschaft (2,5.9) entnommen. Indem die Gläubigen den Machtbereich des Satans als ihr Gegenüber erkennen (5,8), wissen sie sich zugleich von der Macht der Sünde befreit, der alle unerlösten Menschen unterworfen sind. Außerhalb der Gruppe der Gläubigen ist überall Babylon (5,13). Babylon ist Chiffre für die Welt, von der sich die Gläubigen abgrenzen. Unabhängig davon, wo und wann sie leben, ist Babylon.
Selbst diese Ortbestimmung dient der Überwindung von Grenzen. Der erste Petrusbrief gebraucht »Babylon« als ein eindeutiges Gegenüber für die Gläubigen. Babylon steht für die unerlöste Welt der Ungläubigen, innerhalb derer alle Gläubigen zu leben haben, ohne sich mit ihr zu verbinden. Auch der Briefschreiber samt seiner eigenen Gemeinde (5,13) und alle Empfängerinnen und Empfängern des Briefes führen ihre eigene Existenz weiter in der Welt und das heißt in Babylon (5,13). Christinnen und Christen verbindet, dass sie Babylon fremd sind und fremd bleiben. Ihr Leiden in und unter Babylon zeigt den Gläubigen an, wo für sie der rechte Ort ist. Mit seiner Einigung und Sammlung aller Gläubigen in Christus setzt der Autor in Aufnahme der Pfingstgeschichte (Apg 2,1–11) einen Kontrapunkt zur Zerstreuung der Völker (vgl. die als Fremde in der Zerstreuung angeredeten Gemeinden in 1,1) in der Erzählung vom Turmbau zu Babel (Gen 11,1–9). In Christus (5,14) sind alle Spaltungen der Menschheit überwunden.

VI) Leiden und Nachfolge

Integration und Abgrenzung stehen einander gegenüber. Nach innen ist kein Gegensatz so wichtig, dass er nicht überwunden werden könnte und sollte. Nach außen gibt es keine Brücke, stattdessen sind die Gegensätze zum Machtbereich des Teufels (5,8), zu Babylon und zu den Nichtgläubigen zu betonen. Kompromisse sind undenkbar. Die einzige Option

ist, dass die, die außen sind, ihrem alten Leben abschwören und zum Glauben an Christus kommen. Nach innen, im Verhältnis zu den anderen Gläubigen, drückt sich das Heil in der Liebe untereinander aus, nach außen dagegen, im Verhältnis zur ungläubigen Welt, wird das Heil erfahrbar im Leiden.
Christus ist der »Probierstein« (2,8f.), an dem sich entscheidet, ob jemand zu Satan (5,8) oder zu Gott gehört. Für Gläubige wird ihr Leiden in und an der Welt zum Ausweis dafür, auf der richtigen Seite zu stehen. Wer Teil hat an der bereits geschehenen Rettung, steht in der Nachfolge Christi (2,21). Zugleich gilt, wer in der Nachfolge des Gekreuzigten steht, erleidet das zur Nachfolge gehörige Leid (2,20; 4,19). Leid ist damit Indikator des Heils. Wer als Gläubiger wegen seiner guten Taten leidet, hat Grund zum Jubeln (1,6; 4,13). Leiden um Christi willen ist Gnade (2,19).

VII) Botschaft für heute

Es entspricht dem Grundkonzept des ersten Petrusbriefes, alle Empfehlungen, Hinweise, Tröstungen und Ermahnungen auf die jeweils eigene Gegenwart zu beziehen. Den Gemeindegliedern wird zugesagt, dass von Anbeginn an das Heil konkret für sie erwirkt war und jetzt persönlich für jede und jeden einzelnen bereitliegt (1,5). Ziel seines Autors ist es, alle Gläubigen aller Zeiten aus der Vereinzelung und dem Gegeneinander heraus zu führen und in Christus zu vereinen (5,14). Diese die Zeiten, Räume, Grenzen und Gruppen übergreifende Dynamik des ersten Petrusbriefes bezieht folglich auch heutige Gläubige und Gemeinden mit ein. Wenn schon diejenigen durch den ersten Petrusbrief angesprochen sind, die aus der Perspektive seines Autors in der Vergangenheit lebten, um wie viel mehr dann alle Gläubigen, die zukünftig leben werden!
Für heute bedeutet das, dass sich jede und jeder Einzelne als »lebendiger Stein« zu verstehen hat (2,4f.) und auch von den anderen Gemeindegliedern als solcher wertzuschätzen ist. Die Gemeindeglieder sind nach ihren jeweiligen Gnadengaben in die Verkündigung und den Dienst eingebunden. Auch Leitungsämter sind Dienstämter in einer Gemeinde, die sich nicht als starres und unveränderliches, sondern als ein dynamisches Gefüge versteht.
Diejenigen, die Gutes tun und deswegen leiden, erkennen ihr Leiden als Ausweis ihrer Zugehörigkeit zu Christus. Es geschieht nicht unabhängig vom Willen Gottes und nicht ohne sein Wissen. Auch das Leid heutiger Christinnen und Christen steht auf einer Ebene mit dem Leiden Christi. Für das Gemeindeglied geht es um den Umgang mit (ungerechtem) Leiden, nicht aber um Leidenssuche. Leiden ist kein Wert an sich.

Angesichts aktueller Verfolgungen wirken die Seligpreisungen derer, die um des Namens Christi willen Leiden ertragen (3,14; 4,14), als Herausforderung. Unter Verweis auf den ersten Petrusbrief, Christinnen und Christen in einer akuten Verfolgungssituation zu empfehlen, sich mit ihrer vorgeblich gottgewollten Lage zu arrangieren, liefe der Intention des Briefes zuwider. Der erste Petrusbrief würde missbraucht, um Unrecht zu stabilisieren und zu vertrösten statt zu trösten.

Die Absage des ersten Petrusbriefs an die Welt, wie sie ist (2,11 f.; 4,7), impliziert den Einsatz für eine Welt, wie sie sein soll, und das ist eine Welt ohne Unrecht und Leid. Es geht für Gläubige um einen Einsatz für eine Welt, die es Christen ermöglicht als Christen in der Welt zu wirken (2,12 f.14 f.20; 3,1–17).

Wenn der erste Petrusbrief den Christen in einem ihnen feindlich gesonnenen Umfeld Deutungen der eigenen Existenz anbietet, Glaubensmöglichkeiten eröffnet, und ihre Leiden als Leiden in der Nachfolge Christi interpretiert (2,21; 4,1.14), dann heißt das nicht, dass das feindliche Umfeld und das Verhalten seiner Protagonisten gutgeheißen werden. Im Gegenteil bezeichnet der erste Petrusbrief gewalttätige Herren (2,18), ungerechte Strukturen (2,13a) und verwerfliche Handlungsweisen von Zeitgenossen als das, was sie sind: als verbrecherisch (2,11.14; 3,16b) und als dem Willen Gottes zuwider. Leiden und Verfolgung wird gerade kein Bestand verheißen (1,6; 4,7; 5,10), und die Verfolger sollen in Kürze die Schlechtigkeit ihres Handelns und Verhaltens erkennen (2,12; 3,16). Ein solches Urteil des ersten Petrusbriefes über die bedrängende Welt ist zugleich ein Auftrag an alle Gläubigen, sich für die Betroffenen einzusetzen, und die als negativ erkannten Verhältnisse zu bessern – auch unter Inkaufnahme eigener Opfer.

Aktuell nähern sich Gemeinden mancherorts wieder der im ersten Petrusbrief vorausgesetzten Situation der Ursprungszeit der Kirchen an. Christsein ist nicht mehr die Regel. Wie damals finden sich Christinnen und Christen wieder in einer Diasporaexistenz. Sie erkennen sich als Fremdlinge in einer nachchristlichen Gesellschaft.

Ein Anspruch des Briefes und seines Verfassers an alle Christinnen und Christen ist es, die Briefanrede als Verstreute in der Fremde (1,1) auf sich zu beziehen (1,12) und sich mit den Erstempfängerinnen und Erstempfängern und den Erlösten aller Zeiten in Christus zu vereinen (5,14).

Der zweite Petrusbrief

Einleitung

Während bei der Auslegung des ersten Petrusbriefes und des Judasbriefes offenbleiben kann, wer der Verfasser war und wann die Briefe verfasst wurden, erfordert die Interpretation des zweiten Petrusbriefes gewisse Vorentscheidungen: Mit der Mehrzahl der Kommentatorinnen und Kommentatoren gehe ich davon aus, dass dem Autor des zweiten Petrusbriefes neben dem ersten Petrusbrief (2Petr 3,1) und mehreren dem Paulus zugeschriebenen Briefen (insbesondere dem ersten Thessalonicherbrief) der Judasbrief vorlag.
Eine Zuschreibung des *ersten* Petrusbriefes an einen nichtapostolischen Schreiber nötigt zum selben Urteil bezüglich des zweiten, unabhängig davon, ob eine oder mehrere Personen als Verfasser der Briefe zu gelten haben. Für diejenigen, die Petrus, den Jünger Jesu, als Autor des ersten Briefes identifizieren, vergrößert sich die Zahl der Variationsmöglichkeiten. Exegetinnen und Exegeten, die *beide* Petrusbriefe dem Apostel zuschreiben, sind deutlich in der Minderheit.
Die Muttersprache des Autors des *zweiten* Petrusbriefes scheint das zeitgenössische Griechisch gewesen zu sein. Ob er auch mit dem Hebräischen oder Aramäischen vertraut war, lässt sich nicht sicher erheben.
Trotz massiver Eingriffe in den Textbestand des Judasbriefes lässt sich nicht erhärten, dass der Autor des zweiten Petrusbriefes ihn korrigieren wollte. Vielmehr nimmt er den Judasbrief gemäß einer eigenen und anders gelagerten Agenda auf. Sein Anliegen ist nicht, dem Judasbrief in besonderem Maße gerecht zu werden, sondern er greift dessen Material an den Stellen auf, wo es ihm für die eigenen Interessen sinnvoll erscheint.
Der Verfasser bewegt sich souverän in der jüdischen Motivwelt, jedoch fällt das Verständnis der Bileamsprophetie (1,19b; vgl. 2,1.3.15 f.) anders aus, je nach dem, ob der Brief vor, während oder nach der Bar Kochba Krise (132–135) angesetzt wird. Neben der Tempelzerstörung im Jahre 70 n. Chr. ist die Niederschlagung des Aufstands unter Bar Kochba etwa 65 Jahre später das zweite Ereignis mit grundstürzenden Auswirkungen auf die jüdische und die entstehende christliche Welt. Leserinnen und Leser haben die Worte *nach* diesen Ereignissen notwendig aus einer ver-

änderten Perspektive wahrgenommen. Für die Kennzeichnung Bar Kochbas als Messias spielte die Bileamsprophetie eine entscheidende Rolle (vgl. den Exkurs am Ende der Auslegung des ersten Kapitels). Explizite Erwähnungen Bileams und Hinweise auf dessen Prophezeiung, die sich in dieser Form weder im 1. Petrusbrief noch im Judasbrief (Jud 11) finden, nähren einen ersten und zu überprüfenden Verdacht, dass der Autor des zweiten Petrusbriefes mit Blick auf jene Ereignisse schreibt.
Einerseits lassen sich 2Petr 1,19 und die gegenüber dem Judasbrief ergänzten Bileamsverse in 2,15 f. als Anspielung auf die Numeriprophezeiung (Num 24,17), auf Falschprophetie und konkret auf den Falschmessias Bar Kochba verstehen. Andererseits scheint der Autor keine Notwendigkeit mehr zu sehen, vor ihm zu warnen.
Das Zeitfenster, in dem die Niederschlagung des Aufstands (132–135 n. Chr.) im Bewusstsein als abschreckendes Beispiel noch präsent war, jedoch der Aufrührer selbst kein Verführungspotential mehr in sich barg, ist die Phase zwischen 140–160 n. Chr. Mit Blick auf diese zeitliche Ansetzung folge ich Jörg Frey (Brief, 186 f.). Damit zählt der Brief zu den jüngeren Schreiben des Neuen Testamentes, ist vielleicht als dessen jüngstes anzusehen.
›Petrus‹ als Absenderangabe des Schreibens und der Hinweis auf den ersten Petrusbrief in 2Petr 3,1 sind Beleg dafür, dass sich sein Autor in dessen Nachfolge verstanden wissen wollte. Darüber hinaus nimmt der Autor in 2Petr 1,16–18 für sich in Anspruch, selbst Augenzeuge der Verklärung Jesu gewesen zu sein, bei der er laut Mt 17,4 als Wortführer der drei anwesenden Jünger fungierte.

Die Auslegung

1,1–2
Der Briefkopf

1,1 Symeon Petrus, Sklave und Apostel Jesu Christi, an diejenigen, die den gleichen kostbaren Glauben erlangt haben wie wir durch die Gerechtigkeit unseres Gottes und des Retters, Jesus Christus. 2 Die Gnade für euch und der Friede möge vermehrt werden durch die Erkenntnis Gottes und Jesu, unseres Herrn.

Die Selbstvorstellung des Autors fällt im zweiten Petrusbrief ausführlicher aus als im ersten. Der erste Petrusbrief erwähnte allein den von Jesus verliehenen Beinamen (»Petrus«). Als ursprünglicher Rufname des Petrus begegnet die hebraisierte griechische Form »Symeon« nur in 2Petr 1,1a und darüber hinaus noch im Munde des Jakobus in Apg 15,14. »Simon Petrus« dagegen bieten alle Evangelien; häufig mit Ergänzungen: »Simon, der Petrus genannt wird« (Mt 4,18; 10,2) oder »Simon mit dem Beinamen Petrus« (Apg 10,5.18.32; 11,13) zur Unterscheidung von »Simon, dem Zeloten« (Lk 6,15, Apg 1,13; vgl. Mt 10,4; Mk 3,18). Eine Anspielung auf »Kephas« (vgl. Joh 1,42; 1Kor 1,12) als der aramäischen Basis für den griechischen Namen »Petros« (»Fels«; latinisiert »Petrus«) erscheint im zweiten Petrusbrief nicht.
Die Form »Symeon« findet sich in der Septuaginta, der griechischen Übersetzung der Schriften des Alten Testaments, erstmals für den zweiten Sohn des Erzvaters Jakobs und seiner Frau Lea als Wiedergabe des hebräischen Schim'on (Gen 29,33). In der Erzählung leitet die Ahnfrau den Namen ihres Sohnes ab von der hebräischen Form von »hören« und deutet die Geburt als »Erhörung« durch Gott in einer Situation, in der sie sich zurückgesetzt fühlt (Gen 29,33b).
Wie der Autor des Judasbriefes ist auch der des zweiten Petrusbriefes in besonderem Maße der alttestamentlichen Motivwelt verhaftet. Die gewählte Form für den Namen des Absenders des zweiten Petrusbriefs ist ein Signal dafür, dass der Autor sich und sein Schreiben vor einem traditionellen jüdischen Hintergrund verstanden wissen will.

Die seltenere Form gerade dieses Vornamens, als dem ersten Wort des Briefes überhaupt, lenkt die Aufmerksamkeit der Leserinnen und Leser im zweiten Drittel des zweiten nachchristlichen Jahrhunderts notwendig auf den berühmten jüdischen Zeitgenossen. Nach der Niederschlagung des Aufstands unter dem falschen Messias *Simon* Bar Kochba (vgl. den Exkurs am Ende der Ausführungen zum ersten Kapitel) mit seinen die Geschichte prägenden Folgen ist es kaum vorstellbar, dass ein Autor eines pseudepigrafischen Schreibens gerade diesen Namen wählte, ohne mit den entsprechenden Assoziationen seiner Leserschaft zu rechnen. Mit dem zweiten Wort des Briefes wird jedoch sofort klargestellt: Hier geht es nicht um Simon, den Lügenpropheten (vgl. 1,16; 2,1), sondern um Symeon, den Felsen (Petrus). Der Aufruf zur »felsenhaften« Beständigkeit ist ein Charakteristikum des zweiten Petrusbriefes (1,10; 2,20 f.; 3,17).
Die Wahl des Absendernamens für ein pseudepigrafisches Schreiben drückt nicht nur aus, in welcher theologischen Tradition sein Schreiber gesehen werden möchte, sondern auch von welcher er sich abgrenzt. Die Anbindung an Petrus setzt einen nicht-paulinischen Akzent. Zugleich lehnt sich der Brief trotz der aus der Formulierung in 2Petr 3,15 f. herauslesbaren ambivalenten Haltung gegenüber der paulinischen Theologie (3,15 f.) mehrfach an den paulinischen Sprachduktus an. So verwendet er bereits im ersten Vers des Briefes mit »Gerechtigkeit Gottes« (1,1d) einen Zentralbegriff paulinischer Theologie.
Der Autor des zweiten Petrusbriefes stellt sich wie Paulus in Röm 1,1 und Phil 1,1 (vgl. Tit 1,1) als *Sklave* Christi vor und erst an zweiter Stelle als Apostel (1,1b). Abweichend davon bezeichnet sich der Verfasser des *ersten* Petrusbriefes, wie auch Paulus in der Mehrzahl seiner Schreiben, an erster Stelle als *Apostel* Jesu Christi.
Im Anschluss an die Selbstvorstellung betont der Autor das Fundament, das er mit seinen Adressaten teilt: den gemeinsamen Glauben (1c). Ihm ist wichtig mitzuteilen, dass dieser Glaube für alle eine gleichwertige Wirkkraft hat. Dadurch wird jedes Missverständnis, es könne sich bei dem Glauben um eine menschliche Leistung handeln, ausgeschlossen. In den Versen 3 f. betont er ausdrücklich den Geschenkcharakter der Heilserkenntnis. Der hier gemeinte Glaube ist Resultat der gerecht machenden Gerechtigkeit Gottes (1d). Das Wort vom »gleichwirkenden Glauben« (1c) impliziert darüber hinaus einen übereinstimmenden oder einen sich auf Übereinstimmung hinbewegenden Glauben sowohl auf Seiten des Autors als auch auf Seiten der Gemeinde.
Ob der Autor sowohl von Gott als auch vom Retter Jesus Christus als den beiden Urhebern der Gerechtigkeit ausgeht, oder ob es ein einziger Urheber ist, nämlich der Gott und Retter Jesus Christus, wird (bewusst?) offen formuliert (1e). Nach der letztgenannten Verständnismöglichkeit

wäre in einer johanneisch anmutenden Deutlichkeit (vgl. Joh 20,28) quasi als Glaubensbekenntnis schon im ersten Vers des Briefes Gott mit dem Retter Jesus Christus gleichgesetzt.
Lässt sich im ersten Vers das Verhältnis von Gott und Jesus noch als offen verstehen, so zeichnet 2Petr 1,2c beide als unabhängige Akteure, die freilich dasselbe vermitteln. Beide werden in einem gemeinsamen Erkenntnisakt erkannt. Dazu zählt die Erkenntnis Jesu als des Kyrios. Dass der Kyriostitel in der Septuaginta als regelmäßige Übersetzung des hebräischen Gottesnamens (des Tetragramms) gebraucht wurde, ist in der Zeit der Entstehung der neutestamentlichen Bücher sowohl dem Verfasser als auch dem mit der Septuaginta vertrauten Teil seiner Leserschaft selbstverständlich. Eine sich auf Gott und Jesus als Kyrios beziehende Erkenntnis, die Gnade und Frieden vermehrt (**2a**), ist damit auch als Erkenntnis der Göttlichkeit Jesu zu verstehen. Der Wunsch der Mehrung von Gnade (Charis) und Friede (2a) wird mithilfe eines der seltenen griechischen Optative zum Ausdruck gebracht. Der Autor übernimmt hier eine gleichlautende Form aus dem zweiten Vers des *ersten* Petrusbriefes.
Ein Spezifikum des zweiten Petrusbriefes wird aus den Abweichungen des Wortlauts in 2Petr 1,2a von den ihm vorliegenden Fassungen in Jud 2a und in 1Petr 1,2b deutlich. Der Judasbrief spricht an erster Position in seinem sonst parallel gestalteten zweiten Vers von Erbarmen statt von Gnade (Charis). Erbarmen gegenüber anderen, insbesondere gegenüber Zweiflern (Jud 22) und Abweichlern, spielt im zweiten Petrusbrief keine Rolle, stattdessen wird über die Formulierung im ersten Petrusbrief hinaus die *Erkenntnis* betont (1,**2b**). Sie ist ein Charakteristikum des zweiten Petrusbriefes (vgl. 1,3.8; 2,20). Benannte 2 Petr 1,1 noch die Gerechtigkeit (1d) Gottes und Christi als Medium der Vermittlung (1e), ist es nun die Erkenntnis beider (2b.c; vgl. 3,18). Im ersten Vers ist Glaube (1b) das Resultat ihrer Mittlerschaft (1e) und im zweiten Vers sollen Gnade und Friede durch die Erkenntnis (2b) vermehrt werden (2a).

Mit dem ersten Wort des Briefes in seiner hebraisierten griechischen Form (Symeon) stellt der Autor sich, und sein Schreiben dezidert in die alttestamentliche Tradition. Simeon, ein Sohn Jakobs, war einer der Stammväter des Volkes Israel. Der Autor des Briefs stellt sich vor als der Apostel, der von Jesus den Beinamen Petrus (Fels) erhalten hatte. Beständigkeit auf dem Fundament des gottgeschenkten Glaubens ist Leitmotiv des Briefes. Trotz der zum Teil paulinischen Diktion des Briefes (»Gerechtigkeit«, »Glaube«) steht sein Verfasser durch seine Selbstbezeichnung als »Symeon Petrus« für eine dezidert nicht-paulinische Richtung der Theologie.

Zugleich vermittelt der Autor durch die Namenswahl, dass der Symeon des Briefes als Zeitgenosse und Jünger des wahren Messias Jesus gerade nicht der Simon ist, der als Zeitgenosse der Erstleserinnen und Erstleser als falscher Messias aufgetreten ist (Simon Bar Kochba). Ein bereits zu Anfang betonter inhaltlicher Aspekt des zweiten Petrusbriefes ist die *Erkenntnis*: Der Retter, Herr und Messias Jesus wird aufs Engste an die Seite Gottes gerückt. Die Grenzen zwischen Gott und Jesus Christus verschwimmen.

1,3–4
Bestätigung der Teilhabe am Reich Gottes

³ Denn alles, was zum Leben und zur Frömmigkeit dient, hat uns seine göttliche Macht geschenkt. Durch sie haben wir den erkannt, der uns durch seine Herrlichkeit und Kraft berufen hat. ⁴ Durch sie hat er uns die kostbaren und größten Verheißungen geschenkt. Durch sie sollt ihr zu Teilhabern des göttlichen Wesens werden, indem ihr vor dem Verderben flieht, das in der Welt durch die Begierde herrscht.

Urheber all dessen, was das Leben der Gläubigen ausmacht, sind Gott und Christus. Durch die beiden Eingangsverse des Briefes (1,1 f.) verdeutlicht sein Autor, dass ihm nicht an einer Differenzierung zwischen Gott und Christus gelegen ist (vgl. 3,18b). So spricht er auch in *Vers 3* ohne personale Zuordnung von der »göttlichen Kraft«, durch die Christinnen und Christen berufen sind (**3c**). Der Geschenkcharakter der göttlichen Güter wird hervorgehoben (**3b**; vgl. **1b**). Die göttliche Macht ermöglicht in der Gegenwart wahres Leben und wahrhaftige Lebensführung, also Frömmigkeit (**3a**). Zugleich haben die Gläubigen erst durch die Macht Gottes Anteil an den Verheißungen (**4a**).
Dualismus prägt den zweiten Petrusbrief. Einmalig und einzigartig im Neuen Testament spricht **4b** von der Teilhabe an der göttlichen Natur, am Wesen Gottes, und damit an seinem Reich. Dem stellt der Autor die von verderblichen Begierden beherrschte Welt gegenüber (**4c**; vgl. 2,10.18; 3,3). Die irdische Welt hat keinen Bestand, Christinnen und Christen wenden sich von ihr ab. Dass die Abwendung eine aktive sein soll, verdeutlicht die Rede von der Flucht (**4c**). Es genügt also nicht, bloß auf Teilhabe zu verzichten. Wer am göttlichen Wesen, d. h. am Reich Gottes, teilhat (**4b**), der hat ein für alle Mal mit der Welt gebrochen (**4c**). Die eigentliche Welt der Gläubigen ist die himmlische Welt. Hierin sind sie bereits beschenkt mit den wertvollsten und umfassendsten aller nur denkbaren Verheißungen. Verheißungen sind nicht zu verstehen als noch nicht reale Versprechungen. Gemeindeglieder, die die Erkenntnis

haben, haben bereits vollen Anteil am Inhalt dieser Verheißungen (vgl. Joh 5,24). Wer *erkennt,* hat Anteil am Wesen Gottes und ist Bewohner des Reiches Gottes (4ab); zugleich ist er der feindlichen und verdorbenen irdischen Welt entflohen (4c).

Christinnen und Christen haben durch die Macht Gottes erkannt, dass sie bereits beschenkt sind mit der Teilhabe am Reich Gottes. Damit einher geht auf Seiten der Gläubigen eine Absage an die Welt. Indem sie sich aktiv lösen von allem, was die irdische Existenz ausmacht, erhalten sie Anteil am Wesen Gottes und seinen Verheißungen. Der Modus der christlichen Existenz ist die Frömmigkeit.

I
1,5–11
Mahnung zur Tugend, zur Erkenntnis Christi und zur Beständigkeit

1,5–8
Von der Tugend über die Liebe zur Erkenntnis Christi

⁵ Gewährleistet nun, indem ihr allen Eifer aufbietet, durch euren Glauben die Tugend und durch die Tugend die Erkenntnis, ⁶ durch die Erkenntnis die Selbstbeherrschung, durch die Selbstbeherrschung die Geduld, durch die Geduld die Frömmigkeit, ⁷ durch die Frömmigkeit die Bruderliebe und durch die Bruderliebe die Liebe.
⁸ Wenn dies nämlich bei euch vorhanden ist und mehr wird, lässt es euch nicht als faul dastehen oder fruchtlos mit Blick auf die Erkenntnis unseres Herrn Jesus Christus.

An die Darstellung der Grundlagen christlicher Existenz (1–4) schließt sich eine Kette von Folgerungen. Der Autor des zweiten Petrusbriefes erklärt nun, wie sich ein Gläubiger, der eigentlich nicht der irdischen Welt angehört, in dieser Welt verhalten soll.
Dabei jongliert der Verfasser mit Zentralbegriffen und ordnet sie einander in verschiedener Weise zu. Die Bedeutungen der in den Versen 5–7 genannten und an das Reich Gottes gebundenen Termini durchdringen einander und erklären sich gegenseitig. Bemerkenswert dabei ist, dass von »Glauben«, als dem ersten Glied der Kette, innerhalb des zweiten Petrusbriefes nur hier (5) und in 2Petr 1,1 die Rede ist.
Wie in einer Kette hängt alles zusammen. Vers 5 betonte die mit dem Glauben einhergehende Tugend (**5b**). Der glaubende Mensch ist notwendig ein handelnder Mensch. Beides wiederum ist unmöglich ohne Erkenntnis (**5c.6a** vgl. **2b**). Beides kommt aus der Erkenntnis und führt zur Erkenntnis. Von allem ist die christliche Existenz vollständig durchdrungen.
Aus der christlichen Ganzheitlichkeit resultieren konkrete Verhaltensweisen. Wer als Teilhaber des Reiches Gottes (**4b**) glaubt und erkennt, der enthält sich der Verlockungen der »anderen« (d.h. der irdischen) Welt (**4c**). Als nicht weiterhin von einer irdischen Macht beherrscht, weiß der Gläubige sich der Ewigkeit zugehörig. Gläubige sind nicht mehr zeit-

lichen Kategorien unterworfen, und Gläubige erwarten nichts Weltliches, denn sie haben bereits das Himmlische. Ungeduld würde Unvollständigkeit und Zeitabhängigkeit ausdrücken (6). Beides kommt für Christinnen und Christen nicht in Frage. Wer gläubig der zeitlichen Welt absagt und ganz der himmlischen angehört, ist fromm (7). Frömmigkeit ist der Modus des durch Christus Erlöstseins.

Für Gläubige versteht sich von selbst: Wer dem Reich Gottes angehört, kann nicht anders, als denen in Liebe zu begegnen, die ebenfalls dessen Angehörige sind (7c). Ein Gläubiger, der nicht seine Glaubensgeschwister liebt, ist ein Widerspruch in sich (vgl. 1Joh 3,17 f.). Die Geschwisterliebe speist sich aus der Liebe Gottes (7b). Wer diese Liebe hat und lebt, hat alles, was zuvor aufgezählt wurde. Da es nur *eine* göttliche Liebe geben kann, ist alles, was auf die irdische Welt zielt, keine Liebe, auch wenn es sich so nennt oder sich selbst so versteht.

Jedes der genannten Glieder greift ins andere, keines ist verzichtbar, das Mehrwerden des einen bedingt das Wachsen des anderen (8a). Der Glaube mündet durch die Erkenntnis Christi letztlich in der (tätigen) Liebe. Wer Christus erkannt hat (8c), dessen Tun ist fruchtbringend (8b). Gläubige sind Bauarbeiter am Reich Gottes. Nicht in dem Sinne, dass von ihren Taten dessen Werden oder sein Bestand abhinge, sondern als Ausdruck christlichen Seins. Arbeit am und im Reich Gottes ist Gottesdienst.

Die Gläubigen stehen auf einer soliden Basis. Wer sich der Teilhabe am Reich Gottes gewiss ist, der schreitet in dieser Gewissheit fort. Christinnen und Christen durchlaufen alle Stationen christlichen Seins und christlicher Lebensführung. Sie bieten alle Anstrengung auf, dass ihre neue Existenz auf allen Ebenen Früchte trägt.

Das Leben einer Christin und eines Christen vollzieht sich vorbildhaft. Anderen gegenüber sind Gläubige geduldig in Liebe zugewandt. Es geht um das stetige Fortschreiten in der Erkenntnis Christi. Ein solches Leben und eine solche Lebenshaltung bezeichnet der Autor des zweiten Petrusbriefes als Frömmigkeit.

1,9–11
Warnung und Mahnung zur Beständigkeit

⁹ Bei wem das aber nicht vorhanden ist, der ist blind und kurzsichtig, weil er die Reinigung von seinen früheren Sünden vergessen hat. ¹⁰ Deshalb beeilt euch umso mehr, liebe Geschwister, eure Berufung und eure Erwählung fest zu machen. Wenn ihr dies tut, werdet ihr gewiss niemals straucheln. ¹¹ Denn so wird euch in reichem Maße Zugang gewährt zum ewigen Königtum unseres Herrn und Retters Jesus Christus.

Dem Autor ist das Phänomen andersartigen Denkens und Tuns vertraut (**9a**). Alternativen sind für ihn jedoch nicht einfach andere Meinungen, die es zu tolerieren gilt, sondern sie drücken Unverständnis gegenüber der christlichen Sache aus.
Wer sich wieder dem Irdischen zuwendet, der vergisst, dass er von seinen früheren Sünden gereinigt ist (**9c**). Die Reinigung (**9b**) und die Abkehr von allem Irdischen vollzog sich in der Taufe. Ein Rückfall in die alte Existenz verleugnet die Taufe. Ein Vergessen der Reinigung steht für einen Abfall vom Christentum, das Schlimmste, dessen sich ein (ehemals) Gläubiger schuldig machen kann (vgl. Hebr 6,4–6).
Unmittelbar im Anschluss an seine Warnung wendet sich der Autor den »standhaften« Christinnen und Christen zu (**10**). Der Autor legt nach einem kurzen Blick in den Abgrund des Unglaubens (9) den Akzent auf die Stärkung der Gemeinde. Zur Vorbeugung eines Rückfalls gilt es die eigenen Anstrengungen zu steigern (**10a**). Der Verfasser verheißt den Gläubigen, dass sie innerhalb dessen Bestand haben, was sie glauben, und nicht zu Fall kommen werden (vgl. Jud 24). Ziel ist, das zu festigen, was die Gläubigen bereits haben (**10b**). Es geht also nicht darum, etwas zu erlangen oder sich neu zu erwerben. Doch auch, wenn die Worte beruhigend wirken (sollen), zeichnet sich doch die dahinterstehende Bedrohung ab. Die Leserinnen und Leser dürften geahnt haben, dass der Autor seine Warnungen nicht ohne Grund ausspricht.
Auf die Andeutung der Gefährdung (9) folgt der Zuspruch (**11**). Wer die Glaubenstaten *darbietet* (5a) und daran festhält (10), dem wird in reichem Maß Zugang *dargeboten* zum Königreich des Herrn und Retters Christus (11). Die *Darbietung* eines Zugangs zum ewigen Königtum wird in V. 11 mit demselben griechischen Wort verheißen, mit dem in Vers 5 die Gläubigen aufgefordert wurden, die Kette von Glaubenstaten (5–7) *darzubieten*.
Eine solche sprachliche Anknüpfung intendiert nicht, dass Gläubige durch ihr Tun diesen Zugang verbreitern oder gar eröffnen könnten. Vielmehr geht es darum, durch die *Darbietung* der Glaubenstaten die längst im Glauben geschehene Erwählung festzumachen (10a) und den *dargebotenen* weitgeöffneten Zugang zum Königtum des Herrn und Retters (**11a**) zu erkennen und anzunehmen.
Zwar fällt in Vers 11 der Terminus »Gott« nicht, doch wird Gott durch die Rede vom Königtum (**11b**), das in der Regel das Königtum Gottes bezeichnet, mit aufgerufen (Gott wird ebenfalls nicht in der Doxologie in 3,18 ausdrücklich erwähnt). Im Gegenüber zur zuvor erwähnten Bedrohung (4b.9) erhält das durch seine Schlussstellung betonte Wort vom *Retter* Jesus Christus ein umso größeres Gewicht (**11c**).

Nicht alle leben so, wie es ihrer neuen Existenz entspricht. Sie scheinen zurückzufallen in das alte heillose Leben. Dem ist durch besonderen Eifer gegenzusteuern. Die Gläubigen als Teilhaberinnen und Teilhaber des ewigen Reiches Gottes befinden sich noch auf dem Weg hin zur Vollendung des Heils in Christus. Auf diesem Weg gilt es voranzuschreiten und sich dabei der Gefahr des Strauchelns bewusst zu sein.

II
1,12–21
Vermächtnis und Autorität des Autors und die Autorität der Botschaft

1,12–15
Das Testament des Autors

¹² Deshalb will ich euch immer daran erinnern, wenngleich ihr schon Bescheid wisst und gestärkt seid durch die gegenwärtige Wahrheit. ¹³ Ich halte es nämlich für richtig, euch, solange ich in diesem Zelt hause, durch Erinnerung wach zu halten. ¹⁴ Ich weiß, dass der Abbruch meiner Behausung kurz bevorsteht, so nämlich hat es mir unser Herr Jesus Christus eröffnet. ¹⁵ Ich will aber dafür Sorge tragen, dass ihr euch auch nach meinem Weggang jederzeit daran erinnern könnt.

Der Autor stellt seine Ausführungen als für Christen selbstverständlich dar. Seine Adressaten lobt er als informiert und standhaft (12a). Wenn eine so starke Gemeinde trotzdem einen solchen Brief erhält und einer regelmäßigen Erinnerung bedarf, wie groß muss dann die Bedrohung sein? Durch diesen rhetorischen »Kunstgriff« möchte der Autor die Aufmerksamkeit auf seine kommenden Ausführungen lenken.
Auch der Autor des Judasbriefes erklärte mit einer ähnlichen rhetorischen Figur, er wolle der Leserschaft etwas Bekanntes mitteilen (Jud 5). Tatsächlich ging es im Judasbrief aber darum, in der Verpackung des Alt- und Allbekannten etwas Neues zu lancieren. Nämlich, dass Jesus es war, der Israel aus Ägypten gerettet hat. Der Autor des zweiten Petrusbriefes greift die Formulierung aus Jud 5 auf, aber nicht deren Inhalt. Er verwendet das Material seiner Vorlage, um seine Leserschaft bezüglich der Grundlagen ihres Glaubens zu bestärken.
Bevor er seine Ankündigung umsetzt und das Angekündigte niederschreibt, stärkt er sowohl seine persönliche Autorität als auch die seiner Botschaft. Für die Leserschaft, die auf den Tod des Apostels zurückblickt (vermutlich um die Mitte der 60er Jahre des ersten Jahrhunderts), gehört sein angekündigter Tod zu dem, worüber sie bereits Bescheid wissen (12b). Eine Prophetie, die sich erfüllt hat, festigt die Akzeptanz der Worte insgesamt.

Der Autor stellt sein irdisches Leben als brüchig und begrenzt dar (**13**; vgl. 2Kor 5,1.4). Er beschreibt seine diesseitige Existenz als ein Zelt, das bald abgebaut wird (vgl. Phil 2,17; 2Tim 4,6). Die wahre und stabile Existenz ist die in der jenseitigen Welt, im Reich Gottes. Damit verleiht der Autor seinen Worten den Anstrich eines Vermächtnisses. Jesus Christus persönlich habe ihm vermittelt (**14b**), dass sein Leben sich dem Ende neigt (**14a**; vgl. Joh 21,18 f.). Nun geht es darum, seine letzten Worte zur bleibenden Erinnerung auch über seinen Tod hinaus mit seinem Brief zu fixieren (**15**). Als »letzte Worte« sind sie zu beherzigen, und als durch Christus autorisiert lassen sie sich nicht in Frage stellen.

Die Gläubigen sind mit der Wahrheit vertraut und darin zuhause. Diese Position gilt es zu wahren, auch wenn die unmittelbaren Zeugen nicht mehr leben. Der Autor des zweiten Petrusbriefes blickt zurück auf den Tod des Apostels. Die in dem Brief formulierte Ankündigung seines Todes als unmittelbar bevorstehend und vom Herrn selbst mitgeteilt, stärkt die Autorität von Verfasser und Botschaft. Es verleiht dem Schreiben den Charakter eines dauerhaft gültigen Vermächtnisses.

1,16–21
Die Autorität des Autors als Augenzeuge und die Autorität des Zeugnisses

¹⁶ Wir nämlich sind keinen ausgeklügelten Geschichten aufgesessen, als wir euch die machtvolle Ankunft unseres Herrn Jesus Christus verkündigten, sondern wir waren Augenzeugen seiner Hoheit. **¹⁷** Denn als er von Gott, dem Vater, Ehre und Herrlichkeit empfing, erging an ihn eine Stimme von der erhabenen Herrlichkeit: »Mein Sohn, mein Geliebter, ist dieser, an ihm habe ich Gefallen gefunden.« **¹⁸** Und diese Stimme, die aus dem Himmel herabkam, hörten wir, als wir mit ihm auf dem heiligen Berg waren.
¹⁹ Nun halten wir das prophetische Wort umso fester. Und auch ihr tut recht daran, darauf acht zu geben. Denn es ist ein Licht, das an einem finsteren Ort scheint, bis der Tag heraufdämmert und der Morgenstern aufgeht in euren Herzen. **²⁰** An erster Stelle begreift, dass keine Prophetie der Schrift eigenmächtiger Erklärung unterworfen sein darf. **²¹** Denn keine Prophetie erging jemals, weil ein Mensch das so wollte, sondern die Menschen redeten im Auftrag Gottes vom heiligen Geist getrieben.

Der Autor legt Gewicht darauf, nicht ausgeklügelten Mythen gefolgt zu sein, als er die Ankunft des Herrn und Messias Jesus verkündigte

(16a). Die Betonung der Wahrhaftigkeit der eigenen Verkündigung lässt darauf schließen, dass der Autor anderslautende Prophezeiungen und Vorgänge vor Augen hatte, von denen er sich abgrenzt.
Bevor er konkreter wird, festigt er zunächst seine eigene Position. Zu dem laut 2Petr 1,14 durch Jesus Christus persönlich verifizierten Vermächtnis (1,14) tritt die Augen- (16c) und Ohrenzeugenschaft des Apostels (18). Sie wird zusätzlich durch die Anwesenheit mehrerer Zeugen bekräftigt (zur Rechtsgültigkeit dessen, was durch zwei bis drei Zeugen bestätigt wird, vgl. Dtn 19,15).
Er nimmt für sich in Anspruch, dabei gewesen zu sein, als Gott selbst Christus, seinen geliebten Sohn, ehrte und verherrlichte (17). Die hier gebrauchte Formulierung (17c) zitiert die *matthäische* Fassung der Himmelsstimme bei der Verklärung (Mt 17,5a). Laut den Synoptikern (Mk 1,11 par) wird Jesus, als er durch Johannes getauft wurde, mittels einer Stimme als geliebter Sohn proklamiert, an dem Gott Wohlgefallen hat. Abweichend von der im zweiten Petrusbrief zitierten Matthäusfassung ergeht in der Verklärungsvariante nach Markus und Lukas an die Jünger die himmlische Aufforderung, auf den geliebten Sohn zu *hören* (Mk 9,7; Lk 9,35b).
Zielrichtung der Argumentation des zweiten Petrusbriefes ist die Zeugenschaft. Der Inhalt der Himmelsbotschaft tritt dahinter zurück. Als durch die Evangelien verbürgter Zeuge hört Petrus gemeinsam mit Jakobus und Johannes das himmlische Bekenntnis Gottes zu Jesus als seinem Sohn bei dessen Verklärung auf einem hohen Berg (Mk 9,2.7 par.), der nachneutestamentlich mit dem Tabor identifiziert wurde. Die Bezeichnung als »heiliger Berg« begegnet im Neuen Testament nur an dieser Stelle (18b), wohingegen Psalmen und Propheten die Wendung regelmäßig gebrauchen (LXX Ps 42,3; Jes 27,13 etc.).
Auf dem Berg erschienen den Jüngern Jesu Kleider »weiß wie das Licht« (Mt 17,2). Das Wort vom Licht wird im Folgevers (1,19) aufgenommen, indem dort vom Aufgang des »Lichtträgers« (griechisch: Phosphor) im Herzen der Gläubigen gesprochen wird. Hier wird abermals deutlich, dass der Autor des zweiten Petrusbriefes sich die Fassung des Verklärungsberichts nach dem Matthäusevangelium als Grundlage wählte, denn nur darin ist von »Licht« die Rede.
Der Autor, alias Petrus, sieht sich durch seine Verklärungserfahrung bestärkt und erklärt, dass er »das prophetische Wort« nun umso fester halte (19a). Indem er von »wir« spricht (19a), nimmt er die Leserschaft mit hinein in sein Glaubensbekenntnis und in die apostolische Erfahrung bei der zuvor geschilderten Verklärung. Was unter dem »prophetischen Wort« zu verstehen ist, wird unter Exegetinnen und Exegeten kontrovers behandelt: Ist es die Botschaft der Himmelsstimme (17b.18a) oder

die prophetische Tradition der heiligen Schriften als Ganze? Es dürfte beides im Blick sein, denn für den Autor des zweiten Petrusbriefes ist der Inhalt der Verklärungsstimme ein Ausdruck dessen, was immer schon prophezeit war.

Nicht nur der Autor selbst versichert, das prophetische Wort zu bewahren (19a), auch seine Leser fordert er zu dessen Hochschätzung auf (19b). Dadurch, dass er das den Gläubigen zugesprochene Wort als »Licht« bezeichnet (19c), nimmt er sie mit hinein in sein eigenes Licht-Erlebnis auf dem »heiligen Berg« (18b; vgl. Mt 17,2).

Das prophetische Wort ist das Licht, das das Dunkel erleuchtet (19c) bis der Morgenstern (der »Lichtträger«) im Herzen der Gläubigen aufgeht (19d). In der matthäischen Version der Verklärungserzählung trug Jesus Kleider, die »wie das Licht« waren (Mt 17,2). Für den Autor des zweiten Petrusbriefes ist Jesus als durch das prophetische Wort bestätigter Sohn Gottes der »Lichtträger« (Morgenstern 19d). Mit dem »finsteren Ort« (19c) wird das Wort des Propheten Jesaja (Jes 9,1) vom »Volk, das im Finstern wandelt« und »ein großes Licht sieht«, aufgerufen. Wiederum knüpft der Autor an die matthäische Diktion und Motivik an: Auch Matthäus zitiert in Mt 4,15 f. aus dem Vers aus Jesaja 9,1 und verbindet in Mt 2,2 die Geburt Jesu mit einem aufgehenden Stern. Das in der Finsternis scheinende Licht aus 19c greift der Autor in 2,17 implizit auf, indem er den Abweichlern verheißt, für sie sei dunkelste Finsternis vorherbestimmt.

Die Rede vom prophetischen Wort (19ab) und vom Lichtträger (Morgenstern; 19d) lenkte den Blick eines in der biblischen Tradition beheimateten Publikums notwendig auf die Ankündigung eines Sterns aus Jakob in Num 24,17, die im Judentum als messianische Verheißung verstanden und von den ersten Christen auf Jesus bezogen wurde (vgl. Mt 2,2; Offb 2,28; 22,16). Der Prophet Bileam betrachtet von einem Berg aus (Num 23,28; vgl. 18b) das Volk Israel, das sich gelagert hat auf seinem Weg aus Ägypten ins Gelobte Land. Statt das Volk im Auftrag des Königs Balak zu verfluchen, segnet Bileam auf Gottes Geheiß die »Zelte Jakobs und die Wohnungen Israels« (Num 24,5) und verkündet den aus Jakob hervorgehenden Stern (Num 24,17). Dass der Autor des zweiten Petrusbriefes den Gesamtkontext kannte und im Blick hatte, wird u. a. deutlich daraus, dass er im Folgekapitel eine andere, scheinbar nebensächliche Episode aus dem Bileamzyklus thematisiert (2,15 f.), mit der er ihn als unverständigen Propheten entlarvt.

Wie neben der wahren Botschaft auch »ausgeklügelte Mythen« existieren (16a), so steht neben dem wohlbezeugten prophetischen Wort (19a.b), die falsche Deutung der biblischen Prophetie (20). Die Prophetie selbst kommt von Gott (21c). Menschen durften nicht eigenmächtig prophe-

zeien (20), sondern wurden in göttlichem Auftrag vom Heiligen Geist (21d) dazu veranlasst. Wenn sich aber das wahre prophetische Wort (20a) der göttlichen Initiative (21c) nicht aber einem Auftrag von Menschen (20) verdankt, dann darf auch die Deutung nicht von eigenen Interessen und menschlichem Wunschdenken geleitet sein (20b). Wer diesen Morgenstern anders interpretiert, legt die Prophetie eigenmächtig (20) und ohne den Geist aus (1,21d). Solche Lehrer folgen der Spur Bileams (2,15b). Solcher geistlosen Interpretation stellt der Autor die Erkenntnis und das Erkennen entgegen (1,2f.5f.8; 2,20f.; 3,18; vgl. 2,12).
Dass der Autor des zweiten Petrusbriefes an seine Ausführungen zum aufgehenden Stern (19d) so unmittelbar eine Warnung vor falscher Deutung von Prophetie anhängt (20f.), verdankt sich seiner eigenen Erfahrung. Denn die messianische Verheißung aus Numeri 24,17 war von einem hochangesehenen Zeitgenossen des Autors nicht auf Jesus, sondern auf einen anderen Messiasanwärter gedeutet worden.
Angesichts der Bedrängnisse der Zeit war in messianischer Ungeduld Rabbi Akiba (ca. 50–135 n. Chr.) überzeugt, Simon Bar *Kosiba* sei der in Num 24,17 verheißene Messias und nannte ihn Simon Bar *Kochba*. Bar Kochba lässt sich mit Blick auf die Numeri-Prophetie über den »Stern aus Jakob« mit »Sternensohn« übersetzen.
Der Autor des zweiten Petrusbriefes will von vornherein jede sprachliche Parallele zwischen »seinem« Morgenstern und dem »Sternensohn« Bar Kochba ausschließen. Deshalb verwendet er in seiner griechischen Wiedergabe nicht das übliche Wort für »Stern«, sondern spricht von einem »Lichtbringer«. Die Gegenüberstellung des gescheiterten Messias Bar Kochba und des aus seiner Sicht einzig wahren Messias Jesus führt der Autor weiter, indem er das Aufgehen des Lichtbringers nicht als das Auftreten einer politischen oder greifbaren Figur, sondern als das Aufgehen des Morgensterns in den Herzen der Gläubigen verheißt (19d).
Religionsgeschichtlich bedeutsam wird die Übersetzung des »Lichtbringers« (griech. Phosphor) oder Morgensterns (19d) ins Lateinische. Die Vulgata, die lateinische Übersetzung der biblischen Schriften, gibt den Namen wieder mit »Luzifer«.

Der christlichen Botschaft entgegen stehen falsche Prophezeiungen. Anders als die Lügenmessiasse in den erfundenen umlaufenden Mythen ist Jesus Christus als geliebter Sohn durch Gott selbst vor Augen und Ohrenzeugen bestätigt worden. Er ist das Licht, das als prophetisches Wort die Finsternis hell macht, solange bis der in Numeri 24,17 verheißene Morgenstern erscheint. Dabei handelt es sich *nicht* um den von Rabbi Akiba als Messias ausgerufenen Simon Bar Kochba, sondern um den wiederkehrenden Jesus von Nazareth. Bar Kochba ist als Lügenmessias erwiesen (vgl. 2,1).

Die Deutung der Numeriverheißung bietet ein Beispiel dafür, wohin es führt, wenn Wunschdenken die Auslegung der Schrift leitet. Wahre Prophetie geht von Gott aus, initiiert durch den Heiligen Geist. In ihm hat jede Prophetie und jede Erklärung zu erfolgen.

Exkurs: Simon Bar Kochba und die Niederschlagung des Aufstands (132–135 n. Chr.)
Wurde, wie Jörg Frey mit guten Gründen urteilt, der zweite Petrusbrief am wahrscheinlichsten zwischen 140–160 n. Chr. verfasst (Brief, 186 f.), dann lag der gescheiterte Bar Kochba Aufstand (132–135 n. Chr.) nur wenige Jahre zurück. Ein jüdischer Autor dieser Epoche und seine Leserinnen und Leser dürften kaum unbeeindruckt von den Vorgängen um den Messiasprätendenten gewesen sein.
Rabbi Akiba (ca. 50–135) gilt als der wichtigste Propagandist des vermeintlichen Messias Simon Bar Kochba, der ursprünglich Simon Bar Kosiba hieß. Rabbi Akiba hatte laut jüdischer Überlieferung (EchR II,2; jTaan IV,68d) in Simon Bar Kosiba den von Bileam (Num 24,17) verheißenen Stern aus Jakob erkannt (vgl. 2Petr 1,19d; Euseb hist.eccl. IV,6,2). Die Numeri Stelle mit Bileams erzwungenen Segen über Israel galt als messianische Verheißung. Den unter dem Namen Simon Bar Kochba (»Simon Sternensohn«) bekannten Aufstandsführer verehrten seine Anhänger als den verheißenen Messias. Sein tatsächlicher Name »Simon Bar Kosiba« lässt sich auch als »Simon Lügensohn« interpretieren und wird in dieser Form und in diesem Sinne in der rabbinischen Literatur aufgefasst und wiedergegeben.
Die Anfangserfolge der Aufstandsbewegung bedeuteten eine Gefahr für die Stabilität des römischen Reiches. Entsprechend grausam und verheerend war die Niederschlagung des Aufruhrs durch die römischen Truppen. Dabei fand auch Rabbi Akiba den Tod. Neben zehntausenden Toten (Cassius Dio, lxix;14 spricht von mehr als einer halben Million jüdischer Gefallener; Euseb hist. eccl. IV,6,1), führte die Niederschlagung zur Zerstreuung der jüdischen Bevölkerung über die damals bekannte Welt (Euseb hist.eccl. IV,6,3 f.).
Zumindest der jüdische Teil der Leserschaft des zweiten Petrusbriefes konnte die Warnung vor falscher Prophetie (2Petr 1,20 f.; 2,1) durch einen Autor, der mehrfach auf die Bileamsperikope und damit auf die mit ihr verbundene Prophetie anspielt (1,19b; 2,15 f.), nicht ohne Bezug auf den gerade verlorenen Krieg verstehen.
Vor dem Hintergrund der Bedeutung von Namen im zeitgenössischen Umfeld des zweiten Petrusbriefes (»Sternensohn«, »Lügensohn«) bekommt die Selbstbezeichnung des Autors als »Simeon« im ersten Wort des Briefes einen eigenen Akzent. Als Namensvetter des Simon Bar Kochba mit dem Beinamen »Petrus« (so das zweite Wort des Briefes) verkörpert Simeon die Zuverlässig-

1,16–21

keit (Petrus = Fels; vgl. 2Petr 1,10), während Simon Bar Kosiba für Haltlosigkeit in den Spuren Bileams steht (2Petr 2,15 f.). Simeon Petrus verkündigt als Augen- und Ohrenzeuge (16b–18) verlässlich Jesus von Nazareth als verheißenen Lichtbringer (19d), als Messias und als den wahren Stern aus Jakob. Im Unterschied zu ihm sind die Anhänger des falschen Messias und angeblichen Sternensohns Simon Bar Kochba »ausgeklügelten Mythen« aufgesessen (16a).

Das Scheitern des »Lügenmessias« und die traumatischen Erfahrungen mit den messianischen Bewegungen wirkten ernüchternd. Daraus resultierte eine deutliche Zurückhaltung gegenüber apokalyptischen Tendenzen. Das galt insbesondere für das rabbinische Judentum, aber auch für den zweiten Petrusbrief. So erklärt sich dessen Verzicht auf die im Judasbrief stark betonte apokalyptische Figur des Henoch (Jud 14 f.) und die Dämpfung der Naherwartung z. B. in 2Petr 3,8–10.

III
2,1–22
Ankündigung von Falschlehrern und biblische Beispiele für Gericht und Rettung

2,1–3
Ankündigung falscher Propheten und Lehrer

2,1 Falsche Propheten sind aufgetreten im Volk. Unter euch wird es ebenfalls Falschlehrer geben, die zerstörerische Spaltungen einschleusen werden. Auch verleugnen sie den Gebieter, der sie erkauft hat. Über sich selbst bringen sie damit ein schnelles Verderben. **²** Auch werden viele ihre Ausschweifungen zum Vorbild nehmen, ihretwegen wird der Weg der Wahrheit in Verruf geraten. **³** In ihrer Habgier wollen sie euch mit fabrizierten Worten kaufen. Ihr Verdammungsurteil zeichnet sich schon seit langem ab und ihr Verderben schläft nicht.

Nach dem wahren prophetischen Wort (1,19a) kommen die falsche Prophetie (1,20 f.; **2,1a**.16b) und die falsche Lehre in den Blick (**2,1b**). Beides führt zu Spaltungen. Auf der einen Seite stehen solche, die sich hinreißen lassen, auf der anderen diejenigen, die standhaft bleiben. Es zählt zu den frühesten Erfahrungen in christlichen Gemeinden, dass Menschen auftraten, deren Lehren als falsch gewertet wurden (2,1b), oder die neben der Verkündigung des Evangeliums noch Absichten verfolgten, die damit nicht zu vereinbaren waren, z. B. persönliche Bereicherung (2,14c). Solchen Falschlehrern gilt es entgegenzutreten.
Ihre nicht der reinen Lehre konformen Auffassungen identifiziert der Autor des zweiten Petrusbriefes als verderblich (2,1b). Ihren Vertretern droht ein schnelles Ende (**1e**). Inhaltlich werden die Verleugnung des Herrn (**1c**), also Jesu Christi, und seiner Heilstat am Kreuz (**1d**) erwähnt. Es melden sich Zweifel an, ob ein solcher Vorwurf auf Glieder einer christlichen Gemeinde wirklich zutrifft. Eher glaubhaft sind einzelne verurteilenswerte Taten, Worte und Haltungen von Gemeindegliedern, die hier als unchristlich gebrandmarkt sind. Wird so eine Fehlleistung als »unchristlich« identifiziert, dann lässt sich darin ein Verleugnen des Kreuzes Christi wahrnehmen (**1c**).
Während die im Judasbriefes (Jud 4a) erwähnten »Einschleicher« schwer greifbar sind und sich nicht erhärten lässt, dass hinter ihnen reale Grup-

pen oder Personen standen, scheint der Autor des zweiten Petrusbriefes konkrete innergemeindliche Gefährder vor Augen zu haben (2,1b).
Für die nichtchristliche Umwelt spielen Lehrunterschiede innerhalb der Gemeinde keine Rolle und falsche Lehren gehen nicht automatisch einher mit Verhaltensweisen, die gesellschaftlich nicht akzeptiert sind und hier als »Ausschweifungen« apostrophiert werden (**2a**). Umgekehrt führen nach außen sichtbare Normabweichungen und ethische Verfehlungen bei den Beobachtenden zu Verallgemeinerungen und zu einer Diskreditierung der christlichen Lehre als ganzer (**2b**). Deshalb ist allem, was Anstoß erregt, ein Riegel vorzuschieben, Nachahmung ist zu verhindern, die Gläubigen sollen sich nicht durch einschmeichelnde Lügen umgarnen und kaufen lassen (**3a**).
Der Autor kündigt Entwicklungen an, die für ihn zur Zeit des Niederschreibens des Briefes aktuell sind, für ihn in seiner Rolle als Apostel Petrus jedoch noch in der Zukunft liegen. Die Warnung vor kommenden Entwicklungen wird dadurch aufgewertet, dass sie durch einen Apostel ausgesprochen wird. Zugleich erfährt der Anspruch der Apostolizität eine Stärkung dadurch, dass sich die Prophetie bewahrheitet.
Als leitendes Motiv der Falschlehrer führt der Autor Habgier an (**3a**). Damit wird abermals (vgl. 1,19) implizit auf Bileam angespielt, der in der jüdischen Tradition als Muster der Geldgier und Bestechlichkeit gilt (vgl. 2,15b). Die voranstehende (1,19d) und meist auf den Messias gedeutete Verheißung des Morgensterns aus Num 24,17 lässt vermuten, dass Identifikationen des Messias oder Berechnungen seiner Ankunft im Umfeld der Gemeinde eine nicht unwesentliche Rolle spielten. Indem er solche Berechnungen als Lüge bezeichnet und mit unlauteren Motiven in Verbindung bringt (**3a.b**), diskreditiert der Autor zusätzlich den Inhalt der Lehre etwaiger Messiasverkündiger.
Der zweite Petrusbrief erweckt den Eindruck einer stärkeren Verhaftung in der Gemeinderealität als der Judasbrief. So ist für seinen Autor nicht entscheidend, dass das bereits gefällte Urteil über die Falschlehrer (2,3b) ein Urteil ist, das von Ewigkeit an festlag (vgl. Jud 4b.13c). Für ihn ruht der Akzent darauf, dass die Berechnungen und Verkündigungen der Falschlehrer gewiss nicht eintreffen werden, während ihre Verurteilung bereits feststeht und zu ihrem baldigen Verderben führt (**1d.3b.c**).

Wurde der zweite Petrusbrief um die Mitte des zweiten Jahrhunderts verfasst (vgl. u. a. die Ausführungen in der Einleitung und den Exkurs zum »Falschmessias« Bar Kochba am Ende des ersten Kapitels), dann blickt sein Verfasser zurück auf die Niederschlagung der Bar Kochba Revolte (132–135) und deren verheerende Folgen für die Menschen. Wer derlei falschen Prophezeiungen anhängt, egal ob in der der Vergangenheit, Gegenwart oder Zukunft, fällt auto-

matisch ab von Jesus Christus als dem einzigen Messias und dem Erlöser, der für alle das Lösegeld bezahlt hat.
Auch wenn solche Falschlehrer dem baldigen Untergang geweiht sind, drohen sie doch viele zur Rückkehr zum alten Leben, d. h. zur Ausschweifung, zu verführen. Davon sind alle berührt, denn ein solches Leben und eine solche Lehre wird allen Gemeindegliedern zugerechnet. Sie bringt auch die treuen Christinnen und Christen und ihre Botschaft in Misskredit. Mit einem ihrer Hauptmotive, der Habgier, erweisen sie sich als Nachfolger des Falschpropheten Bileam, der zuvor im Fokus stand. Doch deren Verdammungsurteil ist längst gesprochen.

2,4–9
Alttestamentliche Beispiele für Gericht und Rettung

⁴ Denn Gott hat die Engel, die gesündigt haben, nicht geschont, sondern sie in die finsteren Höhlen der Unterwelt verstoßen und hat sie übergeben, um sie aufzubewahren zum Gericht. ⁵ Auch die alte Welt schonte er nicht. Nur Noah als Achten – neben sieben anderen in der Arche – und als Künder der Gerechtigkeit bewahrte er, als er eine Sintflut über die gottlose Welt brachte. ⁶ Auch die Städte Sodom und Gomorrha verurteilte er zum Untergang und äscherte sie ein. Damit setzte er denen ein Zeichen, die zukünftig noch gottlos sein sollten. ⁷ Weiter rettete er den gerechten Lot, der unter dem ausschweifenden Lebenswandel der schändlichen Leute zu leiden hatte. ⁸ Denn es quälte den Gerechten, der bei ihnen wohnte, dass er Tag für Tag ihre gesetzlosen Werke mit ansehen und anhören musste. ⁹ Der Herr aber wusste den Frommen aus der Versuchung zu retten. Die Ungerechten aber bewahrte er auf für den Tag des Strafgerichts.

Der Autor arbeitet mit Analogien, bei denen er sich (wie der Verfasser des Judasbriefes) mehrfach der argumentatio a maiore ad minus, vom Größeren auf das Kleinere, bedient: Wenn sogar der außerirdische Bereich (Engel etc.) seiner Bestrafung zugeführt wird, um wie viel mehr dann die Menschen im Allgemeinen und die Gemeindeglieder im Besonderen? Abgefallene Gemeindeglieder stehen auf einer Stufe mit abgefallenen Engeln. Konkret gedacht ist, wie der nachfolgende Sintflut-Kontext erweist, an die »Gottessöhne« genannten Engel, die laut Gen 6,1–4 ein Auge auf Menschenfrauen geworfen hatten und mit ihnen Riesen zeugten. Das in Qumran in mehreren Exemplaren gefundene Gigantenbuch schmückt die Erzählung aus und zeigt, welch eine Relevanz die Erzählung im Umfeld der Entstehung des Neuen Testamentes hatte (1Q23 f., 4Q180 f. 201 f. 530–

533). Mehrfach begegnen darin Hinweise auf das Gericht über Engel. Auch Paulus argumentiert damit, dass die Gemeindeglieder dereinst über Engel richten werden (1Kor 6,3), und im Weltgericht nach Mt 25,41 erwartet den Teufel und seine Engel ein ewiges Feuer.

Der Autor des zweiten Petrusbriefes spezifiziert mit seinem Bezug auf Gen 6,1–4 die »Predigt Christi an die Geister im Gefängnis«, von der der erste Petrusbrief berichtete (1Petr 3,19b). Versteht man allerdings unter den »Geistern im Gefängnis« als den Empfängern der Predigt – anders als der erste Petrusbrief – die gefallenen Göttersöhne, ist zweifelhaft, dass auch der Autor des zweiten Petrusbriefes an eine *heilwirkende* Botschaft dachte. An dieser Stelle lässt sich der zweite Brief als Korrektur oder Aktualisierung des ersten verstehen, der die Geister der Verstorbenen im Blick hatte.

Der ersten Petrusbrief erwähnt die Gesamtzahl der acht aus der Sintflut geretteten Menschen (»Seelen«; 1Petr 3,20). Der Judasbrief setzt die Sintflut als Wassergericht voraus, erwähnt aber weder Noah noch die Zahl der Geretteten (Jud 6). Dafür akzentuiert er Henoch, den Urgroßvater Noahs, als den siebten nach Adam (Jud 14; Gen 5,21). Henoch wiederum spielt im zweiten Petrusbrief keine Rolle.

Während im ersten Petrusbrief der Akzent auf der rettenden Taufe liegt und die Noah-Erzählung zu deren Illustration und Erklärung dient (1Petr 3,18–21), geht es im zweiten um das die gesamte Schöpfung betreffende Gericht. Als prägnantes Beispiel für die Rettung aus dem Gericht erscheint Noah als »Prediger der Gerechtigkeit« (**2,5c**).

Indem Noah als »achter« gezählt wird (**5b**), tut sich ein gemeinsamer semantischer Kontext zur Auferstehung auf, die mit dem achten Tag verbunden ist. Die Achtzahl steht für die Überschreitung der alten siebentägigen Schöpfung. Die Benennung Noahs als Achten und als Geretteten impliziert, dass sieben andere mit ihm gerettet wurden, auch wenn sie im griechischen Text nicht aufgeführt sind. Als Achter symbolisiert (»verkündigt«) Noah durch sein Stehen an der Spitze der geretteten Menschheit die neue Schöpfung, die mit Christus begonnen hat (**5**).

Die Gerichtspassagen des zweiten Petrusbriefes enthalten weniger einzelne Gerichtselemente als die des Judasbriefes. Hinzu kommt als charakteristischer Unterschied, dass der Autor des zweiten Petrusbriefes den Gerichtstaten jeweils ein entsprechendes Rettungselement entgegensetzt: Den gerichteten Engeln steht der gerettete Noah gegenüber (**2,4f.**); Noah wird im Judasbrief nicht expressis verbis genannt. In der Folgepassage entspricht den gerichteten Sodomiten der gerettete Lot (**7f.**), den der Judasbrief nicht erwähnt. Die Episode um den habgierigen Propheten Bileam (**15c**) wird im Unterschied zum Judasbrief, in dem Bileam ebenfalls eine nicht unbedeutende Position einnimmt (Jud 11), um ein positives Element erweitert, seine gehorsame Eselin (15 f.). Die ungehorsamen Wüstenväter (Jud 5), Kain (Jud 11) und Korach (Jud 11) entfallen ebenso ersatzlos wie die positiven Figuren, Adam und Henoch (Jud 14). Michael und der Teufel (Jud 9) verschwinden hinter einer allgemeinen Bemerkung zur Zurückhaltung von Engeln (2,11; vgl. 2,4).

Der Aspekt der Leidensbewältigung und Leidensbegründung, der den ersten Petrusbrief dominiert, rückt im zweiten Petrusbrief in den Hintergrund. Im ersten Teil seines zweiten Kapitels geht es um eine Einordnung des bevorstehenden Weltgerichts in den ewigen Heilsplan Gottes. Es entspricht der Hermeneutik etlicher Autoren der neutestamentlichen Zeit, den Inhalt der heiligen Schriften auf die eigene Gegenwart zu beziehen (vgl. 1Kor 9,10a). Die Strafgerichte der biblischen Vergangenheit samt den Geretteten fallen in eins mit dem Endgericht, aus dem allein die Christusgläubigen gerettet werden.

Gericht und Heil sind repräsentiert durch die Bestrafung der gefallenen Engel (2,4) und durch das Wassergericht in der Sintflut, aus dem Noah samt seiner Familie gerettet wird (5), sowie durch die Rettung Lots aus dem Feuergericht über die Städte (6–9). Den Sünden der Vergangenheit (7) entspricht das aktuelle verwerfliche Verhalten der Zeitgenossen des Autors (2). Die Vernichtung Sodoms (6a) dient der Abschreckung für die Menschen der Gegenwart (6b). Wenn in 7b wörtlich von »gesetzlosen Werken« die Rede ist, hat der Verfasser alle Arten von Ausschweifung im Sinn, sowohl die aktuellen als auch diejenigen, die in Gen 19 im Hintergrund standen (2,2.7).

Zugleich lässt er einen Hoffnungsaspekt aufleuchten, der damals wie heute relevant ist: Lot, der Neffe Abrahams, erfuhr Rettung, weil er sich nicht nur abgegrenzt hat vom Leben seiner Umwelt, sondern bereit war, Leiden auf sich zu nehmen (7b.8a). Dabei ging es nicht primär um direkte Angriffe seiner Zeitgenossen. Lot litt darunter, den Lebenswandel der ihn umgebenden Menschen mitansehen und mitanhören zu müssen (8b). Lots Leiden wird als Erprobung gedeutet (9a), die er vorbildhaft »für heute« bestand. Die Versuchung Lots (9a) und die Versuchung in der sechsten Vaterunserbitte (Mt 6,13 par) bezeichnet dasselbe griechische Wort.

Wie aus dem Gericht der Sintflut (2,5) und dem Gericht über die Städte (6) die gerechten Menschen gerettet wurden (5b.9a), so wird Gott auch in der Gegenwart wunderbare Wege zur Rettung der Gläubigen finden. Wenn es heißt, Ungerechte würden vorerst aufgespart (9b; vgl. 2,4), dann spiegelt sich darin die Erfahrung, dass die Verwerflichen ein gutes Leben führen (Hi 21,7; Ps 73,3–12), während die gerechten Gläubigen leiden (Hi 7,18; Ps 73,13 f.). Doch sowohl die Rettung als auch das Gericht werden sicher kommen. Wann es sich vollzieht, liegt in Gottes Hand (2,1c.9c; vgl. 3,10).

Die biblische Tradition bietet eine Reihe von Beispielen für Vernichtungsgerichte. Der zweite Petrusbrief deutet sie als Beispiel für die Menschen seiner Zeit. Er kombiniert jeweils Gericht und Rettung miteinander. Den gefallenen und in finstereren Unterwelthöhlen zur Bestrafung aufbewahrten Engeln steht Noah entgegen. Allein er mit seiner siebenköpfigen Familie entkommt dem alles vernichtenden Wassergericht. Das Aufsparen der gefallenen Engel (2,4) für die Bestrafung deutet darauf hin, dass sich das angekündigte Weltgericht in Stufen vollzieht (vgl. 3,7). Bei dem in 3,10-12 beschriebenen Weltbrand handelt es sich »nur« um den Auftakt (vgl. 3,10c). Vor dem Kommen eines neuen Himmels und einer neuen Erde (3,13) ist noch die Strafe an den dafür aufbewahrten Engeln (2,4) zu vollziehen.

Das Pendant zur Rettung Noahs aus dem Wassergericht ist die Rettung Lots vor dem Feuergericht. Der gerechte Lot litt unter seinem Umfeld, das sich der Ausschweifung hingab. Das Feuergericht dient als abschreckendes Beispiel für alle, die gegenwärtig und zukünftig in ihr altes Leben zurückfallen. Einerseits besteht Hoffnung auf Rettung für die Gerechten, andererseits entgehen weder die Zeitgenossen Lots noch die aktuellen Sünder ihrer Bestrafung.

2,10-22
Anwendung auf die Abweichler in der Gemeinde

10 Besonders aber gilt das für die, die in schmutziger Gier dem Fleisch hinterherrennen und die Macht des Herrn verachten. Als selbstgefällige Wagehälse schrecken sie nicht einmal davor zurück, himmlische Herrlichkeiten zu lästern; **11** wo doch nicht einmal Engel, die ihnen an Stärke und Macht überlegen sind, ein lästerndes Urteil gegen sie beim Herrn vorbringen. **12** Diese aber sind wie unvernünftige Tiere, die von Natur aus dazu geboren sind, gefangen und ausgetilgt zu werden. Sie haben keine Ahnung, worüber sie lästern; im Zuge der Austilgung jener Tiere werden auch sie vernichtet werden.

13 Als Lohn für ihr Unrecht werden sie Unrecht erleiden. Sie halten es für Lust, sich am Tag dem Luxus hinzugeben. Schmutzflecken und Schandmale sind sie, wenn sie in ihren Betrügereien schwelgen und es sich gut gehen lassen mit euch. **14** Sie haben allein Augen für die Ehebrecherin und lechzen pausenlos nach Sünde. Sie verlocken ungefestigte Menschen, ihr Herz ist in Habgier trainiert. Kinder des Fluches sind sie. **15** Sie haben den geraden Weg verlassen, sie irrten umher. Sie folgten dem Bileam nach auf seinem Weg. Dieser Sohn Bosors liebte den Unrechtslohn. **16** Für seine Gesetzwidrigkeit wurde er von einem stimmlosen Lasttier zurechtgewiesen. Indem es mit menschlicher Stimme sprach, stoppte es den Wahnsinn des Propheten.

¹⁷ Solche sind Quellen ohne Wasser und Nebelschwaden, die der Sturm treibt. Die dunkelste Finsternis ist für sie bestimmt. ¹⁸ Dadurch, dass sie im Übermaß Nichtigkeiten reden, verlocken sie in ausschweifender fleischlicher Gier diejenigen, die gerade denen entronnen sind, die planlos dahinleben. ¹⁹ Ausgerechnet die, die selbst Sklaven des Verderbens sind, verheißen ihnen Freiheit; denn man ist dem versklavt, dem man unterliegt. ²⁰ Denn wenn diejenigen, die den Befleckungen der Welt durch die Erkenntnis unseres Herrn und Retters Jesus Christus entronnen waren, jenen unterliegen, weil sie abermals darin verstrickt wurden, dann ist es am Ende für sie schlimmer geworden als am Anfang. ²¹ Es wäre nämlich für sie besser gewesen, wenn sie den Weg der Gerechtigkeit überhaupt nicht erst kennengelernt hätten, als einen Rückzieher zu machen von dem heiligen Gebot, das ihnen übergeben wurde, nachdem sie es einmal erkannt hatten. ²² So hat sich für sie das Sprichwort als wahr erwiesen: Ein Hund kehrt zu seinem Erbrochenen zurück, und: Die gebadete Sau wälzt sich in ihrem Kot.

In Vers **10** kommen die Gesetzlosen der Gegenwart (vgl. 2,1–3) näher in den Blick. Die als besonders verwerflich Gekennzeichneten lehnen nicht nur das Gesetz ab (vgl. 2,8b), sondern auch die himmlische Herrschaft generell (**10b.d**). Vor allem sexuelle Ausschweifungen dürften dem Autor bei seinem Vorwurf der »Gier nach dem Fleisch« vor Augen gestanden haben (10a; vgl. 2,2.7f.). Ähnliche Verurteilungen der »fleischlichen Lebensweise« lassen sich auch bei Paulus finden (vgl. Röm 13,14; Gal 5,16.19). Ihre Furchtlosigkeit gegenüber drohenden Sanktionen lässt sie bei ihren Taten Risiken in Kauf nehmen, die jeder nüchtern Kalkulierende meiden würde (**10c**). Wenn der Autor von »fleischlicher Verfehlung« spricht (**10a**), hat er die Engel im Sinn (4a), die sich mit Menschenfrauen vermischten (Gen 6,1f.4) und deren Verdammungsurteil bereits gefällt ist (4b). Um das Ausmaß der Anmaßung solcher Wagehälse (10c) zu verdeutlichen, stellt er drei »Wesenskategorien« nebeneinander: Engel, Menschen und Tiere. Vermittels der Argumentation vom Größeren zum Kleineren (Engel – Mensch) und vom Kleineren zum Größeren (Tiere/Ungeziefer – Mensch) bezieht er die Gruppen aufeinander.
In einem ersten Argumentationsgang konfrontiert er Menschen mit Engeln. Obwohl Engel den Menschen (unendlich) überlegen sind (**11a**), wagten es die Engel trotzdem nicht, die den Ausschweifungen verfallenen Menschen vor Gott mit lästernden Worten zu verklagen (**11b**). Wenn das aber nicht einmal Engel gegenüber Menschen taten (**11**), um wie viel weniger dürfen sich dann Menschen gegenüber den himmlischen Autoritäten ein solches Verhalten herausnehmen (10d)?

Indem er die nicht lästernden Engel als Mahnung zur Zurückhaltung für die Menschen anführt, sprengt der Autor den Rahmen der Genesiserzählung. Er kombiniert die Episode von den gefallenen und in Gänze negativ gewerteten Engeln (Gen 6,1–4; Jud 6a), mit dem Bericht vom Streit des Erzengels Michael mit dem Satan (Jud 9a). Statt mit Bezug auf Jud 9 von einem einzigen, positiv gewerteten Engel (Michael) zu sprechen, der nicht einmal den Teufel gelästert hat (Jud 9b), redet er von Engeln allgemein, die nicht einmal die gefallenen Menschen lästern.

Das Bild würde schief, würde man die in 2Petr 2,11 in Analogie zum Erzengel Michael (Jud 9) als *positives Vorbild* erscheinenden Engel nicht von den gefallenen Engeln in 2Petr 2,4 unterscheiden. Die Letztgenannten nämlich versündigten sich durch ihre fleischliche Gier und fungierten als *negative Vorbilder* (vgl. Jud 6). Zumindest in diesem Fall bergen die Vereinfachungen und scheinbaren Glättungen, die der Autor des zweiten Petrusbriefes am Stoff des Judasbriefes vornimmt, die Gefahr von Missverständnissen.

Der nächste Argumentationsgang parallelisiert Menschen und Tiere (**12a**). Der Autor hängt einem heute nicht mehr zu vertretenden Bild der Natur an, indem er von der Existenz von Tieren ausgeht, deren einziger Sinn darin besteht, ausgetilgt zu werden (**12**). Menschen sind von anderen Lebewesen durch ihre Vernunft unterschieden (12a). Folglich wird den Sündern, indem der Autor in 2Petr 12a ihnen ihre Vernunft abspricht, ihr Menschsein abgesprochen. Sie finden sich auf einer Ebene mit Tieren wieder. Gemeinsam mit ihnen gelten solche Sünder als vogelfrei (**12b**) und steuern auf ihren Untergang zu (**12d**). Ihr Lästern (10d) erweist sich als inhaltlich leer, denn sie wissen in ihrer Niedertracht nicht, was sie tun (**12c**).

Ihnen droht eine Strafe, die ihren Untaten entspricht (**13a**); sie werden durch ihre Handlungen selbst zugrunde gehen (13a; vgl. Röm 1,28). Genusssucht, sexuelle Ausschweifung und perverse Laster bestimmen ihr Leben (**13**). Zur »Selbstbefleckung« (**13b**) gesellt sich ein Verhalten, das anderen schadet (**13d**). Hier kommen die Adressaten des Briefes mit ins Spiel: Der Vorwurf des Betrugs dient als Mahnung an die gläubigen Gemeindeglieder. Wegen der Gefahr, betrogen zu werden, ist es geboten, solche Leute zu identifizieren; mit ihnen ist keinesfalls Gemeinschaft zu pflegen.

Hinter der heute merkwürdig erscheinenden Formulierung von der Begierde nach einer Ehebrecherin (**14a**) steht die Vorstellung, ein Mann könne nicht seine eigene Ehe, sondern nur die eines anderen Mannes brechen. Indem er also nach einer verheirateten Frau strebt, wird er in jedem Falle zum Ehebrecher, unabhängig von seinem eigenen Familienstand. Durch die Rede von der aktiven Verführung (14a.b), wird deutlich, dass hier Männer im Blick sind, die darauf aus sind, verheiratete Frauen zu Ehebrecherinnen zu machen.

Indem ihr ehebrecherisches Verhalten in eine Reihe mit Habgier gestellt wird (**14c**), erscheint das Streben nach der Nähe zu einer verheirateten Frau als materialistisch und als Aneignung von fremdem Gut. Modern gesprochen, wird die Frau von einem Mann, der sie zu verführen trachtet, als Objekt und Besitz behandelt. Die Charakterisierung solcher Männer als verflucht (»Kinder des Fluches«; **14c**), gehört zu den stärksten aller möglichen Verurteilungen. Die so Bezeichneten stehen fern jeden Heils. Eine weitere Steigerung erfahren die Vorwürfe, indem die Genannten in eine Reihe mit dem Zauberer Bileam (**15a**) gestellt werden. Der Prophet und Magier zählt laut rabbinischer Tradition zu den sieben Personen, die in Ewigkeit keine Verzeihung erlangen (dazu zählen laut bSan 101b; die drei Könige: Jerobeam, Ahab, Menasche, sowie Bileam, Doeg, Ahitophel und Gehazi). Bileam handelt aus Habgier (**14c.15c**) gegen Gottes eindeutiges Gebot, nicht dem König Balak zu Diensten zu sein (Num 22,12). In der im vierten Buch Mose wiedergegebenen Bileamerzählung wird er als »Sohn Beors« bezeichnet. Der zweite Petrusbrief nennt Bileam einen »Sohn Bosors« (**15c**; Num 22,5; Mi 6,5 etc.); ein Name, der in den alttestamentlichen Schriften meist als Ortsname gebraucht wird. Ein Zweifel an der Identität des übel beleumundeten Propheten besteht nicht. Bereits in 2Petr 1,19d hatte der Autor auf die Prophezeiung Bileams über den aufgehenden Morgenstern angespielt. Bileam war dort nicht ausdrücklich genannt, doch durch die Rede vom »prophetischen Wort« und vom »Morgenstern« (1,19a.d; Num 24,17) eindeutig vorausgesetzt. Gott selbst hatte Bileams Plan vereitelt und seinen Fluch gegen Israel in Segen verwandelt (Num 24,1.10). Der Morgenstern wurde in neutestamentlicher Zeit messianisch gedeutet (vgl. Mt 2,2). Da er in den Herzen der Gläubigen aufgeht (2Petr 1,19d), hat er an dieser Stelle eine uneingeschränkt positive Konnotation.
Als Kinder des Fluches (**14c**) haben sich die Abweichler auf die Seite des habgierigen Lügenpropheten Bileam geschlagen und teilen seine ursprüngliche Absicht, nämlich zu verfluchen. In **15b** werden dem Morgenstern aus 1,19 die Planeten entgegengestellt. Das griechische Wort für die Bewegung der aus irdischer Perspektive nicht einer Kreisbahn folgenden Wandelsterne (Planeten) kann auch als »Irrlaufen« wiedergeben werden (vgl. Jud 11b). Als Irrläufern und Nachfolgern Bileams (**15a.b**) geht in ihren Herzen der Morgenstern nicht auf (2Petr 1,19c).

Exkurs: Das Beispiel Bileams und seiner Eselin (2,15 f.)
Laut der Erzählung in Num 22–24 ist Bileam anfangs blind für die Botschaft und den Boten Gottes. Seine Eselin jedoch sieht den Engel, der mit einem Schwert ausgerüstet den Weg versperrt (Num 22,23). Durch ihre Weigerung zur Fortsetzung des Wegs rettet sie ihren Besitzer und beginnt mit

menschlicher Stimme zu reden (Num 22,28). Neben der Schlange im Paradies (Gen 3,1–5) zählt die Eselin zu den sprachbegabten Tieren der Bibel. Laut einer rabbinischen Tradition (Avoth V,9) wurde sie bereits bei der Schöpfung zur Erfüllung ihres Auftrags im vierten Buch Mose erschaffen. In 2Petr 2,12 waren die unvernünftigen Tiere zum Vergleich herangezogen worden. Hier erscheint das Motiv noch dadurch gesteigert, dass dem unvernünftigen Bileam seine Eselin gegenübergestellt wird, die im Unterschied zu ihm der Stimme Gottes gehorcht (Num 22,28.30).

Das durch den Autor des zweiten Petrusbriefes gezeichnete Bild wird ein wenig schief dadurch, dass die im Anschluss an die unvernünftigen Tiere (2,12) genannte Eselin (2,15) gerade nicht unvernünftig agiert. Dem Autor ist jedoch daran gelegen, jeweils paarweise ein Beispiel für Gericht und eines für Rettung zu nennen: Der Bestrafung der gefallenen Engel (4; Jud 6) stellt er die Rettung Noahs entgegen (5); dem Feuertod der Sodomiten (6; Jud 7) die Herausführung Lots (7–9a), und der Verurteilung des falschen Propheten Bileam (15; Jud 11b) korrespondiert dessen Rettung vor der Vernichtung auf dem Weg durch seine Wahres sprechende Eselin (16). Anders als auf Kain und Korach (Jud 11), für die dem Autor innerbiblisch kein gerettetes Pendant geeignet schien, konnte der Autor auf Bileam wegen der Morgenstern-Parallele (vgl. 1,19c) nicht verzichten.

Die Absurdität des Ungehorsams gegen Gott spiegelt sich im Wort von den »Quellen ohne Wasser« (2Petr 2,**17a**). Das sich daran anschließende Bild von den umhergetriebenen Nebelschwaden beinhaltet gleich mehrere Aspekte (**17b**). Das Zulassen von Fremdbestimmung sowie Halt- und Ziellosigkeit auf der einen Seite und auf der anderen Seite Unklarheit und Undurchsichtigkeit. Analog zu den Geistern, die zur Strafe in finstere Höhlen gebracht werden (2Petr 2,4; vgl. ÄthHen 10,5.13; 18,14), erwartet die hier Adressierten eine Bestrafung mit Dunkelheit und Finsternis (**17c**; vgl. 4c).

Wenn es heißt, diese Strafen seien für die entsprechenden Menschen aufbewahrt (**17d**), dann impliziert das, dass auch bei der Wiederkunft Christi (Parusie) das Negative *zunächst* nicht auf einen Schlag gänzlich vernichtet wird. Davor werden erst noch die Sünder bestraft. Zu diesem Zweck bleibt für sie nach 2,17c ein finsterer Ort erhalten. Auch *laut Paulus* verläuft das Weltgericht in Stufen (1Kor 15,23–28). Erst an dessen Ende wird, so 1Kor 15,28, Gott alles in allem sein und alles Übel ausgelöscht (1Kor 15,24).

Mit der Eselin, die in Gottes Namen das Notwendige redet, werden in V. **18a** diejenigen konfrontiert, deren Worte hohl und deren Redeschwall leer ist. Ihre Worte dienen nicht der Vermittlung von Sinn, sondern der Verführung und entpuppen sich als Werkzeuge ihrer Gier und niederen Lüste (**18b**). Die Verführer stoßen auf die leicht Verführbaren, die nur allzu gern auf die hören, die ihren festen Platz auf Abwegen gefunden haben. Als besonders verletzlich erweisen sich die Neubekehrten, die gerade mit ihrem Leben in der alten Welt gebrochen und in Christus erstmals einen Sinn und ein Ziel für ihr Leben gefunden hatten (18c). Diejenigen, die selbst in ihren Lüsten gefangen und unter ihre Begierden versklavt sind (19), verheißen allenfalls scheinbare Freiheit. Denn die von ihnen vor Augen gestellte Freiheit ist keine *Freiheit von* allem Irdischen, sondern sie bieten *Freiheit zum* Genuss der weltlichen Elemente (18b.c). Eine solche Freiheit jedoch ist eine Freiheit dazu, sich selbst wieder die alten Ketten anzulegen (19b.20). Die Unfreien empfehlen das, worin sie selbst gefangen sind (19a).

Der Autor hat ein Phänomen der frühen christlichen Gemeinden vor Augen: Die Gemeindeglieder glauben an Jesus Christus als ihren Erlöser und Befreier. Sie sind getauft und haben damit als Gereinigte Anteil am Leben mit Christus. Gleichzeitig wenden sich einige wieder ihren alten Verhaltensweisen zu und lassen sich von ihren früheren Abhängigkeiten erneut gefangen nehmen (20). Im Vergleich mit denen, die ohne Erkenntnis Christi schon immer ein solches Leben führten (20b), sind diejenigen, die die Falschheit einer solchen Existenz verstanden haben und trotzdem wieder danach leben, die Verwerflicheren (21). Auch Paulus kennt das Phänomen: In 1Kor 15,19 bezeichnet er als »die elendesten von allen Menschen« nicht diejenigen, die das Evangelium nie erfahren haben, sondern die, die sich darin getäuscht sehen, es also wieder verloren haben.

Die Rückfälligen hielten das Heil in Händen und haben es mit Füßen getreten (21b). Doch selbst die Absurdität der Abwendung von der göttlichen Zuwendung ist bereits in den heiligen Schriften angekündigt (22). Der Autor des zweiten Petrusbriefes verknappt in Vers **22a** seine Vorlage: Die Septuagintafassung von Sprüche 26,11 vergleicht den »Hund, der zu seinem Erbrochenen zurückkehrt« ausdrücklich mit dem Sünder, der sich seiner Sünde wieder zuwendet. In 22a ist allein der Vergleich mit dem Hund zitiert, während der Aspekt einer Rückkehr zur Sünde als selbstverständlich vorausgesetzt wird.

Das zweite Bild der sich in ihrem Kot suhlenden Sau (**22b**) begegnet so nicht in der Septuaginta jedoch im profangriechischen Umfeld, z. B. bei Heraklit (Frgm. 13). Beide Motive sind drastisch. Waren Tiere in 2,12 als vernunftlos dargestellt, kommt nun der Aspekt des Ekelhaften hinzu. Als Metaphernspender werden im letzten Vers des zweiten Kapitels des zweiten Briefes (22) zwei im antiken Judentum als Inbegriff der Unreinheit angesehene Tiere angeführt, nämlich Hund (22a) und Schwein (22b). Als wären diese Tiere nicht schon genug, werden sie noch kombiniert mit zwei Formen ihrer Ausscheidungen. Einem solchen Verhalten

entspricht das Leben eines (ehemaligen) Gemeindeglieds, das sein altes Leben wiederaufnimmt und sich seinen früheren Verhaltensweisen zuwendet. Ausgerechnet diejenigen, die sich in der Taufe gereinigt und allen Schmutz des Fleisches abgewaschen haben (1Petr 3,21), baden nun im alten Dreck (22a).
Leserinnen und Leser sollen für sich den Schluss ziehen: Wenn das Gericht über die Menschen, die nie mit der Botschaft Christi in Berührung kamen, schon so unerbittlich und verheerend ist, um wie viel schlimmer ist es dann für diejenigen, die von der Heilsbotschaft abgefallen und zu alten Lebensweisen zurückgekehrt sind (20)?
Die beiden hier zitierten drastischen Sprichwörter ersetzen ein Wort aus dem Schlussabschnitt des Judasbriefes (Jud 23c), dessen Sinn sich dem Autor des zweiten Petrusbriefes entweder nicht mehr erschloss oder wo er meinte, er könne es weniger missverständlich ausdrücken. Jud 23c fordert von den Gläubigen, selbst noch das verschmutzte Gewand eines Abtrünnigen zu hassen.

Wie in 1,21 Menschen angeprangert werden, die eigenmächtig die Prophetie interpretieren, gilt die scharfe Kritik nun denen, die meinen, sie seien in ihrem Verhalten nicht mehr an die Gebote gebunden. Von ihnen heißt es, sie stellten sich aus fleischlicher Gier über die himmlischen Mächte und taten damit etwas, was selbst die gefallenen Engel nicht wagten: Sie verleugnen und lästern die Autorität Gottes.
Als solche stehen sie auf einer Stufe mit Tieren. Geleitet von niederen Instinkten, verlieren sie den Anspruch, Menschen genannt zu werden. Wie schon in 2,2 besteht die Gefahr, dass sie Gläubige von ihrem Weg abbringen (14). Während sie in Habgier und d.h. im Nachfolgen des Falschpropheten Bileam trainiert sind, sind in der Gemeinde etliche noch ungeübt im Glauben und anfällig für falsche Vorbilder (2f.14f.).
Der Prophet Bileam sollte und wollte fluchen und musste segnen. Selbst seine Eselin erkannte den Wahnsinn seiner Falschprophetie (16). Sie verweigerte die Gefolgschaft. Wer dem Weg des Verfluchers Bileam folgt (15b), gilt als ein Kind des Fluchs (2Petr 2,14; vgl. Num 23,25).
Er gleicht einem Gefangenen, der anderen seine Gefangenschaft als Freiheit anpreist. Der Sturz derer, die bereits einmal die Rettung kennengelernt haben, ist ungleich tiefer als der Fall solcher, die mit der christlichen Botschaft nie in Berührung gekommen sind.
Während der Judasbrief im Blick hatte, sich der Gefallenen zu erbarmen, zeichnet der Autor des Zweiten Petrusbrief deren Rückfall und Verfehlung in drastischen Farben. Sie fungieren allein als negative Vorbilder und dienen der Abschreckung.

IV
3,1–13
Die angekündigten Spötter, ihre Widerlegung und die Ankündigung des Gerichts

3,1–4
Die vorhergesagten Spötter und ihre Polemik

3,1 Meine Lieben, jetzt schreibe ich euch schon zum zweiten Mal. Beide Briefe sollen, indem ich euch erinnere, ein Weckruf für euch sein zu einem klaren Verständnis. **2** Denkt an die von den heiligen Propheten im Voraus verkündigten Worte und an das Gebot unseres Herrn und Retters, das eure Apostel überliefert haben. **3** Vor allem erkennt, dass in den letzten Tagen Spötter kommen werden, die nur nach ihren eigenen Lüsten leben und voller Hohn **4** sagen: Wo bleibt seine verheißene Ankunft? Denn seitdem die Väter gestorben sind, bleibt alles so, wie es seit Anfang der Schöpfung war.

Nach dem recht harschen Ausklang des Vorkapitels ist der Ton nun einschmeichelnd und zugewandt. Der Autor spricht die Adressaten ohne weitere Ergänzung mit »meine Lieben« (wörtlich »Geliebte«; **3,1a**) an. Im Unterschied zum Judasbrief speist sich eine solche Anrede (3,1.8.14.17; vgl. Jud 3a) nicht unmittelbar aus einem besonderen Liebesverständnis (vgl. Jud 1 f.). Um den gegenüber dem Judasbrief eher floskelhaften Gebrauch der Anreden im zweiten Petrus zu verdeutlichen, wird hier die Adressierung mit »meine Lieben« wiedergegeben. Sie begegnet allein in dessen dritten Kapitel (3,1.8.14.17).

Die scheinbar nebenbei eingeflochtene Erwähnung eines *ersten* Petrusbriefes (**3,1b**) macht deutlich, dass der zweite ihn voraussetzt und vor dessen Hintergrund gelesen sein möchte (**1c**). Bei dem zweiten Brief des Petrus handelt es sich um eine gedoppelte Pseudepigrafie: Nicht nur sein Autor (Petrus), sondern auch die empfangende Gemeinde sind vom Verfasser konstruiert. Die Erstleser, die das Schreiben um die Mitte des zweiten nachchristlichen Jahrhunderts in den Händen halten, wissen, dass der längst verstorbene Apostel nicht sie persönlich gemeint hat.

Der erst jetzt (Mitte des zweiten Jahrhunderts) aufgetauchte und bisher unbekannte Brief beansprucht, an frühere, inzwischen verstorbene Gemeindeglieder geschrieben zu sein. Umso größer dürfte das Erschrecken

darüber gewesen sein, dass die Missstände, die bereits im Blick auf »die Alten« diagnostiziert wurden, immer noch virulent sind.
Der Autor »leiht« sich seine Autorität vom Verfasser des in der Gemeinde unumstrittenen ersten Petrusbriefes (3,1a). Zugleich vereinnahmt er den Vorgängerbrief, indem er ein gemeinsames Ziel voraussetzt: Die einstmals makellose Grundhaltung der Gemeinde, bietet mittlerweile Anlass zur Kritik. Sie bedarf der Wiederauffrischung. Der Autor beansprucht als Anliegen beider Briefe das Wachhalten oder Wiedererwecken der christlichen Gesinnung (**1b**). Die abschließenden Verse des zweiten Kapitels wie auch der Beginn des dritten deuten darauf hin, dass es in der Gemeinde aus Sicht des Autors Fälle von Erschlaffung, Glaubensmüdigkeit (vgl. die Träumenden in Jud 8a) und des Abdriftens vom »rechten« Weg gibt. Indem der Verfasser hier als Autoritäten die Propheten und Apostel als Träger der Worte Christi aufführt (3,**2a**), fällt er aus seiner Rolle als Erzapostel. Er verzichtet darauf, seine Position als Augen- und Ohrenzeuge Jesu geltend zu machen.
Die Art der Ankündigung des Erinnerungsrufes vermittelt zweierlei. Zum einen genießt das nun Folgende höchste Priorität, denn mehr als ein Wort aus dem Munde Jesu (**2b**), das zugleich als Gebot gegeben ist und sowohl durch die Propheten (**2a**) als auch durch die Apostel (**2c**; Jud 17c) vermittelt wurde, ist schwerlich denkbar. Das andere ist der implizite Vorwurf: »Wie konntet Ihr so ein Wort nur vergessen!?« Die Leserschaft erkennt das Hauptanliegen des Briefes: Alle Gläubigen sollen sich, egal wann sie den Brief lesen, in der durch den Apostel Petrus angeschriebenen Gemeinde wiedererkennen. Sie sollen verstehen: Wenn schon der Apostel Petrus gegen Missstände in »seiner« Gemeinde vorgegangen ist, um wie viel mehr gilt die Kritik dann der aktuellen Leserschaft und für Vorgänge in der eigenen Gemeinde? Die Empfängerinnen und Empfänger des Schreibens sollen sich fragen, ob sie vielleicht selbst zu denen gehören, die das Gebot (2,21) wieder aufgegeben haben und deshalb in einer Reihe mit Hunden und Säuen stehen (2,22).
Nach und nach nähert sich der Autor dem eigentlichen Anlass seiner Kritik. Die Erwähnung der Tage der Endzeit (**3a**) ruft die Naherwartung der pseudepigrafischen Empfängergemeinde ins Bewusstsein und versucht, sie auch für die Gegenwart zu aktivieren. Zwar wartet man nun schon lange scheinbar vergeblich, doch die Erwartung des baldigen Endes hat nichts von ihrer Berechtigung verloren. Die erwähnten Spötter (**3b**; Jud 18a) stehen für die Erschlaffung der Anspannung. Wer nicht mehr täglich mit dem Kommen des Gerichts rechnet, richtet sich in den vermeintlichen Annehmlichkeiten der Welt ein und lebt die eigenen Bedürfnisse aus (3,**3c**; Jud 18b). Das Ausbleiben des Reiches Gottes in Vollendung wird missdeutet als ein Entfallen der Notwendigkeit, über

das eigene Tun Rechenschaft abzulegen. Etwaige Warnungen vor einem bevorstehenden Gericht ernten Hohn und Spott (**3d**).

Solche Spötterei deutet der Autor als Erfüllung einer alten Prophetie (3,2; vgl. Jud 18). Das Auftreten von Spöttern gilt ihm als Indiz der unmittelbar bevorstehenden Endzeit. Damit erweist sich Petrus in seiner Vorhersage des Kommens von Zweiflern als wahrer Prophet, und die Worte seines zweiten Briefes erhalten zusätzliches Gewicht.

Der Autor geht auf ein Argument der Spötter ein: Das Erwartete ist (bisher) nicht nur ausgeblieben (**4a**), auch die Autoritäten sind tot (**4b**). Die Erstlesenden des zweiten Petrusbriefes blicken zurück auf den Tod des Petrus, seines (vermeintlichen) Autors. Der gemeinsame Kontext mit den verstorbenen »Vätern«, in der Regel bezogen auf die Erzväter der Genesis, rückt Petrus selbst an die Seite dieser Großen der Vergangenheit. Die Lesenden erkennen: Die Kritik an den Zweifelnden früherer Zeiten gilt (auch) ihnen. Wer die Welt in ihrer aktuellen und kritikwürdigen Form für ewig unverändert und unveränderbar hält, und nicht mehr mit dem Kommen des Gerichts rechnet, muss erkennen, dass diese Leugnung nichts Neues ist. Schon zu Zeiten des in einer Reihe mit den Vätern gedachten Petrus, also seit Urväterzeiten, begegnete solche Kritik, und sie war damals so falsch wie in der Gegenwart. Die Zusage der Wiederkunft Christi hat Bestand.

Der Autor des zweiten Petrusbriefes versteht seinen Brief als Mahnung zur Wachsamkeit und als Lehrschreiben. Zunächst sichert er weiter seine Autorität, indem er sich nicht nur ausdrücklich in die Tradition des ersten Petrusbriefes stellt, sondern auch noch in die der heiligen Propheten, deren Worte schon lange verkündigt waren, und in die der Apostel. Schließlich fährt er auch noch ein Gebot des Herrn selbst als Gewährleister der Wahrheit seiner Worte auf. Das, was die Briefempfängerinnen und Empfänger jetzt erleben, erfuhren schon die Zeitgenossen des Petrus, und das Auftreten von Menschen, die die Verheißung der baldigen Wiederkunft Christi mit Hohn und Spott überziehen, war schon seit je prophezeit. Nach Meinung der Spötter bleibt alles auf ewig beim Alten. Damit leugnen sie nicht nur die Parusie Christi, sondern auch das damit verbundene Weltgericht. Sie missdeuten das Ausbleiben als Freibrief für einen ausschweifenden Lebenswandel. Zwei Extreme stehen sich gegenüber. Auf der einen Seite diejenigen, die die Wiederkehr Jesu als Ganze in Abrede stellen und auf der anderen Seite die Gruppe derer, die den Lügen derer aufgesessen waren, die vorzeitig einen falschen Erlöser und Messias ausgerufen hatten.

3,5–10
Ihre Widerlegung

⁵ Wenn sie so etwas behaupten, machen sie sich nicht klar, dass erst durch Gottes Wort beides Bestand hat: die Himmel, die von alters her existierten, und die Erde, die aus Wasser und durch Wasser hervorging, ⁶ wodurch die damalige Welt in der Sintflut zugrunde ging. ⁷ Die jetzigen Himmel und die Erde aber sind durch dasselbe Wort für das Feuer aufgespart worden. Sie werden zum Tag des Gerichts bewahrt, an dem die Gottlosen vernichtet werden.
⁸ Dieses eine aber bleibe euch nicht verborgen, meine Lieben: Ein Tag beim Herrn ist wie tausend Jahre und tausend Jahre wie ein Tag. ⁹ Der Herr verzögert seine Verheißung nicht, auch wenn einige es für eine Verzögerung halten, sondern er ist euch gegenüber geduldig. Er will nicht, dass jemand zugrunde geht, sondern dass alle zur Umkehr gelangen.
¹⁰ Der Tag des Herrn kommt wie ein Dieb. Krachend vergehen dann die Himmel. Die Elemente verbrennen und lösen sich auf, und die Erde samt ihren Werken wird gefunden.

Wer behauptet, seit Beginn der Schöpfung habe sich nichts geändert, setzt eine von Gott unabhängige Statik voraus. Er verkennt, dass sich alles, was ist, Gottes Wort verdankt und allein durch sein Wort Bestand hat (**5a**). Das gilt sowohl für die nach hebräischem Sprachgebrauch im Plural genannten Himmel (**5b**) als auch für die Erde (**5c**). Sie ging »aus Wasser und durch Wasser hervor« (5b), indem Gott die Wasser der Urflut verdrängte (Gen 1,6–10). Und sie hat Bestand dadurch, dass Gott sie bewässert: Er lässt es regnen, und vier große Flüsse sorgen für die Fruchtbarkeit des von ihm angelegten Gartens (Gen 2,5 f.). Wer Unveränderlichkeit behauptet, ignoriert, dass Gott die Welt nicht nur aus und durch Wasser erschaffen (5), sondern auch die Himmel und die alte Erde durch das Wasser der Sintflut gerichtet hat (**3,6**; Gen 7,10–24). Aus diesem Gericht rettete Gott allein Noah mit seiner Familie (2,5; vgl. 1Petr 3,20).
Auch die jetzige Welt ist nicht von Dauer. Wie die erste Schöpfung nur dank Gottes Wort Bestand hatte (5), so auch die gegenwärtige. Ihre bisherige und weitere Erhaltung (**7a**) ist kein Selbstzweck. Beim Ausbleiben der Wiederkunft Christi und des Gerichts handelt es sich um keine außerplanmäßige Verzögerung (**7b**), sondern um einen gottgewollten Aufschub. Wie die verdorbene Menschheit zur Zeit des Noah durch ein Wassergericht bestraft wurde, so steht auch der gegenwärtigen Schöpfung und der gottfeindlichen Menschheit ein alles vernichtendes Gericht bevor (**7c**). Bereits 2Petr 2,17 sprach von der Aufbewahrung der Gerichteten zum Gericht (vgl. Jud 6). Wurde einstmals das Gericht durch

Wasser vollzogen, so ist das Instrument des zukünftigen das Feuer (**7b**). Während die Skeptiker am Kommen des Gerichts zweifeln, deutet der Verfasser des zweiten Briefes die Verzögerung als eine Zeit, in der die zu Bestrafenden für das Gericht gesammelt werden (2,4b.9b; 3,7a). Die Vorstellung vom doppelten Gericht aus Wasser und Feuer begegnet auch in der Täuferpredigt (Mt 3,10f.; Lk 3,9.16f.). Das in der Taufe vorweggenommene Wassergericht bewahrt die Getauften im unmittelbar bevorstehenden Feuergericht.

Neben dem Argument der Aufsparung für das Gericht (**7**) führt der Autor noch ein ganz anders geartetes ein: Gottes Zeit ist nicht Menschenzeit (**8**). Die Aussage, vor Gott seien 1000 Jahr im Leben der Menschen wie ein Tag (vgl. Ps 90,4; Sir 41,4), ist eine Veranschaulichung der philosophischen Frage nach der Ewigkeit. Für Gott sind alle vergangenen Jahre und Epochen ebenso, wie alle zukünftigen in einem Augenblick gegenwärtig. Zeit spielt für Gott keine Rolle. Denn Zeit ist immer eine Eingrenzung. Gott aber lässt sich nicht einschränken. Menschliche Zeit und räumliche Dimensionen betreffen Gott nicht.

Eine ähnliche Denkfigur liegt der Gestaltung der Genealogien der Genesis zugrunde: Gott hat nicht gelogen, als er Adam und Eva im Paradies erklärte, sie würden noch am selben Tag sterben, wenn sie vom Baum der Erkenntnis des Guten und Bösen äßen (Gen 2,17). Gott hält sein Wort, indem kein sterblicher Mensch in der Genesis und darüber hinaus sein eintausendstes Lebensjahr erreicht, das heißt den zweiten Tag nach der »Zeitrechnung« Gottes (**8b**; vgl. Ps 90,4). Adam stirbt nach Gen 5,5 mit 930 Jahren und selbst der älteste Mensch, Methusalem, erreicht »nur« 969 Lebensjahre (Gen 5,27).

Gewendet auf die sich aus menschlicher Perspektive lange hinziehende und scheinbar ausbleibende Wiederkunft Christi, soll die Aussage Trost spenden (**9a**). Gott nutzt die Zeit nicht nur, um die Sünder zum Gericht zu sammeln und für die Bestrafung aufzusparen (**7**), sondern die gesparte Zeit kommt auch den Gläubigen zugute. Gott hat sie nicht vergessen, sondern ist im Gegenteil geduldig (**9b**). Um gerettet zu werden, brauchen die Menschen die Gelegenheit dazu. Das heißt, sie müssen geboren werden und zum Glauben an Christus kommen. Paulus bedient sich im Römerbrief einer vergleichbaren Begründung dafür, dass Israel noch nicht Christus als Retter anerkennt (Röm 11,25–32). Nur indem Gott selbst verhindert, dass Israel sofort gläubig wird, verschafft er den Nichtjuden Zeit und Gelegenheit, das Evangelium anzunehmen. Das bisherige Ausbleiben des Gerichts wird positiv gewendet: Gott verzögert nicht (**9a**), er ist geduldig (**9b**), um die Rettung noch möglichst vieler zu ermöglichen (**9c**). Es handelt sich um einen Akt göttlicher Gnade, der zugleich als Aufruf zur Mission zu verstehen ist (**9d**).

Wenn Gott Zeit gewährt, damit möglichst viele gerettet werden, ist es Aufgabe der Gläubigen, möglichst viele Menschen mit dem Evangelium vertraut zu machen.
Die sich anschließende Beschreibung des Gerichts erweckt den Eindruck, als wolle der Autor seiner Leserschaft vermitteln, sie könne froh sein, wenn der Tag des Gerichts auf sich warten lässt und noch nicht zu ihren Lebzeiten anbricht. Dass der Tag des Gerichts anbrechen wird und stets mit dem Weltenbrand zu rechnen ist, steht außer Frage. Sein Kommen lässt sich jedoch nicht berechnen. Das Bild des nächtlichen Diebes (**10a**) begegnet wiederholt im Neuen Testament (Mt 24,43; Lk 12,39; 1Thess 5,2.4; Offb 3,3; 16,15). Das Motiv impliziert, dass das Ende gerade dann quasi mit einem Paukenschlag hereinbricht (»krachend«; **10b**), wenn es am wenigsten erwartet wird. Die Wachsamkeit darf keinen Augenblick nachlassen.
Das bevorstehende Gericht wird als ein in mehreren Phasen ablaufender Prozess gezeichnet. Während das Gericht der Sintflut durch Wasser vollzogen wurde, ist das Medium des Endgerichts das Feuer (**10c**). Es dient hier nicht der Läuterung oder Erprobung, damit dann das durch das Feuer Geprüfte umso sicherer Bestand hat (vgl. Ps 17,3; 26,2; 66,10; Jes 4,4; Dan 12,10; Sach 13,9; Jdt 8,27; 1Petr 1,7; 1Kor 3,13). Im Unterschied zum Gericht durch die Sintflut, erfolgt nach dem Feuergericht keine Wiedereinrichtung einer erneuerten Schöpfung. Etwaige Reste des Alten dienen nicht als Material für das Neue. Im Gerichtsfeuer lösen sich zunächst die Himmel (10b) und die Elemente auf (10c). Damit ist der Blick frei auf das, was dann noch übrig bleibt, um dem Gericht unterworfen zu werden (**10d**): die Erde und die Werke.
Wenn es in 10d heißt, dass die Werke gefunden werden, bedeutet das, dass nun alles Menschengemachte und jede menschliche Tat offen für das Endgericht zu Tage liegen (vgl. 7a.b).
Schon einige der ersten Abschreiber des Briefes meinten, wenn alles sich auflöst, dann müsste sich diese Vernichtung auch auf die Erde und die Werke beziehen. Entsprechend ergänzten sie eine Verneinung (»Erde samt Werken werden *nicht* mehr gefunden«) oder wählten ein die Vernichtung ausdrückendes Verb. Der am besten bezeugte und hier zugrunde gelegte Textbestand geht jedoch davon aus, dass Erde und Werke die erste Phase des Weltbrandes überstehen und so für das eigentliche Gericht aufgespart werden (2,4; 7; 10d; vgl. Frey, Brief, 345–347).

Wer am Kommen der Wiederkunft Christi zweifelt, stellt das Wort Gottes in Frage. Das göttliche Wort aber war es, durch das Himmel und Erde geschaffen wurden. Das Wort schuf die Welt aus dem Wasser heraus. Dieses Wasser wiederum als Ursprung der Schöpfung ist dasselbe Wasser, durch das die Schöpfung

gerichtet und in der Sintflut vernichtet wurde. Sein Gericht vollzieht Gott an allen Sündern, die er durch sein Wort für das Feuergericht aufbewahrt.
Doch die nur scheinbare Verzögerung dient nicht allein dem Aufsparen für die Bestrafung. Gottes Dimension ist nicht die Zeit, sondern die Ewigkeit. Das bisherige Ausbleiben des Gerichts ist zu werten als ein Akt der Geduld Gottes. Er räumt den Menschen Zeit zur Umkehr ein.
Der erste Schritt ist die unberechenbare Vernichtung der Himmel und aller Elemente in einem Weltbrand. Dadurch liegen die Erde und vor allem die Werke der Menschen offen zutage und werden dem Gericht unterzogen.

3,11–13
Gericht über die alte Welt und die neue Welt

¹¹ Wenn sich dies alles so auflöst, wie müsst ihr dann erst auf jede Weise heilig und fromm leben, ¹² indem ihr die Ankunft des Tages Gottes erwartet und vorantreibt, an dem die Himmel sich im Feuer auflösen und die Elemente vor Hitze vergehen? ¹³ Wir erwarten einen neuen Himmel und eine neue Erde nach seiner Verheißung, worin seine Gerechtigkeit wohnt.

Wieder wird vom Größeren hin zum Kleineren argumentiert (a maiore ad minus): Wenn selbst Himmel und Elemente im Feuer vergehen, wie groß, gut und schön muss dann das sein, was nicht vernichtet wird (11)? Wenn es überhaupt etwas »Gerichtsfestes« gibt, steht es bereits in dieser Welt mit dem kommenden Reich Gottes in Verbindung und ist heilig. Etwas, das heilig ist, ist abgesondert für Gott und hat im Gericht Bestand, während alles Unheilige im Feuer vergeht (11a.12c). Infrage kommen dafür einzig ein gottwohlgefälliges Verhalten und eine entsprechende Einstellung der Gläubigen (11b). Wenn aber der eigenen Lebensführung eine so große und auch das Vernichtungsgericht überdauernde Bedeutung zukommt, wie groß muss dann die Motivation für jeden einzelnen sein, sich mit aller Kraft und allem Einsatz entsprechend zu verhalten?
In einer gewissen Spannung zur Betonung der Langmut Gottes wird nun der Aufruf, durch eigenes Handeln im Sinne Gottes das Kommen des Gerichtstages zu forcieren (12b), der Aufforderung zur passiven Erwartung (12a) des Reiches Gottes zur Seite gestellt. So werden die Ungeduld der Menschen und die Gefahr der Erschlaffung und Spötterei umgelenkt in Aktionen der Gläubigen. Zugleich spielt der Autor den Ball zurück: Wenn frommes Handeln das Kommen beschleunigt, liegt die Verzögerung dieses Kommens auch daran, dass es an ebendiesem

Handeln bisher mangelte. Der in 3,1 erwähnte Weckruf ist also ein Weckruf zu einem dem Reich Gottes entsprechenden Verhalten. Dabei geht es nicht darum, sich durch Taten den Zutritt zu verdienen, sondern den bereits gesicherten und dringlich erwarteten Zutritt durch eine entsprechende Lebensführung zu begleiten (12a.b), so als hinge das baldige Kommen vom Handeln jedes Einzelnen ab.

Der angekündigte (10c) und erwartete Tag, ist der Tag der Vernichtung der alten Schöpfung im Feuer (**12c**). Analog zu Offbg 21,1 (vgl. Jes 65,17; 66,22) ist von einem neuen Himmel und einer neuen Erde die Rede (**13a**). Im Unterschied zur alten Schöpfung ist die Neuschöpfung durch und durch von der Gerechtigkeit Gottes geprägt (**13c**). An ihr haftet nichts Irdisch-Menschliches, sondern sie ist die für die Ewigkeit verheißene und von Gerechtigkeit erfüllte Schöpfung (**13b**).

Vorbedingung des Kommens der verheißenen und vollständig durch die Gerechtigkeit Gottes bestimmten neuen Welt ist das Ende der alten im Gericht. Die Gläubigen sind aufgerufen durch ihr Handeln in der irdischen Welt, das der neuen unvergänglichen Welt bereits entspricht, das Kommen des ersehnten Reiches Gottes zu beschleunigen. Je verheerender das bevorstehende Gericht erscheint, desto gottesfürchtiger muss sich das Verhalten der Christinnen und Christen gestalten.

V
3,14–18
Mahnungen und Briefschluss

3,14-16
Mahnung unter Verweis auf Paulus

¹⁴ Deshalb, meine Lieben, erwartet dies und bemüht euch, dass ihr von ihm makellos und ohne Fehler in Frieden angetroffen werdet. ¹⁵ Seht die Großmut unseres Herrn als Rettung an, wie euch schon unser lieber Bruder Paulus in den Grenzen seiner Weisheit geschrieben hat. ¹⁶ So auch in allen Briefen, in denen er über diese Dinge spricht. In ihnen ist einiges schwer verständlich, was die Unwissenden und Labilen verdrehen. So verhält es sich auch mit den übrigen Schriften – zu ihrem eigenen Verderben.

Abschließend werden die Gläubigen abermals erinnert und gemahnt: Sie sind gerettet, ihre eigenen Werke beschleunigen das Kommen des Gerichts (**12b**), und sie sind aufgefordert zu einem tadellosen Leben vor Gott (**14a**). Die Rede von Makellosigkeit und Fehllosigkeit (**14b**) ruft Opferterminologie in Erinnerung (vgl. Jud 24). Geopfert werden durften allein fehlerlose Opfertiere. Was vor Gott Bestand haben soll, muss vollkommen und rein sein (**14c**). Durch die Betonung des jederzeit möglichen Kommens des Gerichts (**10a**), wird dazu aufgefordert, allezeit in einem Idealzustand zu leben. Wenn die Gläubigen zu einem Leben in Frieden aufgefordert werden (**14d**), handelt es sich um den Frieden Gottes: Es ist ein umfassender Frieden, der impliziert, dass jede Art von Streit und Unfrieden für Gläubige eine Unmöglichkeit darstellt. Dazu zählt selbstverständlich auch innergemeindlicher Unfriede, der sich ausdrückt in Ungeduld und Spötterei (3,3).
Wenn der Verfasser des zweiten Petrusbriefes, ausgehend von der Orientierung an den Worten der »Weisheit« des Paulus (**15c**; Röm 11,33), von »Großmut« (**15a**; Röm 9,22) und »Rettung« (**15b**; Röm 11,11) spricht, ist ein weiteres Mal an Gottes heilsamen Aufschub des Gerichts zu denken, der es ermöglicht, dass zuvor die »Fülle der Heiden« (Röm 11,25; vgl. 1Tim 2,4) gerettet wird.
Ist die dem Paulus gegebene Weisheit (**15c**) an dieser Stelle noch als Lob zu verstehen, so lässt sie sich mit Blick auf den Folgevers (**16**) als Kritik auf-

fassen. Zusammen mit Vers 16 erhält Vers 15 den Beiklang, dass Paulus im Rahmen seiner (begrenzten) Möglichkeiten formuliert. Das Lob der Weisheit des Paulus jedenfalls erscheint als ein vergiftetes Lob. Jedoch begegnet keine inhaltliche oder theologische Distanzierung. Die Verse 15 und 16 mögen im Wissen um den Dissens zwischen den Aposteln Petrus und Paulus entstanden sein und dienen dazu, den zweiten Petrusbrief umso authentischer erscheinen zu lassen und zusätzlich zu autorisieren.

Der Autor des zweiten Petrusbriefes nimmt für sich in Anspruch, den Apostel Paulus im Unterschied zu anderen Zeitgenossen richtig verstanden zu haben (16). Indem er sich als wahren Interpreten ausgibt, macht er zugleich deutlich, dass alle, die etwas Anderes lehren als er selbst, den Apostel Paulus falsch verstanden haben (16a). Er stellt sich damit einerseits über Paulus, zugleich tritt er als authentischer Vertreter der Theologie des Heidenapostels auf. Von ihr distanziert er sich nicht, weist aber auf deren »Gefahr« hin (16b). Die Theologie des Paulus erscheint als nicht »jugendfrei«; jedenfalls ist zu vermeiden, dass sie in falsche Hände gerät.

Wenn von (vermeintlich) Schwerverständlichem (Widersprüchlichem) bei Paulus die Rede ist, richtet sich mit Blick auf die zuvor thematisierte Naherwartung der Wiederkunft Christi (2,8f.) der Fokus auf die beiden Thessalonicherbriefe. Dem Autor des zweiten Petrusbriefes ist darin zuzustimmen, dass es nicht leicht ist, sie als Briefe eines einzigen Autors mit derselben Erwartung der Wiederkunft Jesu zu verstehen. Der Verfasser des Petrusbriefes macht den Grund für Missverständnisse bei Paulus aus (15f.) und bietet auf diese Weise seiner Leserschaft einen Entschuldigungsgrund: Wenn nicht einmal Paulus in seiner Weisheit sich klar auszudrücken vermochte und selbst Petrus Mühe hatte, ihn zu verstehen, um wie viel weniger ist dann ein korrektes Verständnis von einem einfachen Gemeindeglied zu erwarten?

Indem der Verfasser des zweiten Petrusbriefes sich selbst die Interpretationshoheit über die Paulusbriefe zuspricht, spricht er sie seinen Gegnern ab, die sich in ihrer Argumentation auf Paulus berufen. Tun es einige doch, so erweisen sie dadurch, dass sie selbst nicht nur »unwissend« und »ungefestigt« (16c) sind, sondern als Verdreher der paulinischen Schriften (16d) auch böswillig (17b). Sie werden aus dem, was sie tun, ihr Verderben empfangen (16e; vgl. Röm 1,28).

> Merkmal der verheißenen Neuen Welt ist Vollkommenheit. Fehler haben darin keinen Platz. Eine tadellose Lebensführung sollen die Gläubigen bereits in der Gegenwart anstreben. Die Verzögerung der Wiederkunft Christi ist ein Gnadenakt Gottes, der den Gläubigen Zeit zur Vorbereitung und so auch zur Rettung bietet.

Mit seiner Einschätzung des Bevorstehenden beansprucht der Autor des zweiten Petrusbriefes für sich, nichts Anderes zu sagen als das, was auch eine Autorität wie Paulus in seinen Briefen gelehrt hat. Er stellt sich sogar noch über Paulus, wenn er erklärt, die Dinge, die Paulus nicht klar auszudrücken vermochte, im Unterschied zu vielen anderen, die noch unwissend und ungefestigt sind, richtig zu verstehen. Indem der sich Petrus nennende Autor sich die Interpretationshoheit sowohl über den ersten Petrusbrief, als auch über die Paulusbriefe und mit Blick auf die Überschneidungen zusätzlich über den Judasbrief sichert, nimmt er für sich und seine Mahnungen eine kaum noch zu steigernde Autorität in Anspruch. Denen, die diese Autorität in Frage stellen und anders lehren, droht das Gericht. Als Falschlehrer folgen sie dem Lügenpropheten Bileam und werden vernichtet wie die Sodomiten oder das Sintflutgeschlecht.

3,17–18
Mahnung zu Wachsamkeit und Wachstum; Schlussdoxologie

[17] Ihr nun, meine Lieben, wisst im Voraus: Seid wachsam, damit ihr nicht durch die Planlosigkeit der Gesetzlosen mitfortgerissen werdet, den Halt verliert und zu Fall kommt. [18] Wachset in der Gnade und in der Erkenntnis unseres Herrn und Retters Jesus Christus! Ihm sei die Herrlichkeit, jetzt und am Tag der Ewigkeit. Amen.

Auch am Ende des Briefes kommt die doppelte Pseudepigrafie in den Blick: Die Lesenden wissen, dass die Worte des Briefes ursprünglich nicht ihnen, sondern der Gemeinde der Generation des Petrus gelten. Zugleich erkennen sie in dem, was für die vermeintlich früheren Adressaten galt, ihre eigene Gemeinde und ihre aktuelle Situation wieder. Das »prophetische Wissen« des Apostels gewinnt dadurch ein umso größeres Gewicht. Wenn schon die Gemeinde des Petrus gefährdet war, um wie viel mehr sie selbst? Es gilt wachsam zu sein (**17a**), die Verführer und Verdreher zu identifizieren und sich nicht anstecken zu lassen, nicht zu straucheln (**17c**; vgl. 1,10c) und nicht abzuweichen vom Geglaubten (**17b**). Wie schon in 2,18 werden die Abweichler als Irrläufer bezeichnet. Solche Gesetzlosen sind »Wandelsterne« (d. h. Planeten) anstelle von Fixsternen. Sie folgen laut 2Petr 2,15a.b (vgl. Jud 11b.13b) den Spuren des falschen Propheten Bileam.

Abschließend versichert der Autor den Lesenden, dass er ihnen und ihrer Glaubensfestigkeit vertraut. Sie sind noch nicht am Ziel, aber immerhin auf dem rechten Weg dahin. Sie haben Jesus Christus als Herrn und Retter erkannt (**18b**) und erhalten Anteil an der Rettung (**18c**). Damit hat es aber nicht sein Bewenden, denn ihr Auftrag ist es, darin zu wachsen (**18a**) und Christus als ihren Herrn nicht zu enttäuschen. Hier schließt sich der Kreis zu den beiden Eingangsversen (1,1c und 1,2). Bereits dort wurde Jesus Christus als Herr und Retter benannt und den Adressaten Wachstum durch die Erkenntnis Gottes und Jesu, als des Herrn, gewünscht.

Statt wie die Paulusbriefe mit Grüßen schließt der zweite Petrusbrief »nur« mit einer kurzen Doxologie (**18d**). Darin wird noch einmal das Hauptthema des Briefes aufgerufen, die Erwartung des Tages des Herrn. Etwaige Gegner, falsche Propheten oder Konkurrenten sind angesichts der Herrlichkeit so nichtig, dass sie keiner abschließenden Erwähnung gewürdigt werden.

Die Gemeinde ist durch den Brief gewarnt. Dessen Leserinnen und Leser werden als Geliebte, d.h. als Gerettete angesprochen (17a), die in der Herrlichkeit Gottes (18d) wachsen mögen (18a) und sich auf der rechten Spur befinden (17b.c).

Außer in 2Petr 3,18 ist nur noch in 2Tim 4,18 und Offb 1,5 f. Christus der alleinige Adressat einer Doxologie. Auch wenn unsicher ist, ob das abschließende »Amen« bereits zum ursprünglichen Textbestand gehörte (**18e**), dürfte es als Antwort auf die Doxologie schon in frühester Zeit selbstverständlich mitgesprochen worden sein.

Der Kreis schließt sich. Ein letztes Mal wird die drohende Gefahr besonders für die noch Ungefestigten vor Augen geführt. Doch dank dem Brief sind die Leserinnen und Leser nun davor gewarnt, vom rechten Weg abzuweichen und den Verführern nachzufolgen. Wie zu Beginn des Schreibens ermahnt sie der Autor, im Heil und in der Erkenntnis zuzunehmen. Während die Formulierung des ersten Verses noch offenließ, ob der Verfasser sowohl an die Gerechtigkeit Gottes als auch an die Gerechtigkeit des Retters Jesus Christus dachte oder an die Gerechtigkeit des Gottes und Retters Jesus Christus, ist am Ende der Bezug eindeutig: Jesus Christus ist Herr und Retter. Ihm gebührt göttliche Ehre und Verherrlichung.

Die Botschaft des zweiten Petrusbriefes – eine Zusammenfassung

I) Vorbemerkung

Bezogen auf den *ersten* Petrusbrief hatte sich ergeben, dass nicht Petrus, der Jünger Jesu, das Schreiben verfasst hatte, sondern ein Gemeindelehrer, der sich die Autorität des Sprechers der Apostel geliehen hatte, um seinen Worten größeres Gewicht zu verleihen.
Versteht man den ersten Petrusbrief als Beispiel für »einfache Pseudepigrafie«, dann handelt es sich bei einem Schreiben eines anderen Autors, der sich ausdrücklich die Autorität des Verfassers des ersten pseudepigrafischen Schreibers leiht (2Petr 3,1), um das Produkt einer »doppelten Pseudepigrafie«.
Der zeitlich nur kurz nach dem Bar Kochba Aufstand (132–135) anzusiedelnde Schreiber hatte nicht nur die Autorfiktion zu wahren, sondern darüber hinaus um die Mitte des zweiten Jahrhunderts auch eine Gemeinde zu fingieren, an die er als vermeintlicher Apostel Petrus ein Jahrhundert zuvor seinen Brief gerichtet hatte. Die Botschaft, die er mitzuteilen hatte, sollte sowohl die fiktive Gemeinde um 60 n. Chr. in des Wortes doppelter Bedeutung ansprechen, als auch für die Leserinnen und Leser um 150 n. Chr. Relevanz haben.
Der Autor war bestrebt, sich vor Anachronismen zu hüten. Die doppelte Pseudepigrafie zwang ihn zu klaren Linien. Seine Vereinfachungen gegenüber dem Judasbrief resultierten aus der Notwendigkeit, komplizierte und für viele nicht mehr verständliche Details des Judasbriefes auszulassen: den Kampf zwischen Michael und Satan (Jud 9), die Henochepisode (Jud 14f.), die Rede von den Träumenden (Jud 8) und von einem zu hassenden Gewand (Jud 23). Außerdem war der Text vermeintlich klarer zu strukturieren. Der Autor des zweiten Petrusbriefes ergänzte bei drei ausgewählten Gerichtsbeispielen des Judasbriefes je ein Rettungsbeispiel, weitere Gerichtsbeispiele strich er ersatzlos. Die Theologie des zweiten Petrusbriefes erscheint schnörkellos, manchmal holzschnittartig und im Ganzen weniger kompliziert als die des Judasbriefes.

II) Die Autorität des Autors

Eine Voraussetzung dafür, dass eine Botschaft Gehör findet, ist die Autorität und die Glaubwürdigkeit dessen, der sie verkündet. Kein anderer Autor des Neuen Testaments legt ein vergleichbares Augenmerk auf das Herausstreichen seiner persönlichen Autorität wie der des zweiten Petrusbriefes. Zur Absicherung der Unanfechtbarkeit seiner Botschaft bietet er alles auf, was ihm aus den einhundert Jahren seit der Kreuzigung Jesu hilfreich erscheint – das gilt sowohl in positiver Aufnahme von Traditionen als auch in Abgrenzung von negativ bewerteten Strömungen.
Erst wenige Jahre liegt das Scheitern des Messiasanwärters Simon Bar Kochba zurück. Die Niederschlagung des nach ihm benannten Aufstands (132–135) hatte verheerende Folgen für Jüdinnen und Juden im gesamten römischen Reich. Die Vertreibungen der jüdischen Bevölkerung dürften als warnendes Beispiel der Auswirkungen eines politischen Messianismus allen gesellschaftlich und religiös interessierten Menschen vor Augen gestanden haben.
Bereits mit dem ersten Wort seines Schreibens: »Symeon« ruft der Autor des zweiten Petrusbriefes bei seinem Lesepublikum eine Fülle von Assoziationen hervor (1Petr 1,1). Der Name lässt an den vorgeblichen Messias *Simon* denken. Doch sogleich distanziert sich der Autor durch die hebraisierte Form des Namens (»Symeon«) und die Ergänzung um den von Jesus verliehenen Beinamen »Petrus« und macht deutlich, dass es um jenen *Simon* gerade nicht geht. Der Autor möchte verstanden werden als der bekannteste und als von Jesus persönlich berufener Jünger.
An entscheidenden Punkten seines Briefes knüpft der Autor expressis verbis an seine Petrusrolle an. Er beschreibt sich selbst als Augen- und Ohrenzeugen einer in den Evangelien berichteten Begebenheit, die ihm geeignet erscheint, seine Exklusivität zu bestärken: Petrus war bei der sogenannten Verklärung zugegen, als Jesus durch eine himmlische Stimme als Gottes geliebter Sohn proklamiert wurde und auf einem Berg Mose und Elia, zwei der wichtigsten alttestamentlichen Autoritäten, begegnete (1,17 f.; Mt 17,1–9). Anders als bei der parallel gestalteten Taufe Jesu durch Johannes ist die Zahl der Zeugen hier auf nur drei Jesusjünger begrenzt; neben Petrus als Wortführer (Mt 17,4) sind nur noch Jakobus und Johannes als Augen- und Ohrenzeugen dabei. Damit ist das Quorum für ein glaubwürdiges und juristisch gültiges Zeugnis gesichert. Keine andere Episode wäre geeigneter, die Sonderrolle des Petrus und seine persönliche Zeugenschaft für eine Begegnung von Himmel und Erde und für die Messianität Jesu hervorzuheben.
Die Schilderung der Verklärung als eines Zentralereignisses (2Petr 1,17 f.) aus der Anfangszeit der Jüngerschaft des Petrus findet ihr Gegenstück

in der Argumentation mit dem Vermächtnis des Apostels (1,14). Letzte Worte eines Menschen bekräftigen und besiegeln seine Botschaft. Jesus Christus selbst teilt Petrus laut 1,14 das Bevorstehen seines Todes mit. Da die Leserschaft um die Mitte des zweiten nachchristlichen Jahrhunderts auf den Tod des Apostels zurückblickt, verleiht eine solche Ankündigung, die sich als wahr erwiesen hat, seiner Botschaft Nachdruck und Glaubwürdigkeit.

Zu Beginn des letzten Drittels seines Schreibens (3,1 f.) erwähnt der Autor, dass er bereits zum zweiten Mal schreibt. Damit ist der literarische Bezug zum ersten der auf den Apostel Petrus zurückgeführten Briefe hergestellt. Daran bindet er die Erwähnung weiterer Autoritäten: Entscheidend ist neben der Verknüpfung mit einer Verkündigung der heiligen Propheten (3,2) ein von den Aposteln, also auch von Petrus, überliefertes Gebot des Herrn und Retters. Der Herr und Retter Jesus Christus wird im ersten Vers des Briefes in einem Atemzug mit Gott benannt (1,1) und ist in dessen letztem Vers Adressat einer Doxologie (3,18). So verleiht der Autor mit der höchsten aller nur denkbaren Autorisierungen seiner Mahnung und seinem Weckruf (3,1) Nachdruck.

Die wichtigsten Briefe der Apostel wurden in den ersten Jahrhunderten (in Abschrift) von einer christlichen Gemeinde zur anderen weitergereicht (vgl. 1Thess 5,27; Kol 4,16). So darf der Autor des zweiten Petrusbriefes voraussetzen, dass der erste Petrusbrief (3,1) als ein unumstrittener Brief des wichtigsten Apostels, dass einige Paulusbriefe (3,15 f.) und auch, dass das Schreiben des Herrenbruders Judas, aus dem er selbst schöpft, in den von ihm adressierten Gemeinden zumindest zum Teil bekannt sind.

Mit seiner Selbstbezeichnung als Simeon Petrus ist für die Leserschaft klargestellt, in welcher theologischen Tradition sich der Briefschreiber versteht und von welchen Traditionen er sich dadurch abgrenzt (3,16). Die inhaltlichen Überschneidungen mit dem ersten Petrusbrief sind bis auf die Erwähnung der gefangenen Geister (1Petr 3,19) oder Engel (2Petr 2,4; vgl. Jud 6) eher gering. Dafür sind die inhaltlichen Berührungen zum Brief des Herrenbruders Judas so unübersehbar, dass er seine Quelle nichteinmal zu erwähnen braucht.

Er vereinfacht das Material des Judasbriefes und bemüht sich um eine äußerlich klarere Struktur. Damit führt er vor, dass er in der Lage ist, eine komplizierte Materie mit Verständnis zu durchdringen und verständlich zu vermitteln. Diese hermeneutische Kompetenz nimmt er auch für seinen Umgang mit den Briefen des Paulus in Anspruch (3,15 f.). Für die Leserinnen und Leser des zweiten Petrusbriefes steht außer Frage, dass nur jemand, der Paulus wirklich verstanden hat, einen Hinweis auf Schwerverständliches bei Paulus und eine Warnung vor unverständigen und böswilligen Verdrehern seiner Botschaft aussprechen kann. Indem er die Verständlichkeit der Paulusbriefe kritisiert und für sich die Interpretationshoheit reklamiert, stellt er sich letztlich über den Heidenapostel.

III) Die Warnung vor den Extremen

Auf jede erdenkliche Weise möchte der Autor des zweiten Petrusbriefes seiner Leserschaft vermitteln, dass er aus einer mehrfach befestigten Stellung und einer nicht mehr hinterfragbaren Position heraus argumentiert. So abgesichert, kämpft er an zwei einander diametral gegenüberliegenden Fronten:
1) Auf der einen Seite wendet er sich gegen diejenigen, die voller Ungeduld die Wiederkunft Jesu als unmittelbar bevorstehend erwarten. Wie die jüdischen Anhänger des Messiasanwärters Simon Bar Kochba, einem falschen Propheten, in den Untergang gefolgt sind, so sind auch Christinnen und Christen nicht davor gefeit, vorschnell Zeichen für die Parusie auszumachen, möglicherweise mit Verweis auf biblische Prophezeiungen (1,20f.).
Denen, die sich in messianischer Ungeduld verzehren und sich in Bezug auf jede charismatische Person fragen, ob er nicht der Wiedergekommene ist, setzt der zweite Petrusbrief die Idee des Herzensmessias entgegen, der als Lichtbringer (Morgenstern) in den Herzen der Gläubigen aufgeht (1,19). Damit ist jedem politischen Messias oder jeder Erwartung einer apokalyptischen Bewegung mit politischen Auswirkungen sowie jeder Hoffnung auf eine grundlegende Veränderung der aktuellen Welt eine Absage erteilt.
2) An der anderen Front bekämpft der Autor des zweiten Petrusbriefes diejenigen, die aufgrund der Erfahrungen »abgeklärt« verkünden, es werde keine Wiederkunft geben und alles bleibe ewig beim Alten (3,4; vgl. Zef 1,12b). Das generelle Leugnen der baldigen Wiederkunft geht einher mit Lässigkeit gegenüber den Geboten (2,7f.10). Der zweite Petrusbrief diagnostiziert Ausschweifungen (2,2.18), also die Zurückwendung zur alten Welt. Andere Reaktionen auf die messianischen Ernüchterungen sind Zynismus, Resignation und Verzweiflung (3,4).

IV) Warnung und Trost – Gericht und Rettung

Der Autor des zweiten Petrusbriefes bekämpft beide genannten Extrempositionen. Denen, deren Eifer erschlafft und die wieder in ihr altes Leben mit seinen Ausschweifungen zurückzufallen drohen und die den

bevorstehenden Anbruch der Endzeit generell anzuweifeln, kündigt er das Kommen des Gerichts an. Während sich das erste Weltgericht in der Sintflut als Wassergericht vollzog (2,5; 3,6), wird sich das bevorstehende Gericht in Analogie zur Einäscherung von Sodom (2,6) als Feuergericht vollziehen (3,10–13; vgl. Zef 1,18). Das Kommen des Gerichts lässt sich ebensowenig berechnen wie der Einbruch eines Diebes in der Nacht. Für dieses abschließende Feuergericht werden die Übeltäter aller Zeiten aufgespart und aufbewahrt (2,9; 3,7).
Den Gläubigen, die aufgrund der Gerichtsdrohung verzweifeln, verheißt der Verfasser des zweiten Petrusbriefes ihre Rettung und eine neue Welt (3,13). Dazu ergänzt er die zentralen Passagen zum Wasser- (Jud 6) und zum Feuergericht (Jud 7) im Judasbrief um die laut Genesis dazugehörigen Rettungsberichte: Noah und seine Familie werden in der Sintflut bewahrt (2Petr 2,5), während Lot und seine Töchter vor dem Vernichtungsfeuer, in dem Sodom untergeht, gerettet werden (2,7). Die Verkündigung des zweiten Petrusbriefes bedeutet Trost für alle, die die Wiederkunft Christi ersehnen, und soll denen, die sie ableugnen, eine Warnung sein.

V) Die Endzeit

Die Zeit- und Ewigkeitskonzepte des zweiten Petrusbriefes und die des Judasbriefes sind nicht deckungsgleich. Während für den Judasbrief Vergangenheit, Gegenwart und Zukunft in der Ewigkeit in eins fallen und sich sämtliche Zeitpunkte der Geschichte bei Gott ohne Zeit in einem einzigen Augenblick bündeln, versteht der zweite Petrusbrief unter Ewigkeit eine unendliche Zeit. Gott vermag als Herr über die Zeit, sie beliebig zu dehnen oder zu beschleunigen (2Petr 3,8). Für den Judasbrief war das Gericht über die Schöpfung immer schon präsent und wird es auch immer sein; für den zweiten Petrusbrief ist jederzeit mit dem Kommen des Gerichts zu rechnen, im aktuellen Augenblick ebenso wie in vielen tausend Jahren.
Alle Urteile und Voraussagen anderer sind im Unterschied zu denen des Autors nicht durch Autoritäten abgesichert. Deren Worte bezeichnet er als Wahnsinn, vergleichbar dem Falschpropheten Bileam (2,16), der selbst von seiner Eselin noch hinsichtlich seiner Urteilskraft übertroffen wurde. Zeitgenossen werden hier einen Seitenhieb auf Rabbi Akiba (ca. 50–135 n. Chr.) mitgehört haben, der Anfang der 130er Jahre den verheißenen »Stern aus Jakob« der Bileamsprophetie (Num 24,17) auf Bar Kochba (»Sternensohn«) gedeutet hat (jTaan IV,68d; EchR II,2). Rabbi Akiba war dem Lügenmessias Bar Koseba und damit letztlich dem

Falschpropheten Bileam auf den Leim gegangen. Seine Identifikation des Messias machte ihn selbst zum Falschpropheten und damit zu einem warnenden Beispiel. Rabbi Akiba wurde von den römischen Soldaten gefangengenommen, gefoltert und hingerichtet. Bar Kochba fiel in der entscheidenden Schlacht um Bethar (135 n. Chr.).
In der rabbinischen Literatur erinnert man sich seiner als Falschmessias und in Anlehnung an seinen tatsächlichen Namen »Bar Koseba« als »Lügensohn«. Die Erfahrungen aus der Bar Kochba Katastrophe machten das rabbinische Judentum für die folgenden Jahrhunderte vergleichsweise immun gegenüber apokalyptischen und messianischen Bewegungen.
Die Wiederkunft Christi und das damit verbundene Kommen des Gerichts sind gewiss. Den Zeitpunkt bestimmt allein Gott. Das Gericht bricht plötzlich und unberechenbar herein, vergleichbar einem Dieb in der Nacht (3,10a). Der Ablauf des Gerichts ist als mehrstufiger Prozess gedacht. Bevor die neue Welt entsteht, wird zunächst die alte vergehen. Wie die alte Schöpfung durch ein Wassergericht in der Sintflut vernichtet und gerichtet wurde und nur Noah mit seiner Familie Rettung erfuhr (3,5), so kommt über die aktuelle Welt ein Feuergericht, aus dem nur die Gläubigen analog zur Bewahrung Lots bei der Zerstörung Sodoms (3,7) gerettet werden.
Wenn alles Alte vergangen ist, liegen die Werke der Menschen aller Generationen offen zutage (3,10b). Gute Werke *erwirken* nicht die Rettung, sondern sie *sind Ausweis* des Glaubens *und Antwort* auf die Rettung. Der Glaube wiederum und die Rettung der Gläubigen sind Geschenk (1,3) des gnädigen Gottes (3,9). Während die Gläubigen Rettung erfahren, werden die Sünder, die für das Gericht aufgespart sind (2,9; 3,7), ihrer Strafe zugeführt.

VI) Das Leben vor dem Ende und zwischen den Extremen

Die akute apokalyptische Erwartung ist für den Autor des *Judas*briefes ein zentrales Thema. Die Henochverheißungen spiegeln für den Judasbrief das bereits im Gang befindliche Gerichtsszenario (Jud 14 f.). Dagegen erscheint der im *zweiten Petrus*brief angekündigte Weltenbrand noch weit entfernt (2,12 f.). Jedenfalls liegt der Akzent nicht darauf, dass das Gericht zeitlich unmittelbar bevorsteht (3,4–10). Die zeitgeschichtlichen Erfahrungen des Autors des zweiten Petrusbriefes mit dem Messianismus des Bar Kochba gebieten Skepsis gegenüber allen Berechnungen des Endes und gegenüber allen Identifikationen scheinbar darauf hindeutender Zeichen (1,20; 3,10).

Statt nach Zeichen Ausschau zu halten, sind die Gläubigen gehalten, so zu handeln als hinge eine beschleunigte Ankunft des Reiches Gottes von ihrer Frömmigkeit und ihrem Verhalten ab (2,9; 3,11). Es geht hier nicht um ein Erwirken des von Gott geschenkten Heils, sondern die bereits durch den Retter Christus angenommenen Gläubigen sollen sich in dieser Welt bewähren. Sie sollen so die neue Welt schon in ihrer Gegenwart erkennbar werden lassen.

Jeder Aufschub des Endes der alten Welt verdankt sich der Geduld Gottes und ist ein Akt seiner Gnade (3,9a); Gott will nicht die Vernichtung der Menschen, sondern deren Umkehr und Heil (3,9b; 1Tim 2,4). Gott räumt den Gläubigen Zeit ein, in Frömmigkeit zu leben und noch möglichst viele Menschen zum Glauben zu bringen und dadurch zu retten. Gleichzeit ist dem Autor wichtig zu betonen, dass durch den Aufschub die Ungerechten ihrer Strafe nicht entgehen werden. Während der Judasbrief die Aufbewahrung sowohl zum Heil (Jud 1; vgl. 1Petr 1,4) als auch zum Gericht kennt (Jud 6.13), verwendet der zweite Petrusbrief den entsprechenden Terminus (terew) allein für das Aufsparen zum Gericht (2,4.9.17; 3,7).

VII) Resümee

Ziel des zweiten Petrusbriefes ist nicht die Verurteilung der zu Fall Gekommenen, auch sorgt er sich nicht wie der Judasbrief um deren Rettung (Jud 22 f.). Stattdessen möchte er mit drastischen Worten möglichst viele vor dem Fall bewahren (1,10; vgl. 1Tim 2,4). Wer die Erkenntnis Jesu Christi erlangt hat, hat Teil am Reich Gottes und ist damit gerettet. Es kommt darauf an, das Heil, in dem die Gläubigen bereits stehen, zu befestigen und mit einem entsprechenden Lebenswandel darauf zu antworten.

Aufgabe aller Christinnen und Christen ist es, sich an die Autoritäten Petrus, Judas, Paulus, die Propheten und die Apostel, die Christi Wort bewahren, zu halten und nicht den falschen Propheten in der Spur eines Bileam zu folgen. Letztlich versteht sich der Autor des zweiten Petrusbriefes selbst als Vorbild für seine Adressaten: Es kommt darauf an, die Extreme zu meiden, also weder vorschnell Zeichen des bevorstehenden Endes auszumachen, noch dessen Kommen pauschal anzuzweifeln. Gläubige halten sich stets für die Wiederkunft Christi bereit und sind bestrebt, beständig in der Erkenntnis Christi zu leben. Eine solche Festigkeit in Christus findet ihren Ausdruck in einem der Erkenntnis entsprechenden Leben vor Gott. So vorbereitet werden sie im Gericht bestehen, unabhängig davon, wann es anbricht.

Epilog: Der Botschafter

Der zweite Petrusbrief ist nicht nur eines der am wenigsten bekannten Schreiben des Neuen Testamentes, sein Inhalt scheint auch der heutigen Lebenswelt besonders fremd zu sein. Ein daraus abgeleiteter Schluss, der Brief hätte heute keine Bedeutung mehr, wäre jedoch verkürzt. Setzt man statt bei den einzelnen Inhalten und bei der Motivik beim *Autor* an, dann erweist sich der Verfasser des zweiten Petrusbriefes als vorbildhaft für heute darin, dass er sich einer scheinbar unlösbaren Aufgabe stellt. Als »Nachgeborener« und Vertreter einer neuen Generation versucht er in einer komplizierten Gemengelage aus Nächst- und Nichtmehr-Erwartung der Wiederkunft Christi, glaubwürdig und mit den Mitteln seiner Zeit Gehör zu finden und Wegweisung zu bieten.
Tatsächlich gelingt es ihm, sein Mahn- und Warnschreiben in einer katastrophengesättigten Zeit so zu verfassen, dass dem zweiten Petrusbrief gegen alle Widerstände ein Platz im neutestamentlichen Kanon eingeräumt wird. Mit den anderen Schriften des Neuen Testaments ist auch der zweite Petrusbrief daraufhin zu befragen, wie sich seine Inhalte und deren Darstellung als Ausdruck des Evangeliums verstehen lassen. Die Rezeption des zweiten Petrusbriefes in der Theologiegeschichte ebenso wie in Kunst, Musik und Literatur erweist den Erfolg dieser »Einladung« zum Ringen um Verständnis.
Indem sich der Verfasser des zweiten Petrusbriefes auf den ersten Petrusbrief beruft, ist er der einzige neutestamentliche Autor, der dezidiert Bezug nimmt auf ein anderes pseudepigrafisches Schreiben (3,1; »doppelte Pseudepigrafie«). Des Weiteren treibt er, wie gezeigt, einen beispiellosen Aufwand, seine Autorität als fiktiver Autor zu untermauern. Auf das Heute lassen sich die Inhalte des zweiten Petrusbriefes, seine Problemstellungen und die Art der Vermittlung mithilfe alttestamentlicher Motivik und Drohszenarien nur bedingt anwenden. Bileams sprechende Eselin (2,16) oder gefangene Engel (2,4) entsprechen nicht der Lebenswelt moderner Menschen. Daran anknüpfend stellt sich die Frage, ob es nicht der Besonderheit des zweiten Petrusbriefes eher gerecht wird, an erster Stelle nach dem Vertreter der Botschaft, also dem *Botschafter*, und erst daraus abgeleitet nach der Botschaft zu fragen.

Epilog: Der Botschafter

Denn mehr als die Motive rückt der Autor des zweiten Petrusbriefes selbst in den Vordergrund. Dabei verschwindet er als Person vollständig hinter der von ihm vertretenen Sache. Er vermittelt, dass es darauf ankommt, sich trotz aller Widrigkeiten in der je eigenen Gegenwart mit den Mitteln der jeweiligen Zeit für die Verkündigung des Evangeliums einzusetzen. Der zweite Petrusbrief steht beispielhaft dafür, dass es nicht um zeitgebundene Inhalte oder Vermittlungsformen geht, also nicht um das »Was« oder »Wie«, sondern um das »*Dass*« der Vermittlung. Hierin spiegelt sich der oben genannte Generationswechsel: Der *Inhalt* der christlichen Botschaft kann in den Gemeinden vorausgesetzt werden. Im zweiten Petrusbrief kommt erstmals ein Autor zu Wort, der auf der Botschaft der ersten Generation von Christinnen und Christen aufbaut und deren Werk einer neuen Zeit gemäß weiterführen will.

Der Autor des zweiten Petrusbriefes stand vor der Herausforderung, als Nachgeborener nach katastrophalen politischen Zusammenbrüchen samt den damit einhergehenden gesellschaftlichen Verwerfungen und in einem Auf und Ab von (falschen) Illusionen und Desillusionierung seine Botschaft (die Erkenntnis Gottes und Jesu; 1,2) glaubwürdig und mit Autorität zu vermitteln. Er stellt sich der Aufgabe mit bemerkenswerter Kreativität und zieht zur Stützung seiner Position in beispielloser Fülle alt- und neutestamentliche Autoritäten heran. Gegen alle Widerstände verfolgt er das Ziel, seine Botschaft zu *verbreiten*. Wenn aber die Verbreitung und Weitergabe das zentrale Anliegen des Autors war, dann treten Christinnen und Christen dadurch in seine Nachfolge und werden so der Botschaft des zweiten Petrusbriefes gerecht, dass sie sich ebenfalls mit den Mitteln ihrer Zeit für die Weitergabe einsetzen und selbst zu Botschafterinnen und Botschaftern werden.

Der Judasbrief

Einleitung

Der Judasbrief und das zweite Kapitel des zweiten Petrusbriefs zeigen in ihrer Motivwahl und im Wortlaut enge Berührungen. Eine literarische Abhängigkeit beider wird in der Exegese nicht in Zweifel gezogen. Der Judasbrief ist mit seinen 25 Versen bedeutend kürzer als der zweite Petrusbrief mit zusammen 61 Versen in drei Kapiteln. Die Frage, ob der Judasbrief den zweiten Petrusbrief zugrunde legt und ihn sowohl um dessen Rahmenkapitel kürzt, als auch um ausgewählte Elemente ergänzt, oder ob der zweite Petrusbrief den Judasbrief als Kern verwendet und auf Elemente verzichtet, die ihm in seiner Argumentation nicht hilfreich erschienen, gilt zugunsten der zweiten Option (Priorität des Judasbriefes) als entschieden. Hinzu kommen sprachliche Auffälligkeiten, die es wahrscheinlich machen, dass dem Autor des Zweiten Petrusbriefes der Judasbrief vorlag: So ist der Judasbrief die einzige neutestamentliche Schrift, die keine Konjunktivformen verwendet. Konjunktive als selbstverständlicher Bestandteil der griechischen Sprache fehlen ebenfalls im zweiten Kapitel des Zweiten Petrusbriefes, das wesentliche Passagen des Judasbriefes wörtlich übernimmt. Die Rahmenkapitel des Zweiten Petrusbriefes dagegen verwenden Konjunktivformen (2Petr 1,4.10.19; 3,17).
Die Fähigkeit, auch komplexe Sachverhalte ohne Konjunktive zu formulieren oder wie im letzten Vers (25) ganz auf Verbformen zu verzichten, sind Indiz für Aramäisch als Muttersprache des im antiken Judentum beheimateten Autors. Damit seien jedoch nicht die sprachlichen Qualitäten des Autors bezüglich des Griechischen in Abrede gestellt. Mit seinem Wortschatz und Formenreichtum ragt er aus den übrigen neutestamentlichen Schriften heraus. Im Unterschied z. B. zum Matthäusevangelium oder der Johannesoffenbarung begegnen gleich zweimal (2c.9c) die eher seltenen Optativformen (die zweite Stelle als Zitat aus Sach 3,2). Die Wortstellung im Kleinen (vgl. 1a) und die Struktur des Schreibens im Großen (vgl. 1b–4 und 19–21) spiegeln ein gehobenes Niveau.
Auf eine jüdische Herkunft des Autors deutet die Wahl seiner Motive, die er in weit überdurchschnittlichem Umfang der zeitgenössischen jüdischen Tradition entnimmt. Mit Selbstverständlichkeit spricht er vom Auszug aus Ägypten (5), gefallenen Engeln (6), Sodom und Gomorrha (7),

dem Erzengel Michael (9), Kain, Bileam, Korach (11), Adam, Henoch (14) und zitiert wörtlich aus jüdischen Schriften (9c.14f.). Der Streit Michaels mit dem Teufel (9) oder die Erwähnung einer Prophezeiung Henochs (14f.) sind im Neuen Testament ohne Parallele.

Aufgrund seiner Kürze bietet der Brief zu wenig Anhaltspunkte für eine sichere räumliche und zeitliche Verortung. Die Rede von denen, die sich in die Gemeinde eingeschlichen haben, setzt etablierte Gemeindestrukturen voraus. Das Auftreten von Zweiflern lässt sich als Reaktion auf ein Ausbleiben der Parusie, der Wiederkunft Christi, erklären, so dass eine Entstehung in der Frühzeit des Christentums (vor dem Ende des ersten Jahrhunderts) eher unwahrscheinlich ist. Der Autor hat als gebildeter Judenchrist eine judenchristliche Gemeinde vor Augen.

Die Auslegung

1–2
Der Briefkopf

¹ Judas – Jesu Christi Sklave und Bruder des Jakobus an die Berufenen, die in Gott dem Vater geliebt und die durch Jesus Christus bewahrt sind. ² Erbarmen für euch und Friede und Liebe – all dies möge vermehrt werden.

Der Einstieg eines Schreibens stellt die Weichen. In antiken Texten wird das Wichtigste bereits im ersten Satz mitgeteilt. Dass ein antiker Brief mit dem Namen des Absenders beginnt, entspricht den Gepflogenheiten. Der Name am Anfang kann, wie bei den als echt geltenden Paulusbriefen, den realen Autor bezeichnen. Bei anderen Briefen, z. B. den Petrusbriefen, ist ein Name gewählt, der Autorität ausstrahlen soll, oder ein Name, der eine theologische Richtung vorgibt, wie bei Jakobus oder Johannes. Traditionell kommt dabei den Jüngern, die Jesus von Beginn an begleitet haben, eine herausragende Rolle zu.
»Judas« ist nicht bekannt als ein Autor der allerersten Reihe. Möglicherweise sollte gerade das bei der Leserschaft Neugierde hervorrufen. Welcher Judas? Judas Iskarioth fällt als Autor aus. Es bleiben mehrere weitere Träger des Namens. Unter den zwölf Jüngern Jesu wird Judas, der Sohn des Jakobus (Lk 6,16; Apg 1,13), neben Judas Iskarioth genannt. In der Tradition wird er manchmal mit dem Jünger Thaddäus identifiziert (Mk 3,18; Mt 10,3); er scheint keine herausgehobene Rolle gespielt zu haben. Die Apostelgeschichte spricht darüber hinaus von einem »Haus des Judas« in Damaskus, in dem Paulus zunächst Quartier nahm (Apg 9,11), und von Judas Barsabbas, der Silas auf seinen Missionsreisen begleitete (Apg 15,22.27.32). Eine weitere Option ist ein Bruder Jesu, von dem außer seinem Namen nur bekannt ist, dass er zu Lebzeiten Jesu von dessen Sendung nicht überzeugt war (Mt 13,55; Mk 6,3).
Die Mehrzahl der Briefe geht nach der Nennung des Namens seines Autors ein auf dessen Funktion. Meist stellt er sich im unmittelbaren Anschluss vor als »Apostel« (so in der Mehrzahl der Paulusbriefe) oder

seltener als »Sklave« (Röm 1,1; Tit 1,1); der zweite und dritte Johannesbrief eröffnen mit »Ältester« (Presbyter). Einen eigenen Weg gehen der Jakobus- und der Judasbrief. Jakobus verwendet als zweites Wort nach dem Autornamen den Genitiv des griechischen Wortes für Gott und stellt sich so seiner Leserschaft als unmittelbar Gott zugehörig vor. Judas verwendet an dieser Position ebenfalls einen Genitiv. Er nennt jedoch – anders als Jakobus – den Namen »Jesus«.
Einzigartig im Neuen Testament drückt so der Autor des Briefes durch die Wortstellung die größtmögliche Nähe zu Jesus von Nazareth aus. Wie Jakobus sich in Jak 1,1 als Eigentum Gottes beschreibt, so versteht der Autor des Judasbriefes sich als Eigentum Jesu Christi. Die sich anschließende Selbstbezeichnung als dessen Sklave macht deutlich, was diese Nähe inhaltlich konstituiert: Er beruft sich nicht auf seine eigene Autorität oder seine leibliche Verwandtschaft, sondern auf seine Zugehörigkeit zu und seine Hingabe an Jesus.
Die nächsten Wörter verdeutlichen, dass es sich bei dem Brief nicht um ein Gelegenheits- oder Informationsschreiben handelt. Der Brief ist kunstvoll aufgebaut und jedes Wort bewusst gesetzt. Die schlichte Fortsetzung nach der Absenderangabe wäre gewesen: »Jesu Christi Sklave und Jakobi Bruder« oder auch: »Sklave Jesu Christi und Bruder des Jakobus«. Der Autor entscheidet sich jedoch für eine spiegelbildliche (chiastische) Satzkonstruktion, sodass die »Funktionen« (Sklave und Bruder) von den Genitiven der Namen eingerahmt werden. Vermittels dieser chiastischen Verknüpfung werden alle drei Personennamen hervorgehoben: Judas als Bruder partizipiert sowohl an der Autorität Jesu Christi als seines Herrn als auch an der Autorität des Herrenbruders Jakobus. Der Chiasmus als Stilfigur begegnet wieder als Strukturmerkmal des Gesamtbriefes (vgl. die spiegelbildlichen Bezüge der Verse in 19–21 auf die in 1b–4).
Die Nennung des Namens »Jesus« als zweitem Wort des Briefes nach dem eigenen Namen und die unmittelbar folgende Erwähnung des Jakobus *als Bruder* machen deutlich: Der Autor möchte nicht als Sohn des Jakobus (Lk 6,16; Apg 1,13) und damit als einer aus dem Zwölferkreis der Jünger Jesu verstanden werden. Der Jakobus, als dessen Bruder er sich bezeichnet, ist der »Herrenbruder«, also ein Bruder Jesu. Damit ist auch der Autor einer der Brüder Jesu. In den Aufzählungen der Geschwister Jesu in Mt 13,55 und Mk 6,3 wird Judas' Name jeweils nach dem des Jakobus genannt, was auf Judas als einen jüngeren Bruder schließen lässt. Aus der Selbstvorstellung lässt sich erheben, als wer der Autor des Judasbriefes von seiner Leserschaft gesehen werden möchte, nicht aber, wer er tatsächlich ist oder nicht ist. Er erwähnt in seiner Selbstvorstellung (1a) nicht an erster Stelle sein Verwandtschaftsverhältnis zu Jesus, sondern

ordnet sich durch die Bezeichnung als Sklave dem Herrn Jesus Christus unter. Aus seiner leiblichen Bruderschaft leitet er keine Privilegien ab. Paulus bezeichnet Jakobus (neben Petrus) in Abgrenzung zu sich selbst als Säule der Urgemeinde (Gal 2,9). Die Leserschaft darf aufgrund der gemeinsamen Nennung von Judas und Jakobus im ersten Teil des ersten Verses (1b) eine theologische Nähe zum »unpaulinischen« und dezidiert judenchristlichen Flügel des frühesten Christentums erwarten. Eine literarische Abhängigkeit des Judasbriefes von dem des Jakobus ist allerdings nicht erkennbar.

Der zweite Teil des ersten Verses benennt die Empfänger. Dabei verwendet der Autor zwei das gesamte Schreiben prägende Leitbegriffe: Liebe (1–3.12.17.20f.) und Bewahrung (tereo; 1.6[2x].13.21). Im Eingangsvers sind sie an Gott, den Vater, und an Jesus Christus geknüpft. Verbunden mit dem Heiligen Geist (19f.) erscheinen beide noch einmal gemeinsam am Ende des Briefes (21) und umrahmen den Kern des Schreibens.

Die Adressaten des Briefes nennt sein Autor »Berufene«. Ihre Berufung konstituiert sich dadurch, dass sie vom Vater geliebt und von Jesus Christus in dieser Liebe bewahrt sind (1b.c). Als Zeitform für beides ist das griechische Perfekt gewählt. Das heißt, sie sind bereits in ihrer Gegenwart ein für alle Mal durch Jesus Christus in der Liebe Gottes aufgehoben.

Der Absender wünscht in Jud 2 den von Gott Geliebten und durch Christus Bewahrten (1b), sie mögen im Erbarmen wachsen (2). Am Ende des Briefes greift er das Motiv weiterführend auf: Als Geliebte (20a) sollen die Gläubigen sich selbst in der Liebe Gottes bewahren (tereo; 21a) und das Erbarmen Jesu Christi (eleos; 21b) zum ewigen Leben erwarten (21c). Daran anschließend sind die Gläubigen aufgefordert, das Erbarmen an andere weiterzugeben (22f.).

Der Dreiklang in Jud 2 aus Erbarmen, Friede und Liebe ist singulär im Neuen Testament. Ein ähnlicher dreigliedriger, nominaler Ausdruck in 2Joh 3 erwähnt anstelle des »Friedens« die »Gnade« (charis). Nur im Judasbrief und in den Petrusbriefen (1Petr 1,2; 2Petr 1,2) begegnet der Wunsch, dass die zuvor genannten Heilsgüter den Briefadressatinnen und -adressaten überreich zuteilwerden mögen. Wie 2Joh 3 nennen auch beide Petrusbriefe »Gnade« (charis) anstelle von »Erbarmung« (eleos), doch verzichten die Petrusbriefe auf die »Liebe« als drittes Element.

Die exklusive Parallelität des im griechischen Optativ formulierten Eingangswunsches in den beiden Petrusbriefen und im Judasbrief wirft die Frage auf, ob der Autor des Judasbriefes den ersten Petrusbrief kannte oder umgekehrt. Beide verwenden, wie oben erwähnt, das griechische Wort für »bewahren« (tereo) und messen ihm heilsgeschichtlichen Wert zu. Darüber hinaus teilen sie das Motiv einer Zwangsverwahrung für nicht menschliche Wesen, wobei der erste Petrusbrief von »*Geistern* im Gefängnis« (1Petr 3,19) und der Judasbrief von in Dunkelheit gefesselten *Engeln* (6; vgl. 2Petr 2,4f.) spricht. Beides ist im Kontext der Sintflut angesiedelt.

Trotz der Ähnlichkeit der Einleitungen ist eine *literarische* Abhängigkeit zwischen dem ersten Petrusbrief und dem Judasbrief nicht auszumachen, dagegen ist ein gemeinsamer enger Erzähl- und Traditionskontext nicht unwahrscheinlich. Manche solcher aufgrund des gemeinsamen Kontextes als selbstverständlich vorausgesetzten Vorstellungen (z.B. Jud 6) lassen sich erst mit Hilfe des späteren *zweiten* Petrusbriefes erschließen (2Petr 2,4f.).

Der Autor des Judasbriefes möchte von Beginn an seine besondere Nähe zu Jesus zum Ausdruck bringen (1a; vgl. 5b). Jesu Namen nennt er unmittelbar nach seinem eigenen, zusätzlich ist Jesus ihm durch Jakobus als gemeinsamem Bruder verbunden. In diese Bruderschaft hineingenommen wird die gesamte angesprochene Gemeinde, denn sie ist eingehüllt in die Liebe Gottes als des allen Gläubigen gemeinsamen Vaters. Als so Geliebte sind sie durch Jesus Christus als ihrem gemeinsamen Bruder bewahrt (tereo). Diese Geborgenheit ist Grundtenor des Briefes bei aller noch kommenden Kritik. Beides wird in Vers 21 wieder aufgegriffen. Hinzu kommt das Erbarmen Gottes (2a.21b), das im Eingangswunsch den Gläubigen erstmals zugesprochen wird.

In den ersten Versen wird ein bergender Rahmen eröffnet (1f.), der am Briefende (21f.) geschlossen wird. Zugleich wird mit dem Wunsch, das Erbarmen Gottes möge wachsen, ein Same gelegt (2a). Das Geschenk der Erbarmung (2a.21b) sollen die darin geborgenen Gläubigen als tätiges Erbarmen über den eigenen Rahmen hinaus an die im Brief zuvor Kritisierten zu deren Rettung weitergeben (22f.).

3–4
Die treuen Gemeindeglieder und die eingeschlichenen Sünder

³ Geliebte, es war mir ein Bedürfnis, euch mit allem Ernst über die uns gemeinsame Rettung zu schreiben. Deshalb ermahne ich euch schriftlich: Kämpft für den Glauben, der den Heiligen ein für alle Mal anvertraut ist! ⁴ Denn es haben sich gewisse Leute eingeschlichen. Schon lange sind sie vorgemerkt für das Gericht. Gottlose sind sie, die die Gnade unseres Gottes ins Gegenteil verkehren, nämlich in Ausschweifung. Unseren einzigen Gebieter und Herrn, Jesus Christus, verleugnen sie.

Die in der Briefliteratur des Neuen Testaments regelmäßig begegnende Anrede als »Geliebte« erscheint nur im Judasbrief bereits in den einleitenden Versen (**3a**; vgl. 17a.20a). In den anderen Briefen (2Kor 7,1; Phil 4,1; 1Joh 4,1 etc.) handelt es sich häufig um einen Neueinsatz nach einer Zäsur. Die Anrede als »Geliebte« in Jud 3a wird inhaltlich gefüllt durch Aussagen zur Liebe in den beiden vorangegangenen Versen.
Es handelt sich um mehr als nur um eine Floskel wie »meine Lieben«. Die Angesprochenen sind hier wie auch in Jud 17 und 20 diejenigen, die in der Liebe Gottes durch Christus bewahrt werden (**1b**); in Jud 21a sollen sie sich selbst in der Liebe Gottes bewahren. Das Motiv des Bewahrens begegnet auch in 1Petr 1,4. Dort geht es um das Heil, das für die Gläubigen im Himmel bewahrt ist und für sie bereitliegt. Im Judasbrief sind es die Gläubigen selbst, die durch Christus bewahrt sind. Die dreifache Adressierung als »Geliebte« im Judasbrief innerhalb von nur 25 Versen fällt auf. In den paulinischen oder in den Paulus zugeschriebenen Briefen erscheint eine solche Anrede maximal zweimal.
Der Wortlaut des dritten Verses wirkt für deutschsprachige Leserinnen und Leser etwas unbeholfen: Innerhalb eines Satzes ist im Original zweimal von »schreiben« die Rede. Zahlreiche deutsche Übersetzungen umgehen die Doppelung, indem sie an der zweiten Stelle statt von »schreiben« von einem »Brief« reden. Im Griechischen unterscheidet sich der verwendete Infinitiv von »schreiben« durch unterschiedliche Aktionsarten voneinander: Das erste »schreiben« steht für das Schreiben grundsätzlich, bei der zweiten Form geht es um den aktuellen Schreibanlass. Mit den unterschiedlichen Infinitivformen drückt der Autor aus, dass er einerseits generell und kontinuierlich das Bedürfnis empfindet, über das im und durch den Glauben gegenwärtige Heil zu schreiben, für das alle Heiligen (**3c**), das heißt alle Gläubigen, bewahrt sind (**1c**). Zum anderen macht es der aktuelle Anlass erforderlich zu schreiben: Jetzt und konkret ist für den Glauben zu kämpfen.
Die Lesenden sind durch einen in dieser Form gestalteten Briefanfang darauf vorbereitet, dass der Autor Dinge benennen wird, die im Argen liegen; Dinge, die den Bestand der jungen Gemeinde bedrohen. Die Briefempfänger erhalten eine doppelte Botschaft: Die Rettung der Gläubigen ist gesichert. Sie sind bereits Geliebte Gottes und Heilige. Zugleich gilt es in diesem Moment, sich mit aller Kraft für die Rettung und ihre Bewahrung einzusetzen. Sprachlich ist die Mahnung eingebettet in die Vergewisserung: Der Zuspruch des Heils (**3a.c**) umrahmt die Aufforderung (**3b**) und erhält dadurch das höhere Gewicht.
Vers **4** nennt den Grund für die Notwendigkeit zu kämpfen. Es haben sich Menschen unter die Gemeindeglieder gemischt (**4a**), die mit derselben Gewissheit von Ewigkeit an für das Strafgericht vorgesehen sind

(**4b**), wie die Gläubigen für das Heil bestimmt sind (**1b**) und darin bewahrt werden (**1c**). Die Verwerfung der Einschleicher wird sichtbar in den als Ausschweifung bezeichneten ethischen Verfehlungen (**4c**). Wer so handelt, verkehrt Gottes Gnade (charis) in ihr Gegenteil (**4c**) und verleugnet damit Christus (**4d**), der die Gläubigen als Geliebte und Heilige bewahrt (**1c**).
Dadurch, dass im Unterschied zu den Petrusbriefen die Gnade (charis) innerhalb der Aufzählung in Jud 2a ersetzt wird durch Erbarmen (eleos), vermeidet der Autor jeden Anschein, dass auch schon der Wachstumswunsch (**2b**) von der Verkehrung der Gnade durch die Einschleicher (**4c**) hätte betroffen sein können und damit letztlich wirkungslos geworden wäre.
Der Autor des Judasbriefes fürchtet eine Zersetzung der Gemeinde *von innen*. »Einschleichen« (**4a**) können sich nur die, die sich selbst entweder als Christen ausgeben oder sich als solche verstehen. Es geht also anders als im ersten Petrusbrief nicht um eine Bedrohung von außen. In den ersten beiden nachchristlichen Jahrhunderten bringt ein Bekenntnis zu Christus keine äußerlich erkennbaren Vorteile. Wer Christ wird, bricht mit seinem alten Umfeld. Er scheint sich einer obskuren Sekte anzuschließen, die sich zu einem Juden aus einem Dorf in Untergaliläa bekennt. Dabei handelt es sich um einen durch die römische Justiz als Verbrecher verurteilten Menschen, der einen schändlichen Tod am Kreuz gestorben ist. Für Nichtchristen existiert kein plausibler Grund, sich in die Gemeinde der Christen einzuschleichen. »Einschleicher« sind also Gemeindeglieder, die vom Schreiber des Briefes als Abweichler definiert werden. Mit ihren Auffassungen oder Lebensweisen unterminieren sie den vom Autor als richtig erkannten Weg und wirken damit spalterisch (**19a**). Der Verfasser des Judasbriefes denkt in den Kategorien des »Entweder-Oder«. Alle, die nicht seiner Linie folgen, gelten als Abtrünnige, als sittlich verdorben und als Verleugner des einen Herrn Jesus Christus (**4d**).
Der Vorwurf der Ausschweifung (**4c**) lässt Raum für Spekulation. Es kann sich dabei um Einzelfragen, wie den Umgang mit Götzenopferfleisch handeln (1Kor 8,4–13) oder um alternative Lebenskonzepte, wie z. B. die Gemeinschaft mit der eigenen Stiefmutter in 1Kor 5. Welche innergemeindlichen Konflikte im Judasbrief konkret zur Debatte stehen, bleibt unausgesprochen. In jedem Fall fährt der Autor große Geschütze auf: Die als gottlos Bezeichneten sind schon von alters her dem Gericht verfallen (**4b**).
Die im Schlussteil des Verses betonte Einzigartigkeit Christi (**4d**) mag als Indiz dafür gelten, dass andere Heilsmedien neben der exklusiven Rettung durch Christus diskutiert wurden. An eine verbale und expli-

zite Verleugnung Christi ist nicht zu denken, vielmehr deutet die Rede vom »Einschleichen« darauf hin, dass die zur Debatte stehenden Abweichungen auf den ersten Blick kaum erkennbar sind. Auf lange Sicht jedoch drohen sie die Gemeinde zu zerreißen (19a) und gefährden die allen gemeinsame Rettung (3a.24 f.).

Zweierlei ist den Gemeindegliedern mit Nachdruck mitzuteilen. Als Gläubige sind sie ein für alle Mal gerettet. Zugleich gilt aber: In die Gemeinde haben sich unbemerkt unfromme Menschen eingeschlichen. Da sie bisher unerkannt geblieben sind, handelt es sich um Personen, die als gläubige Gemeindeglieder auftreten. Ebenso wie die Rettung der einen von Ewigkeit an vorherbestimmt ist, ist es auch das Strafgericht über die Verworfenen.
Aufgabe der Rechtgläubigen ist es, für die rechte Sache zu streiten. Die Abweichler gilt es zu identifizieren und ihr schleichendes Gift nicht länger in der Gemeinde zu dulden. Wenn es heißt, dass sie Jesus Christus als einzigen Herrn verleugnen, ist zu vermuten, dass sie die ausschließliche Vermittlung des Heils durch Christus relativieren (vgl. 24 f.). Eine solche Offenheit für alternative Heilswege heißt, sich (teilweise) für das alte Leben zu öffnen. Das wiederum bedeutet, in Ausschweifung zu leben.
Da das Fehlverhalten und seine Vertreterinnen und Vertreter nicht eindeutig bezeichnet werden und es nötig erscheint, von außen darauf hinzuweisen, ist zu vermuten, dass sich zumindest einige der Beschuldigten keiner Schuld bewusst sind und nicht willentlich übel gehandelt haben. Eine solche Unbestimmtheit der Anklage und der Angeklagten mag jedes einzelne Gemeindeglied dazu veranlassen, sich zu fragen, ob es nicht selbst unbewusst und unwillentlich auf die Seite »der anderen« geraten ist (vgl. Mt 26,22). Der vierte Vers lässt sich als Aufforderung zur kritischen Selbstprüfung verstehen.

5–11
Die Vorbilder der Eingeschlichenen

⁵ Ich will euch aber erinnern, auf dass ihr ein für alle Mal alles wisst: Jesus hat das Volk aus Ägypten gerettet und als Nächstes die Ungläubigen vernichtet. ⁶ Und die Engel, die ihren Wohnsitz verließen und ihre erhabene Position nicht bewahrten, bewahrte er für den großen Gerichtstag mit ewigen Fesseln in Dunkelheit. ⁷ Sodom und Gomorrha und die Städte rundum, in denen die Menschen auf die gleiche Weise wie diese Hurerei trieben und mit anderen Lebewesen fleischlichen Umgang hatten, bieten ein Beispiel dafür, wie es ist, die ewige Feuerstrafe zu erleiden. ⁸ Und diese genauso: Sie träumen, besudeln ihr Fleisch, entziehen sich aller Herrschaft und lästern die himmlischen Mächte.

⁹ Michael aber, der Erzengel, rang mit dem Teufel und stritt sich mit ihm über den Leichnam des Mose, aber er wagte es nicht, ein lästerndes Urteil vorzubringen, sondern sprach: »Es schelte dich der Herr!« ¹⁰ Diese aber lästern, was sie nicht kennen. Durch das aber, was sie nur instinktiv wie die unvernünftigen Tiere verstehen, gehen sie zugrunde. ¹¹ Wehe ihnen! Denn sie sind auf dem Weg des Kain gegangen und aus Habgier dem Irrtum des Bileam verfallen, und durch den Aufruhr Korachs kamen sie um.

Nach der Erwähnung der Abweichler, die in der Gemeinde bisher anscheinend unerkannt geblieben sind (4a), verweist der Autor auf ein Wissen (5a), das allen gemeinsam ist. Alle Gläubigen wissen um die Rettung des Volkes Israel aus Ägypten. Judenchristen gedenken jährlich im Rahmen des Passafestes ihrer Befreiung aus der Sklaverei. Der Autor des Judasbriefes verbindet mit der Erinnerung an den Auszug aus Ägypten eine Information, die als ebenso selbstverständlich bekannt erscheinen soll: Urheber der Rettung des Volkes Israel aus Ägypten war Jesus. Indem der Autor ein solches Wissen als selbstverständlich bezeichnet (5a) und es unmittelbar im Anschluss an die Warnung vor den Einschleichern (4a) erwähnt, erklärt er diejenigen ebenfalls zu Ungläubigen und Abweichlern, die Zweifel haben an der Rettung Israels durch Jesus. Die Vernichtung, mit der Jesus die Ungläubigen nach der Rettung Israels aus Ägypten strafte (5c), droht folglich auch denen, die nicht an Jesus als Urheber der Rettung glauben (5b).
Die Parallelsetzung der Ungläubigen beim Auszug aus Ägypten (5c) mit Zweiflern in der angeschriebenen Gemeinde (4) scheint in neutestamentlicher Zeit plausibel gewesen zu sein, bedarf aber heute einer Erklärung. Schon in den ersten christlichen Jahrhunderten tauchten Stimmen auf, für die nicht nachvollziehbar war, dass der erst viel später geborene Jesus der Retter des Volkes Israel aus Ägypten gewesen sein sollte (5b). Entsprechend finden sich in etlichen frühen Abschriften des Judasbriefes Veränderungen im fünften Vers. Die gewichtigsten Textzeugen sprechen in Jud 5b von Jesus als Retter des Volkes Israel aus Ägypten, daneben begegnet ein breites Spektrum an Variationen. Anstelle von Jesus werden mehrfach »Gott« oder »der Kyrios« (der Herr) als Urheber erwähnt.
Die meisten deutschen Übersetzungen wählen »Herr« als Übersetzung. Damit ermöglichen sie ein Verständnis des Verses in mehrere Richtungen: »Herr« (Kyrios) steht im Neuen Testament häufig für Jesus Christus. In der Septuaginta, der griechischen Übersetzung des Alten Testaments, ist Kyrios (Herr) regelmäßig Übersetzung des mit vier hebräischen Buchstaben (dem Tetragramm) wiedergegebenen Gottesnamens.
Unabhängig davon, ob Jesus bereits in der ursprünglichen Fassung des Judasbriefes als Retter des Volkes Israels aus Ägypten verstanden wurde,

zeigt doch die in der Vielfalt der Handschriften greifbare Diskussion, dass in der Antike eine Zuschreibung der Rettung Israels an Jesus möglich und für maßgebliche Kreise selbstverständlich war (vgl. 1Kor 10,4; Hebr 11,26).
Vor diesem Hintergrund erscheinen die beiden ersten Wörter des Briefes (1a): »Judas« und »Jesus« in einem besonderen Licht. Der Schreiber rückt seinen Namen bei seiner Selbstvorstellung im ersten Vers unmittelbar an Jesu Namen heran. Zugleich wird nachvollziehbar, dass der Autor dort nicht ausdrücklich seine leibliche Verwandtschaft zu Jesus als Retter Israels (5b), sondern sein Knechtsschaftsverhältnis zu ihm stark gemacht hat.
Die beiden vorangegangenen Verse (3b, 4b) belegen eine dualistische Auffassung des Verfassers mit Blick auf die Vorsehung: Schon seit ewigen Zeiten sind die Abweichler zum Gericht vorherbestimmt, ebenso wie die wahrhaft Gläubigen zum ewigen Heil. Wenn aber das Heil ewig und einmalig ist, müssen es auch der Retter, also Jesus, und seine Rettung sein (5b). Das wiederum bedeutet, dass überall, wo den Menschen in Vergangenheit und Zukunft Heil widerfährt, dieses Heil durch Jesus (von Nazareth) bewirkt sein muss, der als der Messias (Christus) geglaubt wird.
Auch für Paulus war es selbstverständlich, dass bereits die Väter beim Auszug aus Ägypten an Christus glaubten. Für ihn war Christus das Passalamm (1Kor 5,7b) und der Quell, aus dem die Israeliten während ihres Zugs durch die Wüste tranken (1Kor 10,4). Und alle, die das Rote Meer durchschritten hatten und »unter der Wolke waren« (1Kor 10,2b), bezeichnete Paulus als auf Mose »Getaufte« (1Kor 10,2a). Laut Paulus wurde Abraham durch seinen Glauben an Christus als den ihm verheißenen Nachkommen gerettet (Gal 3,16; Röm 4,3.12 f.).
Wird alles Heil zu allen Zeiten an Christus und den Glauben an ihn gebunden, dann bedeutet alles Abweichen von diesem Heil Unglaube gegenüber Jesus Christus. Wenn Jud 5b von der Rettung des Volkes Israel durch Jesus spricht und davon, dass er im Anschluss die Ungläubigen vernichtete, dann sind diese Ungläubigen diejenigen, die nicht an Jesus Christus als Befreier Israels glauben. Die Abweichler der Gemeinde (4a) stehen mit denen der Wüstenzeit (5b) in einer Reihe.
Auf die im Zusammenhang mit dem Auszug des Volkes Israel aus Ägypten umgekommenen Ungläubigen (5b) folgt eine Kette weiterer Strafbeispiele: Die Einschleicher (4a) stellt der Autor des Judasbriefes nicht nur auf eine Stufe mit denen, die vor und bei der Befreiung aus Ägypten oder in der Wüste umgekommen sind (5b; vgl. Ex 14 f.; Num 16 etc.), sondern darüber hinaus auch mit den abtrünnigen Engeln (6; vgl. Gen 6,1 f.4) und mit den Leuten in Sodom (7; vgl. Gen 18 f.).

Die »gefallenen Engel« (6; vgl. die Septuagintafassung von Gen 6,1 f.4) sind beliebtes Motiv der jüdischen Antike (vgl. CD II,16–21; SyrBar 56,12 f.; Jub 4,22). Die »Wohnung«, die sie verließen, ist das himmlische Reich Gottes. Gen 6,2 berichtet von der Gier der »Söhne Gottes« (so das hebräische Original) nach Menschentöchtern. Aus ihrer Vereinigung gingen Riesen oder laut Septuaginta die Giganten hervor (Gen 6,4b; Sir 16,7; vgl. die unter den Qumranschriften in mehreren Exemplaren vertretenen Texte zur Gigantentradition: 1Q23 f., 4Q180 f.201 f.530–533). Der Judasbrief (6c), die Henoch-Überlieferung (ÄthHen 10,5.13; 18,14; zitiert in Jud 14 f.) und die Petrusbriefe (1Petr 3,19; 2Petr 2,4) sprechen von ihrer Unterbringung und Verwahrung in Finsternis, abseits der himmlischen Wohnstätten. Das große Gericht, zu dem sie bewahrt sind (6b), erinnert an das Feuergericht in Mt 25,41, das den Verworfenen, dem Teufel und seinen Engeln bevorsteht.

»Bewahren« (tereo) ist mit fünf Belegstellen (1.6[2x].13.21) ein Leitbegriff des Judasbriefes. Die verurteilten Engel werden »bewahrt« (6c), weil sie das ihnen Gegebene nicht »bewahrten« (6b). Wenn es schon im ersten Vers des Briefes heißt, Jesus Christus »bewahre« (1c) die von Gott, dem Vater, Geliebten (1b), dann bedeutet jeder Abfall von Christus ein Herausfallen aus der Liebe des Vaters. Wer als Einschleicher (4a), Christusleugner (4c) oder Ungläubiger (5b), aus dem bewahrenden Rahmen der Liebe des Vaters fällt (1b.21a), ist seit je ebenso zum Gericht vorherbestimmt (4b), wie die gefallenen Engel in der tiefsten Finsternis bewahrt sind zum Gerichtstag (6b; vgl. Jud 13c; 2Petr 2,5). Wer dagegen treu bleibt, »bewahrt sich« in der Liebe Gottes (21a).

Was der Judasbrief in Jud 6 voraussetzt, berichten explizit die Petrusbriefe: Der »Fall der Göttersöhne« (Gen 6,1 f.4), das heißt der »Engel, die ihren Wohnsitz nicht bewahrten« (Jud 6; vgl. 1Petr 3,19 f.; 2Petr 2,4 f.), wurde als Vorspiel und Auslöser der im Anschluss berichteten Sintflut verstanden (Gen 6,5–9,17; 3Makk 2,4). Die Sintflut als Wassergericht über die ganze Schöpfung samt Rettung der acht Menschen in der Arche (2Petr 2,5) verstand 1Petr 3,20 f. als Vorbild der christlichen Taufe. Auch wenn Sintflut und Taufe im Judasbrief nicht explizit erwähnt werden, so ist beides doch in der Rede von den abtrünnigen Engeln (6a) und dem Gericht über sie vorausgesetzt (6c; vgl. 13c).

Sowohl bei der Schöpfung in Gen 1,11 f.21.24 f. als auch bei der Rettung eines ausgewählten Teils der Schöpfung aus der Sintflut in Gen 6,20 und 7,14 ist von den Lebewesen die Rede, die »ein jedes nach seiner Art« (so die Lutherübersetzung) geschaffen sind. Diese spezifische Ausdrucksweise findet sich nur selten unabhängig von den angeführten Stellen aus dem ersten Buch Mose. Das gilt sowohl für die hebräische Vorlage als auch für die griechische Übersetzung. Aus der Vermischung von Engeln und Menschen war eine Spezies hervorgegangen (Riesen oder Giganten; Gen 6,4; ÄthHen 15,3), die bei Gottes einstmals sehr guter Schöpfung nicht vorgesehen war (Gen 1,31; Jub 5,2 f.; ÄthHen 15,4). Der Beseitigung dieser schöpfungsfremden Art von der Erde galt laut 3Makk 2,4 die Sintflut.

Jud 7 spricht von Hurerei und schlägt einen Bogen zu den Menschen in Sodom, denen ebenfalls der Verkehr mit Lebewesen anderer Art (**7b**) vorgeworfen wird. Der Name der Stadt Sodom muss bis heute herhalten für die ihren Einwohnern vorgeworfene sexuelle Verirrung (**7b**; Sodomie). Auf den wesensfremden Verkehr von Engeln mit Menschen (Gen 6,2.4) folgt mit der Sintflut ein Wassergericht (Gen 6–8). Der wesensfremde Verkehr von Menschen mit Tieren (**7b**) zieht ein Feuergericht über Sodom und die Städte rundum nach sich (Gen 19,24 f.). Der Sintflut entkam die achtköpfige Familie Noahs (1Petr 3,20; 2Petr 2,5), der Einäscherung Sodoms und Gomorrhas (Jud 7; 2Petr 2,6) entgingen allein Lot und seine Töchter (2Petr 2.7–9), während Lots Frau, die das Gebot der Engel übertrat, umkam (Gen 19,26).

Auch wenn die ethischen Vergehen in der vom Judasbrief adressierten Gemeinde nicht explizit benannt werden, so weisen doch die Termini »Unzucht« (**7b**) und »Fleisch« (**7 f.**) neben den Beispielen aus der Genesis auf sexuelle Verfehlungen. Dass Leserinnen und Leser, die mit der jüdischen Tradition vertraut waren, den impliziten Vorwurf der Sodomie wahrnahmen, ist wahrscheinlich. Das angedrohte Gericht des ewigen Feuers (**7c**) steht für Verdammnis ohne Hoffnung auf Verzeihung. Hinweise auf ein Verständnis als zeitlich limitierte Reinigungsstrafe (»Fegefeuer«) bieten die Aussagen des Judasbriefes nicht.

Würden die Verfehlungen der Einschleicher (Jud 4) in ihren Dimensionen den göttlichen Strafaktionen entsprechen (Untergang der Ungläubigen, 5; Fesselung der gefallenen Engel, 6; das Feuergericht über die Stadt Sodom, 7), dann wäre erstaunlich, dass solche Verfehlungen nur als Einschleicherei beurteilt werden und bisher von der Gemeinde unbemerkt geblieben sind. Hier wird eine Absicht des Briefes greifbar. Sein Verfasser möchte aufrütteln und ist der Auffassung, die Gemeinde erkenne entweder nicht die drohende Gefahr in ihrem Innern oder sie nehme sie nicht ernst genug.

Ähnlich wie Paulus in 1Kor 5,1 f.11 ein Gemeindeglied entlarvt, das sich nach Überzeugung des Apostels schwerer Verfehlungen schuldig gemacht hat, so verweist auch der Autor des Judasbriefes auf Menschen, die als Frevler unerkannt Teil der Gemeinde sind. Am Ende kann sowohl für Paulus (1Kor 5,2.5.13) als auch für den Autor des Judasbriefes (23c) nur eine rigorose Distanzierung der Kerngemeinde von dem Verhalten der Abweichler stehen. Die Gemeindeglieder, die sich der Rettung durch

Christus gewiss sind, dürfen sich nicht der trügerischen Sicherheit hingeben, es sei bereits alles erreicht. Zum Christsein gehören Wachsamkeit und ein Leben gemäß der Rettung.

Ein wesentliches Stilmittel des Judasbriefes sind Argumentationen, bei denen vom Kleineren auf das Größere (a minori ad maius) oder vom Größeren auf das Kleinere geschlossen wird (a maiore ad minus): »Wenn etwas sogar für etwas so Großes gilt, um wie viel mehr dann für etwas Kleineres (und umgekehrt)!«. Absicht des Verfassers ist es, der Gemeinde zu verdeutlichen, wie gravierend selbst unscheinbare Handlungen oder Versäumnisse sind. Zur Verdeutlichung stellt er in Vers **8** das für ihn Gewichtigste (die Lästerung himmlischer Mächte) etwas auf den ersten Blick Unbedeutendem gegenüber (dem Träumen).

Der Autor versucht selbst eine Erklärung dafür zu geben, dass sich Einschleicher eingenistet haben, ohne Verdacht zu erregen, und dass solche offenbar weiter in der Gemeinde geduldet werden. Zum Verständnis der Vorgänge bietet er in Jud 8 eine Klimax (Steigerung). Schon der erste Begriff erregt Aufmerksamkeit durch seine scheinbare Harmlosigkeit: Die Einschleicher sind wie Träumende (**8a**). Träumer sind positiv wie Jakob (28,12–15) oder ambivalent wie Josef (Gen 37,5.9 f.) konnotiert (zu weiteren Verknüpfungen des Judasbriefes mit Gen 37 vgl. den Exkurs in der Kommentierung zu Jud 23). Was ein Mensch im Traum sagt oder tut, wird ihm nicht als Schuld angerechnet. Das gilt selbst dann, wenn er sich im Schlaf verunreinigt und sein »Fleisch befleckt« (**8b**). Das Buch Levitikus berücksichtigt ausdrücklich Pollutionen im Schlaf als Spezialfälle kultischer Verunreinigung (Lev 15,16–18.32; 22,4). Das Befleckungsmotiv begegnet abermals in Jud 23 in der Aufforderung, »das befleckte Gewand« eines Abweichlers zu verabscheuen. Sach 3,3 f. spricht von einem »unreinen Kleid« und von Ungesetzlichkeit (Sach 3,4), die abgelegt werden müssen. Beides folgt unmittelbar auf Sach 3,2, also auf eine Parallele, aus der im nächsten hier zu kommentierenden Verses des Judasbriefes (**9c**) wörtlich zitiert wird.

Wer für Verunreinigungen zur Rede gestellt wird und vorgibt, es sei im Traum und unwillentlich geschehen, entzieht sich aller Kritik (**8c**). Damit untergräbt er nicht nur die herrschaftlichen Instanzen (8c), sondern auch die dahinterstehende Autorität: Er lästert die himmlischen Mächte (**8d**). Der Autor des Judasbriefes erkennt darin einen blasphemischen Akt, der als solcher zu identifizieren und zu ahnden ist. Das Steigerungsmotiv in Vers 8 dient dazu, den Adressaten zu vermitteln, dass die Abweichler sich nicht nur einschleichen, sondern dass auch ihre Abweichungen schleichend beginnen.

Mangelnde Wachsamkeit schützt jedoch nicht vor Strafe. Die in Jud 5–7 erwähnten Beispiele stellen das in Jud 8 Angeführte und damit auch die

Besudelungen der Träumenden (8b) in einen gemeinsamen semantischen Kontext mit schlimmsten ethischen und sittlichen Verfehlungen (vgl. Sach 3,4). Diejenigen, die Einschleicher und Einschleichendes wissentlich und unwissentlich dulden, stehen mit all den zuvor erwähnten Sündern und Sündenmächten auf einer Stufe.

Die Verse Jud 8–10 sind inhaltlich verbunden durch das Motiv der Lästerung. Die Steigerung von scheinbar belangloser Träumerei zur Lästerung der himmlischen Mächte in Vers 8 ist Auftakt für ein plakatives Beispiel (9) und für eine Veranschaulichung dessen, was lästern bedeutet und welche Konsequenzen es zeitigt (10).

Hauptakteur in Vers **9a** und eine Zentralfigur des gesamten Judasbriefes ist Michael, ein Erzengel (im Neuen Testament ist nur hier und in 1Thess 4,16 von einem »Erzengel« die Rede; die Parallele in 2Petr 2,11 nennt namenlose Engel; vgl. Sach 3,2). Höher als bis zum Erzengel Michael, dem »Kämpfer Gottes« (so eine Interpretation seines Namens), hätte der Autor kaum greifen können. Und wer hätte mehr Grund zum Lästern und (Ver-)Fluchen gehabt als Michael im Streit mit dem Teufel, der verurteilenswertesten aller denkbaren Figuren? Und welcher Anlass wäre gewichtiger als der Kampf um den Leichnam des Mose (**9b**)? Trotz der höchsten nur denkbaren Rechtfertigung gilt jedoch: Lästerung ist inakzeptabel, unter allen nur denk- und konstruierbaren Umständen. Wenn also selbst Michael auf Lästerung verzichtete, um wie viel mehr dann alle anderen?

Auf der anderen Seite folgt aus der Verurteilung scheinbar harmloser Träumereien gemeinsam mit der Lästerung der himmlischen Mächte (8), dass die Schuld sowohl der Einschleicher als auch derjenigen, die sie nicht erkennen oder sie dulden, noch alles übersteigt, was zuvor aufgelistet wurde und was trotz seiner Ungeheuerlichkeit doch nicht in Verbindung mit Lästerung gebracht wurde (**9c**).

Michael lästert nicht, sondern er stellt die Bestrafung Gott anheim: Wörtlich zitiert er aus Sach 3,2: »Der Herr schelte Dich!« (der in Sach 3,2 namenlose Engel des Herrn wird im Judasbrief mit dem Erzengel Michael identifiziert; zur Formulierung des Wunsches in der Form des griechischen Optativ vgl. Jud 2). In den kanonischen Schriften des Alten Testaments begegnet »schelten« nur siebenmal. Im ersten Beleg reagiert der Erzvater Jakob in Gen 37,10 mit Schelten auf die hochfahrenden Träume (vgl. Jud 8a; vgl. Exkurs zu Jud 23) seines Lieblingssohnes Josef. Die Schärfe des Tadelns wird im Folgevers (Gen 37,11) dadurch relativiert, dass es heißt, Jakob habe die Angelegenheit in seinem Herzen bewahrt (dia-tereo; vgl. Lk 2,19.51; »bewahren« [tereo] ist ambivalenter Leitbegriff des Judasbriefes; vgl. Jud 1b.6[2x].13c.21a).

Die Leserschaft des Judasbriefes dürfte die Ausführungen zum »Träumen« und »Schelten« in Jud 9 als Argumentation vom Größeren auf das

Kleinere (a maiore ad minus) verstanden haben: Wenn schon der Erzengel Michael, der laut antiker jüdischer Tradition als einer der beiden Engel (Gen 19,1) bei der Rettung Lots aus Sodom mitgewirkt hat (BerR Par. 49 zu Gen 18; vgl. 2Petr 2,7), das Urteil über den Teufel Gott allein anheimstellte (9c) und nichts Lästerndes äußerte (9b), um wie viel weniger dann Menschen in der Gemeinde?
Zugleich ist hier ein Anknüpfungspunkt gegeben für die Ausführungen in Jud 22 f. zum Erbarmen mit denen, die mit sich selbst streiten (diakrino). Wenn sogar Michael, der mit dem Teufel stritt (diakrino), sich einer berechtigten Verurteilung enthielt (9b) und das Urteil allein Gott anheimstellte, umwieviel mehr dann die Gläubigen? Ihre Aufgabe ist die Identifikation der Einschleicher und Träumer (4a.8a) und das Erbarmen mit den Zweiflern (22 f.). Die Bestrafung der Zweifler, in denen die gläubige mit der teuflischen Seite ringt (diakrino), ist allein Gottes Aufgabe (9c).
Die Erzählung von dem Streit mit dem Teufel über die Leiche des Mose (9) hat als solche hier wenig Eigengewicht. Es geht dem Autor um ein Beispiel, das zum einen allen bekannt und zum anderen für alle nachvollziehbar war. Die Wichtigkeit des Mose galt ebenso wie die Verworfenheit des Satans als unumstritten. Der Bericht über das Schicksal des toten Mose und die besondere Rolle, die Michael dabei spielte, fand sich in einer heute nicht mehr vollständig erhaltenen antiken Schrift aus dem ersten Drittel des ersten nachchristlichen Jahrhunderts, der »Himmelfahrt des Mose« (Assumptio Mosis).
Eine weitere im Hintergrund stehende Tradition bietet Jak 3,10: Wer eine Lästerung ausspricht, wird zum Lästerer. Es dürfen nicht aus ein und demselben Mund Segen und Fluch hervorgehen. Fluchen und Lästern verdirbt den, der es äußert. Entsprechend verheißt die Offenbarung des Johannes (Offb 22,3), dass Fluch als solcher im Reich Gottes nicht existieren wird.
Anknüpfend daran wird in Jud **10a** ein drittes Mal das Lästern thematisiert (nach 8b.9c.). Abermals wird vom Größeren auf das Kleinere geschlossen. Wenn nicht einmal der Erzengel Michael (9) gelästert hat, umwieviel weniger dürfen es dann diejenigen, die nichts verstehen, in Bezug auf etwas, was sie nicht begreifen?
Abermals bietet der Autor des Briefes seiner Leserschaft eine Erklärung für etwas an, was er zuvor selbst und allem Anschein nach als einziger als Problem diagnostiziert hat. Waren es in Jud 8 noch die Träumer, die als Sinnbild für das schleichende Gift der Zersetzung dienten, so möchte der Autor in Jud 10 plausibel machen, wie es möglich ist, dass Gemeindeglieder, die sich selbst als Gläubige ansehen, nicht entsprechend reden und handeln. Er vergleicht sie mit Tieren (**10b**). Dass sie einstmals zum Glauben an Christus gekommen sind, gleicht dem Verhalten einer ver-

nunftlosen Kreatur (10b), die instinktiv einmal einen richtigen Weg eingeschlagen hat. Da einem solchen Gemeindeglied aber der Geist fehlt (10b; vgl. 19b), versteht es nicht, was es tut, und wird mit der Welt zugrunde gehen (**10c**).
Die hier Verurteilten scheitern an den Maßstäben, die sie einstmals als Christinnen und Christen übernommen haben. Sie erweisen sich in ihrem Reden und Handeln als unvernünftig und ohne Geist (10b.c. vgl. 19c). Damit verbunden ist der Gedanke, dass die Verurteilung derer, die sich vom Heil wieder abwenden, schlimmer ist, als die Vernichtung derjenigen, die das Heil niemals kennengelernt haben (vgl. 1Kor 15,19; 2Petr 2,20). Indem der Judasbrief die Lästerer als geistlose Tiere bezeichnet (10b), ruft er die kurz zuvor erwähnten »Lebewesen anderer Art« (7b) ins Gedächtnis. Der Umgang mit ihnen zieht ein Feuergericht nach sich (7c). Damit werden auch ansonsten treue Gemeindeglieder in die Nähe der Sodomiten gerückt (7b). Denn sie erkennen die Gefahr nicht, die ihnen droht, wenn sie den Kontakt zu den Abweichlern (Lästerern) nicht abbrechen, die mit Tieren gleichgesetzt werden (10b). Die geforderte Distanzierung von ihnen wird gegen Ende des Briefes gesteigert zu der Aufforderung, sie zwar gleichsam mit spitzen Fingern (23b) aus dem Feuer zu reißen (23a), aber selbst das besudelte Gewand solcher Leute zu hassen (23c).
Bereits Paulus musste sich mit Gemeindeangehörigen auseinandersetzen, »die sich Bruder nannten« (1Kor 5,11), deren Lebensführung aber ihrem Sein in Christus widersprach. Deutlich unterscheidet er zwischen der Welt, die damals weit überwiegend nicht christusgläubig war, und der verschwindend kleinen Gemeinde der Gläubigen. Ihn kümmert nur die Gemeinde: »Was habe ich die zu richten, die draußen sind?« (1Kor 5,12a); »sie wird Gott richten« (1Kor 5,13a). Auch Paulus fordert die Gemeinde zu einer Verurteilung und zur Trennung von einem Abweichler auf (1Kor 5,2.13b).
In Jud **11** beschleunigt der Autor sein Erzähltempo. Eingeleitet von einem Weheruf (**11a**; vgl. Mt 23,13–29; Mk 14,21 etc.) spielt der Autor innerhalb eines einzigen Verses auf drei Verfehlungen einzelner Personen aus der alttestamentlichen Tradition an. Beispielhaft führt er drei Negativvorbilder und Verführer an. Jeder von ihnen steht für eine komplexe Verfehlungsepisode: Kain als erster geborener Mensch erschlägt aus Neid seinen jüngeren Bruder Abel (Gen 4,8). Er ist der erste, der sich nach der Vertreibung der Menschen aus dem Paradies (Gen 3,23.24a) schuldig gemacht hat, und lebt fortan als ein Gejagter (Gen 4,7.14). Das apokryphe Bartholomäus-Evangelium (ca. 250 n. Chr.) benennt Kain als eine von drei Personen (neben Judas Iskarioth und Herodes dem Großen), die durch Christus nicht erlöst wurden.

In der jüdischen Tradition ist der hier an zweiter Stelle erwähnte habgierige Prophet Bileam (**11b**; Num 22,18) einer von sieben, denen die künftige Welt auf ewig verschlossen bleibt (Babylonischer Talmud, bSan 101b: neben Bileam sind es die drei Könige Jerobeam, Ahab, Manasse, sowie Doeg, Ahitophel und Gehazi). Bileam, der bereit war zur Verfluchung Israels (Num 22,22a.38), fungiert im Judasbrief ausschließlich als Negativbeispiel. Jeder christologische Bezug mit Blick auf seine Vision des Sterns aus Jakob fehlt (Num 24,17; vgl. Mt 2,2; 2Petr 1,19; Offb 22,16c).

Abschließend erwähnt der Autor des Judasbriefes in Jud **11c** den Aufrührer Korach (Num 16), der den Führungsanspruch Moses und Aarons in Frage stellt (vgl. 1Petr 5,2; Midrasch Bemidbar Rabba Parascha XX zu Num 22,18). Korach repräsentiert diejenigen, die sich den Autoritäten nicht unterordnen (8c) und damit auf der Seite der Lästerer stehen (8d). Anknüpfend an die Erwähnung des Mose im Zusammenhang mit der Bergung seines Leichnams (9) wird durch die Nennung Bileams (11b) und Korachs (11c) abermals Mose implizit als wichtigste Autorität, als Prophet, als Gesetzgeber und als Anführer ins Gedächtnis gerufen.

Während der Weg des Kain (11a) und der Irrtum des Bileam (11b) sowohl für die vorangegangenen wie auch für die aktuellen und bleibenden Verfehlungen der Einschleicher stehen, scheint sich die Strafe für den Aufruhr unter Korach (11c) auf die Vergangenheit zu beziehen. Die Ungehorsamen sind bereits durch ihre Aufwiegelei umgekommen (Num 16,32).

Hier kommt abermals das Zeit- und Ewigkeitsverständnis des Judasbriefes zum Tragen. Wie die Gläubigen für Heil und Rettung seit Ewigkeit durch Christus bestimmt und bewahrt sind (1c), so sind auch die Abtrünnigen schon ewig zum Untergang und zur Verdammnis bestimmt (6c.13c). Wie jede und jeder Gläubige jederzeit Anteil hat am Heil Christi, so ist jeder Verworfene der Vergangenheit und der Zukunft mit hineingenommen in den Untergang und die Vernichtung Korachs samt seiner Gruppe.

Der Autor, der sich an der Seite Jesu sieht (1a), der bereits Israel aus Ägypten rettete (5b), stellt die Einschleicher (4a) auf die Seite der größten Sünder der Weltgeschichte (5b–11). Die Sünden derer, die sich unerkannt eingeschlichen haben, ordnet er ein unter die schlimmsten der jemals verübten. Das härteste denkbare Gericht ist ihnen bereits vorbestimmt. Es ähnelt in seiner Dimension dem Wassergericht der Sintflut (6c) und dem Feuergericht über Sodom (7d). Sowohl die Rettung durch Jesus als auch die Verwerfung der Sünder sind von Ewigkeit an vorherbestimmt.

Um zu vermitteln, wie die Eingeschlichenen mit solchen Sünden in der Gemeinde bislang unerkannt bleiben konnten, bedient sich der Autor einer Steigerung, die bei der unschuldigsten aller menschlichen Taten beginnt, dem Träumen (8a), und bei der gravierendsten endet, dem Lästern himmlischer Autoritäten (8c). Als Grundmuster seiner Argumentation legt der Autor die Figur der argumentatio a maiore ad minus zugrunde: Wenn etwas für so Große und so Großes in so gewaltiger Schärfe gilt, um wie viel mehr dann im Kleinen? Das Phänomen, dass Gemeindeglieder nicht wie Gläubige reden und handeln, erklärt der Autor mit dem instinkthaften Verhalten von vernunftlosen Tieren. Sie haben instinktiv den rechten Weg eingeschlagen. Da ihnen aber der Geist fehlt, führt sie dieser Weg direkt in ihren Untergang.

12–15
Anklage und vorbestimmtes Gericht

¹² Diese sind die Schmutzflecken bei euren Liebesmählern. Furchtlos feiern sie mit und weiden sich selbst. Wasserlose Wolken sind sie, von den Winden verweht; fruchtlose Bäume im Spätherbst; beides: abgestorben und entwurzelt. ¹³ Wie wilde Wellen des Meeres schäumen sie ihre eigenen Schändlichkeiten auf, umherirrende Sterne. Für sie ist die dunkelste Finsternis bestimmt in Ewigkeit.
¹⁴ Henoch, der siebte seit Adam, prophezeite auch diesen, indem er sprach: »Siehe, der Herr kam inmitten seiner heiligen Zehntausenden. ¹⁵ Er wird Gericht halten über alle und sie alle überführen all ihrer gottlosen Werke, die sie verübt haben, und wegen all der harten Dinge, die sie als gottlose Sünder gegen ihn geäußert haben.«

Nach der ersten Warnung vor denen, die sich in die Gemeinde eingeschlichen haben (4a), und nachdem er diese Einschleicher mit den bereits gerichteten Ungläubigen (4b) und den größten Erzsündern der Vergangenheit und ihren Vergehen parallelisiert hat (6–11), kommt der Autor des Judasbriefes wieder auf die Gegenwart der Gemeinde zu sprechen. Diejenigen, die in solcher Schreckenstradition stehen, haben den innersten Kern der Gemeinde infiltriert und sind bis in deren Liebesmähler vorgedrungen und als Schmutzflecken erkennbar.
In der Mitte des Briefes (12 f.) kommt es zum Showdown: Zwei Gruppen stehen einander gegenüber. Die einen werden von Jesus Christus in der ewigen Heils- und Liebesgeschichte Gottes (1b) bewahrt, die anderen treiben haltlos im Wind dahin, entwurzelt, verdorrt und ohne Früchte (12c) in der endlosen Unheilsgeschichte der Verleugnung Christi (4b). Sie besudeln als Schmutzflecken (12a) die Liebe des Vaters (1b), die in den Liebesmählern ihren Ausdruck findet (12b). Auch sie, die in der Tradition der Sünder stehen, sind bewahrt und vorherbestimmt, jedoch nicht

zum Wachstum in Erbarmen, Friede und Liebe (2), sondern zur ewigen finstersten Dunkelheit (**13c**; vgl. 6c).
Einen Vorgeschmack auf den erwähnten Zusammenstoß bot die Konfrontation des Erzengels Michael mit dem Teufel (8f.); eingebettet zwischen zwei Dreiergruppen von gott- und christusfeindlichen Mächten: Auf der einen Seite die Ungläubigen der Wüstenzeit (5b), die abtrünnigen Engel (6) und die Sodomiten (7), auf der anderen Kain, Bileam und Korach (11). Michael ging siegreich aus der Konfrontation hervor und ließ sich nicht zu Lästerungen hinreißen (9b). In einer zu diesem Kampf des Guten mit dem Bösen parallel gesetzten Auseinandersetzung steht die Gemeinde des Judasbriefes.
Bei seiner Charakterisierung der Einschleicher in die Liebesmähler (12f.; vgl. 4a) knüpft der Autor durch Wort- und Motivparallelen an die zuvor erwähnten Verfehlungs- und Unheilsbeispiele (5b–11) an: Genauso wie diejenigen, die jetzt ohne Hemmungen mitfeiern (12b), nichts als ein Spielball der Winde (**12d**) und entwurzelt waren (**12f**), so handelten auch die Engel einst untreu und waren unstet, indem sie ihre himmlische Heimat verließen und sich mit Menschentöchtern einließen (6a). Wie Gott die gefallenen Engel in Finsternis verwahrte (6b), sind auch jene verwahrt und vorherbestimmt für die dunkelste Finsternis (13c).
Als Schaumschläger (**13a**), die sich ihrer Schändlichkeiten brüsten (**13b**), finden sie ihr Vorbild in den Sodomiten und deren Taten (7). Und diejenigen, die ohne Furcht und Skrupel (12c) die Liebesmähler beflecken (12a), stehen in der Tradition der fleischlichen Besudelungen der Träumer (8a). Sie, die die Gemeindemähler durch ihre Teilnahme beschmutzen (12a), gleichen den in ihrer Bahn irrlichternden Planeten (13b; das griechische *planetos*, von dem sich »Planet« ableitet, bedeutet »umherirrend«) und bilden so unter Verwendung desselben griechischen Begriffs diejenigen ab, die in den Spuren Bileams irrlichterten (11b).
Obwohl der Gegensatz beider Gruppen so offen zutage liegt, haben »die treuen« Gemeindeglieder die Problematik nicht erkannt. Sie lassen zu, dass »die anderen« ungeniert ihre Liebesmähler beschmutzen (12a). Die Einschleicher nutzen die Geliebten Gottes aus, ohne zur Liebesgemeinschaft selbst etwas beizutragen. Wenn der Autor des Judasbriefes sie als Menschen bezeichnet, die sich selbst weiden (12b; Ez 34,2), lässt er sie als Gegenpol erscheinen zum guten Hirten (Joh 10,1–18) und zu dem idealen Gemeindeleiter aus 1Petr 5,2, der gerade nicht den eigenen Gewinn, sondern sichere Weide für die ihm Anvertrauten sucht.
Die Betonung der Haltlosigkeit (12b.13) legt den Schluss nahe, dass der Autor strengere Maßstäbe in (sexual)ethischen Belangen für geboten hielt. Doch gerade die Auflistung unterschiedlicher alttestamentlicher Verfehlungsbeispiele (5b–11) lässt erkennen, dass den als abtrünnig Emp-

fundenen im Judasbrief – anders als dem sogenannten Unzüchtigen in 1Kor 5 – wenig Konkretes und Greifbares vorzuwerfen war.
Die Konfrontation strebt ihrem Höhepunkt und ihrer apokalyptischen Lösung zu. Die nun folgende und in die Zukunft gerichtete Prophezeiung in Jud **14f.** könnte zeitlich, personell und quantitativ kaum höher greifen: Zwei Menschen werden genannt. Adam als der erste Mensch überhaupt ist zugleich der einzige, der von Gott selbst aus Erde gebildet und mit seinem Geist lebendig gemacht wurde (Gen 2,7). Henoch ist der erste, von dem es heißt, er sei mit Gott gewandelt (Gen 5,22), und er sei nicht gestorben, sondern von Gott entrückt worden (Gen 5,24; Hebr 11,5). Der zu Gott in den Himmel entrückte Henoch übernimmt einer jüdischen Tradition zufolge in der himmlischen Versammlung die Aufgabe eines Schreibers (Jub 4,21; ÄthHen 13,3f.; 15,1). In dieser Funktion ist er hervorragend geeignet, glaubwürdig das bevorstehende Gericht zu verkünden.
Jud **14a** berichtet, mit Henoch habe die siebte Generation nach Adam begonnen. Dass Personen in den Stammbäumen durch besondere Platzierungen betont werden, gilt sowohl für alt- als auch für neutestamentliche Genealogien. Durch seine 7er Position wird Henoch in Gen 5,18–25 akzentuiert, und 7er Positionen gliedern den in drei 14er Gruppen aufgeteilten Stammbaum Jesu bei Matthäus (Mt 1,1–17) und die 77 Generationen umfassende Genealogie bei Lukas (Lk 3,23–38).
Mit Hilfe eines Zitats aus den Henoch-Schriften (ÄthHen 1,9), das sich auf den Schlusssegen und das Vermächtnis des Mose bezieht (Dtn 33,2), lädt der Autor seine Worte in Jud 14 auf mit der Autorität des Henoch und der des Mose samt der durch ihn übermittelten Tora (vgl. Dtn 33,2c). Wie das Ende des Henoch ist auch der Tod des Mose, um dessen Leiche nach Jud 9 bereits Michael mit dem Teufel in Streit geriet, mit besonderen Umständen verbunden. Laut Dtn 34,1a bestieg Mose als Letztes den Berg Nebo. Von diesem Berg aus ließ ihn Gott das verheißene Land schauen (Dtn 34,1–3), das er selbst nicht mehr betreten durfte. Anschließend bestattete ihn Gott persönlich (Dtn 34,6).
Bei der am Ende von Jud 14 genannten Myriade (das sind zehntausend) handelte es sich um die höchste in der Antike separat darstellbare numerische Einheit. Der in der Mitte von Zehntausendschaften als Richter kommende Herr ist gedacht als Anführer einer unübersehbar großen Menge. Der vorsintflutliche Henoch verkündigt (14f.), dass Gott in Begleitung solcher Myriaden zum Gericht auszieht. Der Gerichtsspruch über die Sünder hatte schon seit Urzeiten Bestand. Diesem Gericht entgeht niemand, sei es in der Vergangenheit, der Gegenwart oder der Zukunft.
In keinem anderen Vers des Neuen Testamentes ist häufiger der Terminus »alle« verwendet als in Jud **15**. Der Autor des Judasbriefes geht

damit noch über seine Vorlage (ÄthHen 1,9) hinaus. Die Prophezeiung nimmt die gesamte Menschheit und ihre Heils- und Verfallsgeschichte von Anbeginn an in den Blick. Wie unter einem Mikroskop fokussieren Myriaden himmlischer Richter die im Vergleich verschwindend kleine Gruppe der Abweichler in der Gemeinde. Sie *alle* erfasst das Gericht, *alle* werden *all* ihrer Taten überführt, gerichtet für *alles*, was Christus zuwiderläuft.

Die in 5b–11 genannten Erzsünder der alttestamentlichen Tradition finden ihre Entsprechung in denen, die sich in die Liebesmähler, und das bedeutet ins Herz der aktuellen Gemeinde, eingeschlichen haben. Die gewissenlosen Einschleicher besudeln die Liebesmähler der Gläubigen durch ihre Anwesenheit. Zugleich mit den Liebesmählern ist auch die sich darin ausdrückende und durch Christus bewahrte Liebe des Vaters befleckt (1b). Zwischen der Gruppe der treuen Gemeindeglieder und denen, die sich unbemerkt und unerkannt eingeschlichen haben, kommt es in der Mitte des Briefes zur alles entscheidenden Auseinandersetzung.
Den größten Sündern und den größten Sündentaten stellt Jud 14 die ältesten positiven Autoritäten entgegen: Adam, der Erstgeschaffene, und Henoch, der wegen seiner Frömmigkeit nicht starb, sondern zu Gott entrückt wurde (Gen 5,24; Hebr 11,5), samt der mit ihm in Verbindung gebrachten ältesten und mächtigsten Gerichtsprophezeiung (ÄthHen 1,9; Dtn 33,2). Der Prophetie eignet höchstmögliche Autorität (Henoch gilt als Prophet und himmlischer Schreiber; Jud 14b; ÄthHen 12,3f.; 15,1). Sie gilt schon immer und ohne Ausnahme für alle (Adam steht für die Menschheit) und vollzieht sich gewiss vermittels der mit der göttlichen Allmacht aufgebotenen größtmöglichen Anzahl an Scharen himmlischer Heere (14b). Alles Gewesene, alles Gegenwärtige und alles Kommende samt der Entscheidung über Rettung und Verwerfung sind von Ewigkeit an für alle vorherbestimmt (15).

16–19
Die Identifikation der Abweichler in der Gemeinde

16 Das sind Nörgler und Unzufriedene, die nur nach ihren Begierden gehen. Großsprecherisch und liebedienerisch reden sie um ihres Vorteils willen den Leuten nach dem Mund. **17** Ihr aber, Geliebte, erinnert euch der Worte, die von den Aposteln unseres Herrn Jesus Christus vorhergesagt worden sind:
18 Sie sagten euch: Am Ende der Zeit werden Spötter auftreten, die nur ihren eigenen gottlosen Begierden folgen. **19** Solche verursachen Spaltungen, streben nur nach Irdischem und haben den Geist nicht.

Verbürgt durch himmlische Autoritäten (14a; Henoch, Adam, Mose) droht den Abweichlern ein von Anbeginn der Zeiten an geplantes Weltgericht (14b; Dtn 33,2). Kein moderner Fantasy-Autor könnte in seiner Bilderwelt weiter ausgreifen: Geführt vom Herrn der Welten persönlich, stürzen sich nach Zehntausenden zählende Heere von Richterengeln aus den Himmeln herab (14c). Die Myriaden himmlischer Heerscharen kennen nur ein Ziel. Ihre Gegner sind diejenigen, die in einer Reihe stehen mit den fürchterlichsten Sündern der Geschichte, die sich der schlimmsten aller nur denkbaren Sündentaten schuldig gemacht haben und zur ewigen Verdammnis bestimmt sind.

Es handelt sich um die Schar derer, die sich laut dem Judasbrief in die Gemeinde eingeschlichen haben (4a.12a). Ihre Mitglieder dürften in den ersten beiden Jahrhunderten, als sich die christlichen Gemeinden gerade konstituierten, allenfalls nach Dutzenden gezählt worden sein. Ihr greifbares und anrechenbares Verschulden? Nörgelei und Unzufriedenheit (**16a**).

Man darf unterstellen, dass der überdurchschnittlich gebildete und sprachlich versierte Autor des Judasbriefes wusste, was er tat, als er diesen abenteuerlichen Kontrast konstruierte. Die Leserschaft soll durch die Zuspitzung animiert werden, nach dem Zweck des ins Groteske gesteigerten Gegensatzes zu fragen.

Zunächst werden die Gegner der himmlischen Heere in ihrer Banalität präsentiert (16a). Biblisch bewanderte Leser denken bei den Nörglern, die nur ihre eigenen Bedürfnisse im Blick haben, an die Israeliten, die beim Durchzug durch die Wüste gegen Mose gemurrt haben (11c; Ex 17,3; Num 14,2; vgl. 5b). Doch der sonst nicht um biblische Parallelen verlegene Autor gesteht der Nörgelei der Gemeinde keine biblische Dimension zu. Indem er einen griechischen Terminus verwendet, der weder in den »Murrgeschichten« der Wüstenzeit noch sonst in den biblischen Schriften gebräuchlich ist, steigert er noch den Kontrast zwischen den Himmelsmächten und den gänzlich unbedeutenden Gemeindenörgler und treibt so deren Verzwergung auf die Spitze.

Wenn die Nörgler zugleich »Unzufriedene« genannt werden, dann handelt es sich sprachlich um ein Hendiadyoin (»eins durch zwei«), *ein* Sachverhalt wird durch *zwei* sinnverwandte Termini bezeichnet. Unzufrieden sind die Nörgler, weil ihre Wünsche und Erwartungen nicht befriedigt werden. Das bringt ihnen den Vorwurf ein, sie gingen nur nach ihren Begierden (**16b**).

Die Offenheit der Anschuldigung eignet sich als Matrix für Wünsche und Sehnsüchte, die selbst die Frömmsten unter den Gemeindegliedern hegen. In einer ausgegrenzten und sich selbst abgrenzenden kleinen Gemeinde, deren Mitglieder eher der Unterschicht angehörten, dürfte

ein nicht unerhebliches Potential für offengebliebene Wünsche existiert haben. Das bedeutet, jeder kann und soll sich ertappt fühlen und den Vorwurf der Unzufriedenheit auf sich beziehen.
Wenn Unzufriedenheit in der Gemeinde Thema war, dann haben Einzelne ihrem Herzen Luft gemacht, was vor dem Hintergrund des Ausbleibens der als unmittelbar bevorstehend verheißenen Wiederkunft Christi nicht verwundert. Der Autor des Briefes urteilt, dass einige bei ihrer Kritik den Mund zu voll genommen haben (**16c**).
Im Schlussteil des sechzehnten Verses kommt zusätzlich der Aspekt der Unlauterkeit mit ins Spiel. Erwähnt sind Gemeindeglieder, die in erster Linie an sich selbst denken (16b; vgl. 12c) und um des eigenen Vorteils willen das sagen, was andere hören wollen und was ihnen schmeichelt (**16d**). Der Vorwurf, sich egoistisch zu verhalten, begegnete bereits bei den Liebesmählern (12a), die einige Teilnehmerinnen und Teilnehmer nutzten, um »sich selbst zu weiden« (12b). Die Grenze zwischen berechtigtem Vorwurf und Unterstellung lässt sich kaum ziehen; letztlich bleibt offen, ob im Hintergrund des Schreibens auch reale Gruppen stehen, oder ob die allgemeingültigen Vorwürfe insgesamt konstruiert sind.
Wie im Zuge des Verzichts des Erzengels Michael auf Lästerungen gezeigt (8–10), ist ein zentrales Stilmittel des Briefes der Schluss vom Größeren auf das Kleinere (argumentatio a maiore ad minus): Das himmlische Gericht über alle Sünder der Weltgeschichte ist angelaufen (14 f.). In einer Reihe mit diesen Sündern, stehen nicht nur die, die sich konkreter Vergehen schuldig gemacht haben, sondern auch die, die mit der aktuellen Situation unzufrieden sind.
Wenn sich nicht einmal Engel (6) und alle in den vorangehenden Versen Genannten (5a–11) dem Gericht der Myriaden Richterengel entziehen können (14b.15), um wie viel weniger dann die einfachen Gemeindeglieder? Der Autor möchte, dass die Angehörigen der Gemeinde seinen Schluss vom Größten auf das Kleinste auf sich beziehen und in umgekehrter Richtung schließen (a minori ad maius): Keine Tat oder Haltung, und sei es bloße Unzufriedenheit, lässt sich als Bagatelle abtun (vgl. das Träumen in 8a). Etwas scheinbar Unbedeutendes vermag eine Lawine auszulösen; ein Funke genügt, um einen Weltbrand zu entfachen. Die Leserinnen und Leser des Briefes sollen erkennen: Die geringste eigene Abweichung führt zur Positionierung auf Seiten der Erzsünder.
Wenn Henoch richtig prophezeit hat (14a), dann die Apostel Jesu Christi erst recht (**17b**). Im Anschluss an das Urteil über die Abweichler der Gemeinde wendet sich der Autor den »treuen« Gemeindegliedern zu. Die erneute Ansprache in Vers **17a** mit »Geliebte« (vgl. 3a.20a) vermittelt ihnen, dass *sie* durch Christus in Ewigkeit bewahrt sind in der Liebe Gottes (1b).

Alles ist seit ewig vorherbestimmt (**17c**). Folglich kann das Auftreten von Gegnern nicht überraschen; sie sind schon lange zum Gericht vorgemerkt (**4b**), wie schon Henoch prophezeite (**14a**) und wie schon die Apostel Christi vorhersagten (**17c**). Der Autor fordert die Gemeindeglieder auf, sich dieser von je her offen zu Tage liegenden Tatsache zu erinnern (**17b**). Indem er diese Verheißung an Christus knüpft (**17b**), sind die Gemeindeglieder durch ihren Glauben an Christus hineingenommen in den ewigen Heilszusammenhang. In ihm stehen letztlich auch die Worte des Judasbriefes als Heilsworte (Evangelium).

Laut Judasbrief hatten in ihren Vorhersagen die Apostel Christi (**17c**) das Auftreten von Spöttern, die nur ihren Begierden folgen (**18a**), als Vorbedingung der Parusie angekündigt. Hinter den Spöttern verbergen sich diejenigen, die auf das Ausbleiben der Wiederkunft Christi mit Sarkasmus reagieren, oder die die Erlösung dadurch ins Lächerliche ziehen, dass sie meinen, ihnen als bereits Erlösten könne nichts Irdisches (**19b**) mehr schaden. Solche haben nicht die künftige Welt im Blick, sondern richten sich in dieser Welt ein und stellen ihre Begierden an die erste Stelle (**16b**; **18b**). Im Vergleich zu den konkreten Fällen in den Paulusbriefen (z. B. 1Kor 5; 6,1.6; 11,20–22; Gal 5,12; Phil 3,2) erscheint das hier Angeführte wenig greifbar.

Für den Autor des Judasbriefes existieren keine Grautöne. Wer im Kleinsten von der als richtig erkannten Linie abweicht, und sei es, dass er seiner Ungeduld über die Verzögerung der Wiederkunft Christi Ausdruck gibt (**16a**), wird den Verlorenen zugerechnet. Wer abweicht, steht auf einer Stufe mit Kain, Korach, Bileam, den gefallenen Engeln, den Sodomiten und allen Ungläubigen und Abweichlern der Geschichte. Er geriert sich als Angehöriger der gerichteten Welt und hat sich erneut den irdischen Lüsten zugewandt (**16b.18b.19b**). Als ein solcher zählt er zu den schon immer und in Ewigkeit Verworfenen. Über ihn ergeht das härteste Urteil, das sich über ein (ehemaliges) Gemeindeglied fällen lässt: Er hat den Geist Gottes nicht (**19c**; vgl. 10).

Die so Verurteilten sind bisher unauffällige Gemeindeglieder, denn nur von solchen lässt sich als »Einschleichern« (**4a**) sprechen. Sie hatten Teil an den Liebesmählern (**12a**). Einige der als »Nörgler und Unzufriedene« Gekennzeichneten (**16a**) werden sich bis zur Verlesung des Judasbriefes keiner Schuld bewusst gewesen sein. Durch die Benennung zweier unterschiedlicher Gruppen ist die Spaltung manifest (**19a**). Jedes Gemeindeglied, das nicht immer und mit allem voll zufrieden war, muss sich fragen: »Zähle auch ich zu den anderen?« (vgl. Mt 26,22b).

Der Autor des Judasbriefes verfolgt mit seiner Gegenüberstellung der Größe des himmlischen Gerichts und dessen scheinbar unbedeutendem irdischen

Ziel (den Unzufriedenen und Nörglern), einen konkreten Zweck. Er möchte, dass die Gemeindeglieder sich selbst in den Beschuldigten wiedererkennen. Denn in der sich hinziehenden Zeit sind Phasen der Unzufriedenheit und des Zweifels nicht ungewöhnlich. Damit erübrigt sich die Frage, ob und welche konkreten Gruppen hinter den Kritisierten stehen.

Unzufriedenheit eines Gemeindeglieds (16a) bedeutet Unzufriedenheit mit dem Reich Gottes. Wer aber Befriedigung außerhalb des Reiches Gottes sucht, der spaltet die Gemeinde (19a). Er wendet sich wieder dem Irdischen zu (19b) und folgt seinen Begierden (16b.18b). Wer von Erstrebenswertem außerhalb des Reiches Gottes spricht, der nimmt seinen Mund zu voll (16c) und redet den Leuten nach dem Mund (16d). Wer gläubig ist, hat den Geist (20c) und Anteil am Reich Gottes. Träumt jemand von etwas außerhalb des Reiches Gottes (8a), hat er den Geist nicht (19c; 10b).

Die aktuellen Ereignisse erweisen die Prophezeiungen der Apostel (17b) als korrekt. Wer als Nörgler, der seinen Begierden folgt (16b), an der Verheißung zweifelt und sie dadurch verspottet (18b), bestätigt gerade durch seinen vorhergesehenen Zweifel an der Verheißung ihre Richtigkeit und ist Beleg für das bevorstehende Ende der Zeiten und die Wiederkehr Christi in Herrlichkeit.

20–23
Der Umgang der Treuen mit den Abweichlern

[20] Ihr aber, Geliebte, baut euch selbst auf durch euren heiligsten Glauben und betet im heiligen Geist. [21] Bewahrt euch selbst durch die Liebe Gottes. Erwartet das Erbarmen unseres Herrn Jesus Christus zum ewigen Leben. [22] Und derer erbarmt euch, die zweifeln; [23] rettet sie, indem ihr sie aus dem Feuer reißt; erbarmt euch ihrer aber in Furcht und hasst dabei sogar das Gewand von jemandem, der dem Bereich des Fleischlichen verfallen ist.

Parallelen in der Wortwahl zwischen dem Anfang und dem Schlussteil des Briefes lenken den Blick auf die Struktur des Briefes insgesamt. Unter anderem sind die Verse 19–21 spiegelbildlich (chiastisch) zum Anfangsteil des Briefes (1b–4) aufgebaut. Der eingangs genannten Liebe Gottes, der Bewahrung der Gläubigen in der Liebe durch Christus (1b) und deren Wachstum (2) entsprechen die abschließend bekräftigte Bewahrung in Gottes Liebe (**21a**) und die Erwartung des Erbarmens Christi zum ewigen Leben (**21b**). Der Glaube der Heiligen (3b) findet seine Entsprechung im heiligsten Glauben der Gemeindeglieder im Heiligen Geist (**20b**). Schließlich korrespondiert die Mahnung vor der Gefährdung durch die Einschleicher am Schluss des Eingangsteils (4a) dem Beginn des letzten Drittels des Briefes und der Warnung vor den Spaltern der Gemeinde

(19a), denen dezidiert der Heilige Geist abgesprochen wird (19c) und die der Autor der alten Welt zurechnet (19b). Ohne den Heiligen Geist (19c) vermögen die Spalter (19a) im Unterschied zu den Gläubigen nicht zu beten (20c). Als Verleugner Christi (4d) sind sie ohne Geist (19c) und abgeschnitten von der Verbindung zu Gott.
Beiden Rahmenversen (1.**21**) ist die Fortsetzung mit »Erbarmen« (eleos) gemeinsam. An das Erbarmen in 2a knüpft sich die den Gläubigen gemeinsame Rettung (3b) und in 21b geht es um die Erwartung des »Erbarmens« Christi zum ewigen Leben (**21c**).
Das Nomen »Erbarmen« (eleos; 2.21) im zweiten Vers war dadurch besonders akzentuiert worden, dass es anstelle des sonst üblichen und erwarteten griechischen Wortes für Gnade (charis; 1Kor 1,3; 2Kor 1,2; 1Petr 1,2; 2Petr 1,2 etc.) verwendet wurde. Durch die Rede von »Erbarmung« hat der Autor in Jud 2a ein Textsignal gesetzt, das er in 21b wieder aufgreift. Er schließt damit die rahmende Klammer und leitet zu den Folgeversen (**22f.**) über, in denen der Terminus (»erbarmen«) erstmals als Verb erscheint.
Bisher waren die Gruppe der frommen Gemeindeglieder auf der einen Seite und die der Einschleicher (4a), Beschmutzer (12a), Unzufriedenen (16a) und Spalter (19a) auf der anderen einander gegenübergestellt worden. Letztere standen auf der Seite der Erzsünder, und das himmlische Gericht gegen sie war schon im Gange (14b.15).
In einem der kürzesten Sätze des Briefes werden die Oppositionsgruppen miteinander verbunden: Auf die Zusage der Erbarmung (21b) an die Geretteten folgt die Aufforderung, sich zu erbarmen (22). Aus dem Indikativ wird ein Imperativ. Objekte des Erbarmens sind die Zweifler, die mit sich ringen (22). Der griechische Begriff für ein solches Ringen (diakrino) ist dadurch positiv aufgeladen, dass er mit Bezug auf den guten Kampf des Erzengels Michael im dramatischen Hauptteil des Briefes bereits begegnete (9b). Der Erzengel Michael wurde unter Verwendung des medialen Partizips von diakrino beschrieben als »ein Sich-Streitender«, der mit dem Teufel um den Leichnam des Mose ringt (9b). In Vers 22 sind »die Sich-Streitenden« ebenfalls mit einem medialen Partizip von diakrino bezeichnet. Im Unterschied zum Erzengel Michael (9b) fehlt jedoch ein äußeres Objekt. Der Aufruf zum Erbarmen gilt in Jud 22.**23b**, so legt die Parallele zu Vers 9 nahe, denjenigen, in denen die gläubigen Anteile mit den teuflischen ringen. Als Absicht des Verfassers wird deutlich: Wie nicht einmal der Erzengel Michael in Bezug auf den Teufel eine Verurteilung wagte (9c), so ist auch das Urteil über die, die zweifeln und mit sich selbst ringen, allein Gott anheim zu stellen. Von den Gläubigen, die selbst Erbarmen empfangen haben (2a.21b), ist aktives Erbarmen gefordert (22.23b).

Wer sich eines Zweiflers erbarmt und ihn so zurückholt in den Schoß der Gemeinde, entreißt ihn dem Feuer (Jud 23b; Sach 3,2c), sein Gewand (d. h. das Sündhafte) muss draußen bleiben (23c; Sach 3,3 f.). Alles, was fleischlich und mit Begierden verbunden ist (18b), gehört dem Bereich des Satans an. Der dahinterstehende Dualismus ähnelt dem im fünften Kapitel des ersten Korintherbriefes (1Kor 5,6 f.).
Die Rede vom Gewand, das durch Fleischliches verunreinigt ist (23c), ist briefintern verbunden mit den Versen 7–10. Die Sodomiten erleiden das Feuergericht, weil sie ihr Fleisch besudelten (7) ebenso wie die, die träumen (8) und ihr Fleisch befleckten. Laut 23a heißt Erbarmen, die Zweifler aus dem Feuer zu reißen, wie der Hohepriester in Sach 3,3 aus dem Feuer gezogen wurde. Das besudelte Kleid ist nach Sach 3,4 f. auszuziehen und durch ein reines Festtagskleid zu ersetzen; laut Jud 23c ist das beschmutzte Gewand zu hassen.
Nur an wenigen Stellen des Neuen Testamentes werden Christen zum Hassen aufgerufen (Röm 12,9; Hebr 1,9; Jud 23; Offb 2,6; anders Lk 14,26; Joh 12,25). Dabei geht es darum, das Böse oder das davon Infizierte zu hassen. In Jud 23c bezieht sich das Hassen nicht auf die Person, sondern auf das befleckte Kleidungsstück als Sinnbild der Zugehörigkeit zur unerlösten Welt. Die Wahl des Wortes »hassen« verdankt sich der Parallele in Gen 37,4.8 (vgl. den Exkurs zu den alttestamentlichen Parallelen).

Exkurs: Die alttestamentlichen Parallelen zu Jud 8f.22–24 in Sach 3,1–5 und Gen 37

Zu Sach 3,1–5
Durch das Kurzzitat aus Sach 3,2a in Jud 9c (»der Herr schelte dich«) gibt der Autor des Judasbriefes einen Lesehinweis auf den engeren Kontext des Zitats aus den kleinen Propheten. Und tatsächlich bietet der Beginn des dritten Kapitels bei Sacharja (Sach 3,1–5) nicht allein Parallelen zum Zitat in Jud 9, sondern auch zu Jud 22–24:
Im Judasbrief und in der Sacharja-Parallele stehen einander zwei Größen gegenüber. Dem anklagenden Teufel (Sach 3,1b), dem befleckten und deshalb ausgezogenen Kleid (imation; Sach 3,3a.4b) und der beseitigten Gesetzlosigkeit (Sach 3,4c) bei Sacharja entsprechen im Judasbrief der Teufel, mit dem der Erzengel Michael streitet (9), und das zu hassende Gewand, das vom Fleisch befleckt ist (23c).
Die positive Seite repräsentieren bei Sacharja der Engel des Herrn (Sach 3,1b) und der aus dem Feuer gerissene (Sach 3,2c) Hohepriester Jesus (so die LXX; im Hebräischen: Jehoschua; Sach 3,1) im reinen Festgewand (Sach 3,4.5b). Im Judasbrief verkörpern die gute Seite der Erzengel Michael (9), die aus dem

Feuer zu rettenden (ehemaligen) Zweifler (23a) und diejenigen, die fehllos vor die Herrlichkeit des Herrn treten (24b).
Der Autor des Judasbriefes wählt z. T. andere griechische Begriffe für sinngleiche Gegenstände und Handlungen. So spricht er in Jud 23 vom »befleckten Gewand« (chiton) desjenigen, der »dem Feuer entrissen« wurde, und dessen Unreinheit er zu »fleischlichen Begierden« (23b) in Beziehung setzt. Sacharja dagegen redet von einem »schmutzigen Kleid« (imation) des »aus dem Feuer herausgerissenen« Hohenpriesters, dessen Unreinheit er mit Gesetzlosigkeit parallelisiert (Sach 3,3 f.). Der Hohepriester bei Sacharja erhält ein reines Festkleid (3,4) und der vormalige Zweifler in Jud 23 tritt makellos vor die göttliche Herrlichkeit (vgl. 1Petr 1,19).
Trotz der Abweichungen im Wortlaut macht das Vorkommen zentraler Motive in Jud 23 f., die sonst nur in den genannten Sacharjaversen begegnen, noch dazu in übereinstimmender Reihenfolge (Akoluthie), einen beabsichtigen Bezug des Judasbriefes auf Sach 3,1–5 wahrscheinlich.

Zu Gen 37
Der Erzvater Jakob reagiert auf das Träumen (enhupniazomai; Gen 37,9 f.) seines Lieblingssohnes Josef mit dem innerbiblisch seltenen »schelten« (Gen 37,10). Es ist dieselbe Vokabel, die der Engel nach Sach 3,2a gegenüber dem Teufel und die der Erzengel Michael in der Entsprechung in Jud 9c verwendet. Die Schärfe der Kritik Jakobs am Träumen Josefs wird dadurch relativiert, dass es im Folgevers heißt, Jakob habe die Angelegenheit für sich bewahrt (Gen 37,11; vgl. Lk 2,19.51). Dieses »Bewahren« in der Septuagintafassung von Gen 37,11 (dia-tereo) geht auf denselben griechischen Wortstamm zurück wie das »Bewahren« im Judasbriefes (tereo). Als Leitbegriff erscheint das Wort innerhalb der 25 Verse des Briefes fünfmal (Jud 1.6 [2×].13.21).
Jakob zog seinem Lieblingssohn ein buntes Gewand an (chiton; Gen 37,3). Josefs Brüder hassten ihn (miseo; Gen 37,4.8) wegen seines Gewandes und wegen seiner hochfahrenden Träume (enhupniazomai; Gen 37,5 f.9 f.). Sie zogen ihm sein Gewand aus, besudelten es mit Blut und täuschten damit ihren Vater. Josef wird in Ägypten ins Gefängnis geworfen, dort lasst der Herr ihm sein Erbarmen zuteilwerden (eleos; Gen 39,21, vgl. Jud 2a; 21b).
Die in Jud 8.23 und in Gen 37 verwendeten griechischen Termini für Gewand (chiton; Gen 37,3.23.31–33; Jud 23c), hassen (miseo; Gen 37,4.8; Jud 23c) und träumen (enhypniazomai; Gen 37,5 f.9 f.; Jud 8) sind identisch und begegnen in dieser Kombination nur in den beiden genannten Kontexten. Hinzu kommt die Verwendung des griechischen Wortstamms von »Bewahren« (tereo; Gen 37,11), dem Leitbegriff des Judasbriefes, was die Josefnovelle für den Autor des Briefes zusätzlich attraktiv gemacht haben dürfte. Josefs Gewand, für das er gehasst wurde, wird besudelt und er selbst

wird für sein Träumen gescholten (Gen 37,10; vgl. Jud 9c und Sach 3,2). Josef selbst erfährt mehrfach Erbarmung; er gilt als Vorbild der Fürsorge und des Vergebens (Gen 50,19–21).
Wie in Jud 8a das Träumen als Beginn eines Abgleitens in weitere Verfehlungen dargestellt wird, so ist die Bewahrung und Rettung Josefs, der ebenfalls träumte, ein Vorbild für die Möglichkeit der Erbarmung trotz aller Verfehlung (Jud 23a). Wie nach Gottes Willen auch Josef ungeachtet seines hochfahrenden Träumens gerettet wurde, so ist die Bestrafung selbst derer, die sich schlimmste Verfehlungen haben zuschulden kommen lassen, Gott anheimzustellen (vgl. 9c). Nicht Josef, sondern sein besudeltes Gewand ist zu hassen (Gen 37,4). Dem Urteil Gottes ist nicht vorzugreifen; er ist in der Josefnovelle und im Judasbrief ein erbarmender Gott (Gen 39,21; Jud 2a.21b; vgl. Gen 50,19–21).

Dass das Erbarmen in Vers **22c** den Zweiflern gelten soll (**22b**), ist unumstritten. Gegenstand der Erörterung unter den Exegetinnen und Exegeten ist die Frage, ob in Jud 23 von weiteren und anderen Gruppen die Rede ist, und wenn ja, von welchen und wie vielen.
Die Parallelisierung von Sach 3,1–5 und Jud 9.22–24 durch den Autor des Judasbriefes macht es wahrscheinlich, dass entsprechend der alttestamentlichen Vorlage auch im Judasbrief kein Straf- oder Rettungsszenario für mehrere Gruppen von Abweichlern im Blick ist. Dem Autor geht es an dieser Stelle (23) um die, die sich noch im Kampf mit dem Teufel befinden und die als Zweifelnde mit sich selbst ringen, aber potentiell zu retten sind.
Die komplexe Beziehung von Jud 8f. und 22–24 zu Sach 3,2–5 und zur Josefsnovelle (Gen 37) führte bereits in der Antike zu »Glättungen« des griechischen Wortbestands von Jud 22 f. Ergebnis war ein weites Spektrum an Textvarianten, verbunden mit dem erwähnten Dissens über die Anzahl und die Art der Abweichler-Gruppen.

Nach der Beschreibung der langen Geschichte der Sünder und ihrer Sünden (5–15) und der Identifikation der Abweichler (16–19), die in deren Tradition stehen, wendet sich der Autor den Treuen in der Gemeinde zu und bestätigt ihren Status (20–23). Als Gläubige sind sie in der Liebe des Vaters durch Christus bewahrt (1b). Im Glauben haben sie den Heiligen Geist und vermögen darin zu beten (20b) und sich so selbst weiter aufzuerbauen (20a).
Ihnen wurde Christi Erbarmen zugesprochen (2a), das sie jetzt zum ewigen Leben erwarten (21b). Aus der Gabe des Erbarmens soll ein aktives Geben werden (22b.23b). Mit ihrem Erbarmen vermögen die treuen Gemeindeglieder die zu retten (22a), die noch mit sich ringen (22b). Indem der Autor diesen Kampf mit dem Streit des Erzengels Michael mit dem Teufel parallelsetzt (9b), beschreibt

er ihn als inneren Zweikampf zwischen den gläubigen und den teuflischen Anteilen des Zweiflers. Das geforderte Erbarmen mit den Zweifelnden ähnelt dem rettenden Herausreißen aus dem Feuergericht (23a; vgl. Sach 3,2c).
Alles, was Bezug zur irdischen Welt und ihren Begierden hatte (18b), sowie die gesamte vormalige Existenz sind wie ein besudeltes Gewand zu hassen (23c). Das verschmutzte Gewand steht in der Tradition des aus dem Feuer gezogenen Hohenpriesters, dem sein unreines Kleid ausgezogen wird (Sach 3,3f.). Es findet eine Parallele in der Josefserzählung: Josef wurde von seinen Brüdern gehasst wegen seines Gewandes (Gen 37,3f.; vgl. Jud 23c) und wegen seiner hochfahrenden Träume (Gen 37,8; vgl. Jud 8). Sie zogen ihm das Gewand aus und besudelten es mit Blut (Gen 37,31–33). Josef erhielt ein Königskleid (Gen 41,42c), der Hohepriester ein reines Festkleid (Sach 3,4f.).

24–25
Vergewisserung und Lobpreis

²⁴ Einer aber hat die Macht, euch vor dem Straucheln zu bewahren und als Fehllose und voller Jubel vor seine Herrlichkeit treten zu lassen. ²⁵ Ihm, dem einzigen Gott, unserem Retter durch Jesus Christus, unseren Herrn, sei Herrlichkeit, Erhabenheit, Gewalt und Vollmacht vor aller Zeit und jetzt und in alle Ewigkeit, Amen.

War bisher von Einschleichern (4a), von denen, die Christus als einzigen Herrn in Frage stellen (4d; vgl. 5c), von Spaltern (18c) und denen, die als Zweifelnde mit sich selbst streiten (22), die Rede, so beschließen die beiden letzten Verse den Judasbrief als Ganzen mit der Lobpreisung des einzigen, einenden (**24**) und eindeutigen Gottes (**25**). Er allein hat die Macht, die Strauchelnden (**24a**), das heißt die Hin-und-her-Gerissenen, fest zu gründen durch Jesus Christus (**25b**) und auf ewig zu bewahren. Letztlich waren auch die Frommen der Gemeinde nicht vollkommen, denn sie erkannten nicht, dass sich gefährliche Personen eingeschlichen hatten (4a.12a). Nun sind sie als Gemeinschaft zusammen mit den aus dem Feuer geretteten Zweiflern angesprochen.
Aus den zerrissenen und für Unreinheit anfälligen Gemeindegliedern werden makellose Gläubige (**24b**). »Fehl-« und »Makellosigkeit« entstammen der Opferterminologie (Ex 29,38). Für den Tempelgottesdienst waren nur fehlerlose Opfertiere tauglich (Lev 1,3.10; 3,1.6 etc.). Entsprechend wird Jesus Christus als das fleckenlose Opferlamm bezeichnet (Hebr 9,14; 1Petr 1,19). Wer ihm angehört und teilhat an seinem Opfer, ist selbst makellos (**24b**). Ein etwaiges schmutziges Gewand existiert nicht mehr (23c). Mehr als ewig ungefährdet und unzweifelhaft in ewi-

gem Jubel und nicht mehr zu steigernder Freude (**24c**) vor der Herrlichkeit Gottes zu stehen, ist nicht denkbar (vgl. Ps 84,8; Mt 5,8).

War im vorletzten Vers des Briefes zunächst noch von dem die Rede, der allein die Macht hat zu bewahren (**24a**), ohne ihn konkret zu benennen, wird diese Benennung als Schluss und Höhepunkt nachgeholt (**25**). Die letzte und bereits im ersten Vers des Briefes geöffnete Klammer wird geschlossen. Er, der das Zweifelhafte endgültig beendet, ist der einzige Gott (**25a**). Hinter der Bezeichnung als *unser* Retter wird die Gemeinde als Einheit erkennbar. Meist wird im Neuen Testament *Christus* mit dem Titel »Retter« belegt (Lk 2,11; Joh 4,42; Phil 3,20; 2Petr 2,20 etc.). Im Schlussvers des Judasbriefes ist *Gott* der Retter (**25b**; vgl. 1Tim 1,1; Tit 1,3; 2,10 etc.), der die Gläubigen durch Christus, den Herrn, gerettet hat. Gott werden die Heilsattribute: Herrlichkeit, Erhabenheit, Gewalt und Vollmacht in Ewigkeit zugesprochen (Jud 25).

Zugleich werden Gott und Christus nahe aneinandergerückt: Der Lobpreis (die Doxologie) im Schlussvers nennt an erster Stelle die Herrlichkeit (**25**). Es ist dieselbe Herrlichkeit, vor die zuvor Christus die Gläubigen gestellt hat (**24b**), die den Heiligen Geist haben (**20b**). Damit werden die gläubigen Adressaten des Briefes mithineingenommen in das Reich Gottes und eingebunden in die Gemeinschaft aus Vater, Christus und Heiligem Geist. Auch wenn die Lehre vom dreieinigen Gott, zur Zeit der Abfassung des Judasbriefes nicht als ausformuliertes Dogma vorlag, so ist sie für den Autor des Briefes der Sache nach bereits präsent.

Neben dem Galaterbrief ist der Judasbrief im Neuen Testament der einzige Brief, der unumstritten mit »Amen« besiegelt wird (das »Amen« als Schlusswort in Röm 16,27 ist nicht sicher belegt). Vergleichbare mit »Amen« beschlossene Doxologien bieten, wenn auch kürzer und nicht als Briefabschluss, der erste Petrusbrief (1Petr 4,11) und die Offenbarung (Offb 1,6; 5,13 f.). Dass der Judasbrief ein allgemeingültiges Mahn- und Trostschreiben und kein »echter« Brief an eine einzelne Gemeinde ist, zeigt sich u. a. im Fehlen von Grüßen an Einzelpersonen der Empfängergemeinde(n), wie sie z. B. in den Paulusbriefen üblich sind.

> Der eine und einigende Gott hat die Macht, dem Zweifelhaften und dem Straucheln ein Ende zu setzten (24). Ehemals mit dem Teufel Ringende (vgl. 9b.21c) und Befleckte (12.23c) stehen als Gerettete makellos (24b) und in ewigem Jubel (24c) vor dem durch Christus rettenden Gott (25a). Damit knüpft der Autor an die beiden ersten Verse seines Briefes an. Bereits dort waren die Gemeindeglieder als in der Liebe des Vaters (1b) durch Jesus Christus Bewahrte (1c) und mit seinem Erbarmen (2a) Beschenkte angesprochen worden. Vom ersten bis zum letzten Vers ist der eine Gott durch Christus über alle Zweifel und Zeiten hinweg der einzige und ewige (25).

Die Botschaft des Judasbriefes –
eine Zusammenfassung

I) Hermeneutische Vorbemerkungen

Der Judasbrief wirkt unwirsch und fast bedrohlich. In beispielloser Dichte bietet er Gerichtsszenarien bezogen auf die Vergangenheit, die Gegenwart und die Zukunft. Dem Gericht entgehen weder himmlische Mächte noch die Glieder der christlichen Gemeinde.
Der Judasbrief gleicht einem Suchbild, das die meisten seiner Motive den biblischen Schriften entnimmt. Dabei bleiben jedoch Fragen offen. Schon der zweite Petrusbrief, der in Bezug auf etliche Details mit dem Judasbriefe übereinstimmt, sah sich zu Änderungen veranlasst: Eine Reihe von Einzelheiten des Judasbriefes ordnet er neu an. Der Autor des zweiten Petrusbriefes lässt aus, was er entweder selbst nicht (mehr) verstanden hat, oder was er für seine Adressatinnen und Adressaten als ungeeignet ansah.
Zu den Passagen, die der Autor des zweiten Petrusbriefes nicht aus dem Judasbrief übernommen hat, zählen u. a. die Parallelen zur Josefsnovelle: Das Träumen (Jud 8; Gen 37,5 f.9 f.), das Schelten (Jud 9; Gen 37,10; Sach 3,2), das Gewand (Jud 23; Gen 37,3.23.31–33; vgl. Sach 3,4) und das Hassen (Jud 23; Gen 37,4.8). Es sind Motive, die auch heutigen Leserinnen und Lesern Schwierigkeiten bereiten. Es lohnt sich zu fragen, was die genannten Elemente des Judasbriefes miteinander verbindet. Warum sind sie im Judasbrief, jedoch nicht einmal zum Teil im zweiten Petrusbrief oder andernorts erwähnt?
Neben ihrer Herkunft aus dem Beginn der Josefsnovelle ist ihre Gemeinsamkeit ihre inhaltliche Zweideutigkeit, die ihnen bereits in ihrem Ursprungskontext in Gen 37 zu eigen ist. Sie alle entziehen sich einem eindeutigen Urteil: Die anfangs tadelnswerten *Träume* Josefs (Gen 37,5.9 f.), für die er von seinem Vater Jakob *gescholten* wurde (Gen 37,10), erweisen sich im Laufe der Erzählung als wahr werdende Verheißungen. Das *Kleid*, das Jakob seinem Sohn Josef als Ausdruck seiner Liebe zum Geschenk machte (Gen 37,3), erregte *Hass* bei seinen Brüdern (Gen 37,4.8). Mit dem in Blut getränkten Gewand täuschten sie ihren Vater (Gen 37,32–34). Der totgeglaubte und nach Ägypten ver-

kaufte Josef, wird dort in ein königliches Gewand gekleidet (Gen 41,42) und steigt auf zum Unterkönig des Landes.

Der Autor des Judasbriefes dürfte sich dessen bewusst gewesen sein, dass die genannten Elemente im Corpus seines Briefes wie Fremdkörper wirken. Wenn er sie trotzdem ohne weitere Erklärung prominent einbindet, dann *sollten* seine Leserinnen und Leser darauf stoßen und daran Anstoß nehmen. Gerade ihre Sperrigkeit machte diesen Motivkranz zu einem Schlüssel für die Deutung des Briefes. Erst wenn sich jedes einzelne Motiv in eine schlüssige Gesamterklärung einfügt, ist der Brief verstanden. Damit fungieren diese Elemente als Verstehensindikatoren. Die genannten zweideutigen Motive aus der Josefsnovelle sollen verunsichern, sie dienen dazu, (vorschnelle, falsche) Sicherheiten zu zerstören: Wer sind die Träumenden? Welches Gewand ist gemeint? Warum ist es zu hassen? Die Uneindeutigkeiten nötigen die Leserinnen und Leser des Judasbriefes zum Abwägen der Argumente, zum Anzweifeln von Sicherheiten und wandeln sie damit in Zweifler. Die Lesenden selbst befinden sich schließlich in der Rolle der Zweifelnden, also derer, die der Rettung bedürfen (Jud 21 f.).

Den Zweideutigkeiten zum Trotz, auf deren Zweck im nachfolgenden Abschnitt weiter eingegangen wird, endet der Judasbrief mit einer eindeutigen Anweisung: Das missdeutete und Hass bewirkende Gewand des Sünders (Jud 23) ist abzulegen und, wie die Analogie zu Sach 3,4 nahelegt, gegen ein reines Gewand einzutauschen. Die doppeldeutigen Träume (Jud 8) wandeln sich durch das Erbarmen Gottes in die Gewissheit der Rettung (Jud 2.21 f.).

Wenn solche Anweisungen schon für die (zweifelnden) Gläubigen gelten, die sich als durch den Brief gemeint erkennen, um wie viel mehr dann für ihren Umgang mit anderen Zweiflern, die auf ihrem Weg zur Erkenntnis noch nicht so weit vorangeschritten sind wie sie? An sie ergeht die Mahnung, das Erbarmen Gottes, das sie selbst erfahren haben (Jud 21), den weniger Gefestigten ebenfalls zukommen zu lassen (Jud 22) und sie zu retten (Jud 23). Diese Botschaft gilt die Zeiten übergreifend bis in die Gegenwart, auch wenn die Bilderwelt des Judasbriefes auf Christinnen und Christen heute befremdlich wirkt.

II) Der Judasbrief als Ewigkeitsgemälde

Wäre ein Glaubender zu Beginn des 2. Jhs. um einen aktuellen Lagebericht der christlichen Gemeinde gebeten worden, hätte der Judasbrief das Ergebnis sein können. Erklärend hätte sein Autor hinzugefügt: »Gläubige haben den festesten Stand, ihre Bedrohung ist die größte, ihre

Die Botschaft des Judasbriefes

Gegner sind die gefährlichsten und ihr Sieg ist der sicherste. Das gilt jetzt, das war so und das wird immer so sein!«

Wer aus der Perspektive der Ewigkeit auf die Welt und ihre Geschichte schaut, der sieht alle Zeit und jeden Ort in einem einzigen Augenblick: Er sieht zugleich die Geschichte von Adam bis zum Vergehen der Welt im Gericht, er sieht auf einmal alles Himmlische und Irdische, er erkennt ohne zeitlichen Verzug jeden Raum von der Oberfläche bis ins Innerste. Christinnen und Christen verstehen sich in dieser Welt als hineingenommen in ein dauerndes apokalyptisches Geschehen, in dem die himmlischen und satanischen Mächte miteinander ringen. Der Judasbrief gleicht einem Gemälde, das versucht, diesen Augenblick der Ewigkeit einzufangen.

Ein noch größeres und alle Zeiten und Räume umfassendes Szenario als das im Judasbrief vorgestellte ist wohl kaum auszudenken: Die schlimmsten Mächte und Sünder aus allen Epochen, Erzengel und Teufel, von Adam als erstem Menschen bis zum jüngsten Menschen der aktuellen Gemeinde – alle sind beteiligt. Nach Zehntausenden zählende Engelheere aus allen Himmeln marschieren auf zur Entscheidungsschlacht. Ziel sind nicht zeitgenössische politische Gegner. Selbst das römische Imperium oder irgendwelche konkurrierenden Gruppen wären zu unbedeutend, als dass ihnen der Autor des Judasbriefes die Ehre einer Erwähnung angedeihen ließe. Ziel der himmlischen Gerichtsheere ist die christliche Gemeinde samt denen, die sich eingeschlichen haben.

Wer sich in das grandiose Geschichts- und Gerichtsbild des Judasbriefs vertieft, *soll* Zweifel bekommen. Übermächtig erscheinen der Teufel und seine Gehilfen. Vielerorts in dem Bild haben die Ungläubigen, die gefallenen Engel, die Sodomiten, Kain, Bileam und Korach scheinbar die Oberhand. Selbst ins Herz der Gemeinde, in die Liebesmähler, sind die Gegner vorgedrungen. Sie säen Ungeduld und Unzufriedenheit.

Wer das Bild betrachtet, ist wie jede und jeder Gläubige und wie die Gemeindeglieder ausgerüstet mit dem Wissen, dass er umhüllt ist von der Liebe des Vaters und dass er darin bewahrt wird durch denselben Christus, der im selben Augenblick Israel aus Ägypten rettet und in den himmlischen Gefilden Satan in seine Schranken weist, die abtrünnigen Engel einsperrt und auf Erden die Sodomiten mit einem Feuergericht straft.

Wenn etwas ewig, überall und für alle gültig ist, dann existiert auch für das Gemälde keine Innen- oder Außenperspektive. Wer es betrachtet, ist selbst aktiv beteiligt am apokalyptischen Geschehen. Jeder soll sich fragen, ob er an der Seite Christi, Michaels oder Henochs steht, oder ob er selbst zu denen gehört, die sich in die Gemeinde eingeschlichen haben, und sie durch eigenen Unmut besudeln und die Gemeinde spalten. In

einem Augenblick versichert das Bild die Gläubigen der Liebe Gottes, der Bewahrung in Christus und stellt sie als Makellose vor die Herrlichkeit Gottes und warnt vor Selbstsicherheit, Unzufriedenheit und irdischen Gelüsten.
Nicht immer verlaufen die Fronten klar und eindeutig, wie im Traum verschwimmen die Grenzen. Wer nicht achtgibt, findet sich schnell »auf der anderen Seite« wieder. Der beschriebene Kampf tobt seit ewigen Zeiten; er betrifft sowohl die Figuren *im Bild*, als auch die, die es von *außen* betrachten. Der Kampf spielt sich nicht allein in der Welt und in der Gemeinde ab, sondern auch innerhalb jedes Gemeindegliedes.
Der Blick schweift vom Allergrößten in Richtung auf das Kleinste. Wenn nicht einmal Teufel, die abtrünnigen Engel und die Erzsünder mit ihren Übertretungen dem Gericht entkommen, um wie viel weniger dann das einzelne Gemeindeglied mit seinen scheinbar harmlosen Träumereien und Verfehlungen? Der Gläubige blickt in die andere Richtung und schließt für sich selbst: Sogar die kleinste eigene Sünde steht im Fokus der Gerichtsmächte und rückt den, der sie tut, in die Reihe der Erzsünder. Zugleich gilt aber auch, wenn schon das Gericht sich in solcher Strenge vollzieht, um wie viel größer und wunderbarer sind dann das Erbarmen und die Rettung durch Christus!?
Im Dualismus des apokalyptischen Geschehens kann es nur eine Entscheidung geben: Liebe für die Seite Gottes und Hass für alles Teuflische. Die Gläubigen sind eingehüllt in die Liebe des Vaters und ausgerüstet mit dem Erbarmen Christi, in dem sie stetig wachsen. Die Gabe des Erbarmens ist zugleich Aufgabe. Mit Erbarmen sind die Zweifelnden aus dem Feuer ihrer Zerrissenheit herauszureißen und auf die Seite des einen Gottes zu retten. Alle satanischen Anteile müssen wie ein verschmutzten Kleidungsstück verabscheut werden.
Im Zuge der Lektüre des Briefes soll sich für seine Leserinnen und Leser bildlich gesprochen ein Läuterungsgericht (Purgatorium) vollziehen, indem sie sich einlassen auf das Auf und Ab von Liebe, Hass, Sicherheit, Sorge, Angefochtenheit, Erbarmen und Bestrafung. Gegründet in der Liebe Gottes und geschützt durch Christus sollen die Gemeindeglieder die himmlischen und irdischen Schlachten mitschlagen und sich auf die »richtige« Seite stellen.
Da, wo sich das Böse einschleicht, wo es harmlos wie im Traum beginnt oder selbstverständlich mit zu Tische sitzt, soll sich jede und jeder selbst prüfen: »Erkenne ich rechtzeitig die Gefahr?« Solcher Zweifel ist gewollt. Dadurch, dass er ins Bewusstsein tritt, ist er bei sich und anderen zu überwinden. Letzteres bedeutet, andere aus dem Feuer zu retten. Niemand darf als »nicht mehr zu retten« verurteilt oder aufgegeben werden – das wäre erbarmungslos.

Grundton des Gemäldes ist die Liebe des einen Gottes, der durch Christus aller Gespaltenheit und allem Zweifel ein Ende macht. Ein Ziel der »reinigenden« Lektüre ist, dass die Lesenden sich selbst und ihre Mitchristen, die sie durch ihr Erbarmen gerettet haben, auf dem Bild erkennen: Zweifellos sind sie diejenigen, die in dem Gemälde gerade und schon immer makellos und jubelnd durch Christus vor die Herrlichkeit Gottes treten.

Weiterführende Literatur

a) Allgemeinverständliche Auslegungen

Balz, Horst, Schrage, Wolfgang, Die katholischen Briefe (Das Neue Testament Deutsch 10), Göttingen 1993.
Boor, Werner de, Holmer, Uwe, Die Briefe des Petrus und Judas (Wuppertaler Studienbibel AT/NT 53), 6. Aufl. Wuppertal 2000.
Boring, Maynard Eugene, First Peter (Abingdon New Testament Commentary), Nashville, TN/Abingdon 1999.
Frankemölle, Hubert, 1. Petrusbrief, 2. Petrusbrief, Judasbrief (Neue Echterbibel 18/20), Würzburg 2011.
Heckel, Theo K., Die Briefe des Jakobus, Petrus, Johannes und Judas (Das Neue Testament Deutsch 10), Göttingen 2019.
Holland, Martin, Judasbrief; in: Gerhard Maier: Jakobusbrief (Edition C, Reihe B: Zum Neuen Testament 23), 2. Auflage, Neuhausen-Stuttgart 1991.
Knoch, Otto, Der Erste und zweite Petrusbrief, der Judasbrief (Regensburger Neues Testament), Regensburg 1990.
Kraftchick, Steven John, Jude, 2 Peter (Abingdon New Testament Commentary), Nashville, TN/Abingdon 2002.
Krimmer, Heiko, Holland, Martin, Erster und zweiter Petrus-Brief (Edition C, Reihe B: Zum Neuen Testament 20), Neuhausen-Stuttgart 1994.
Peters, Benedikt, Der erste Brief des Petrus (Christliche Literatur Verbreitung), Bielefeld 2013.
– Der zweite Brief des Petrus. Der Brief des Judas (Christliche Literatur Verbreitung), Bielefeld 2013.
Schweizer, Eduard, Der erste Petrusbrief (Zürcher Bibelkommentare 15), Zürich 1998.
Seethaler, Angelika, 1. und 2. Petrusbrief/Judasbrief (Stuttgarter Kleiner Kommentar NT 16), Stuttgart 1985.

b) Wissenschaftliche Auslegungen

Achtemeier, Paul J., 1 Peter (Hermeneia), Minneapolis 1996.
Brox, Norbert, Der erste Petrusbrief (Evangelisch-Katholischer Kommentar 21), Zürich/Einsiedeln/Köln ⁴1993.

Elliott, John H., 1Peter (Anchor Bible 37B), New York 2000.
Feldmeier, Reinhard, Der erste Brief des Petrus (Theologischer Handkommentar 15/I), Leipzig 2005.
Forbes, Greg W., 1 Peter (Exegetical Guide to the Greek NT), Nashville, TN 2004.
Frey, Jörg, Judas/2. Petrus, (Theologischer Handkommentar 15/II), Leipzig 2015.
Goppelt, Leonhard, Der erste Petrusbrief (Kritisch exegetischer Kommentar 22/1), Göttingen 1978.
Jobes, Karen H., 1 Peter (Baker Exegetical Commentary on the New Testament), Grand Rapids, MI 2005.
Paulsen, Henning, Der Zweite Petrusbrief und der Judasbrief, KEK 12/2, Göttingen 1992.
Schelkle, Karl Hermann, Die Petrusbriefe – Der Judasbrief (Herders Theologischer Kommentar zum Neuen Testament 13); Freiburg i. Brsg. 2002.
Schlosser, Jacques, La premiére épître de Pierre (CbNT 21) Paris 2011.
Selwyn, Edward Gordon, The First Epistle of S. Peter. The Greek Text with Introduction Notes and Essays, London ²1947, ND 1964.
Senior, Donald P., Harrington, Daniel J., 1 Peter, Jude and 2 Peter (Sacra Pagina Series 15), Collegeville, MN 2003/2008.
de Silva, David A., Jude, in: J. Painter/D. A. de Silva, James and Jude (Paideia Commentaries on the New Testament), Grand Rapids 2012.
Vahrenhorst, Martin, Der erste Brief des Petrus (Theologischer Kommentar zum Neuen Testament 19), Stuttgart 2016.
Vögtle, Anton, Der Judasbrief/Der zweite Petrusbrief (Evangelisch-Katholischer Kommentar zum Neuen Testament XXII), Solothurn, Düsseldorf, Neukirchen-Vluyn 1994.
Watson, Duane F., Callan, Terrance, First and Second Peter (PaidCNT), Grand Rapids, MI 2012.

c) Historische Kommentare

Merkt, Andreas, 1. Petrus (Novum Testamentum Patristicum 21,1), Göttingen 2015.
Luther, Martin, Luthers Epistelauslegung, Der erste Brief des Paulus an Timotheus, der Brief des Paulus an Titus, der erste Brief des Petrus, der erste Brief des Johannes, der Brief an die Hebräer, der Brief des Jakobus/hrsg. von Hartmut Günther und Ernst Volk, Göttingen 1983.
– Reihenpredigt über 1. Petrus 1522, Martin Luthers Werke. Kritische Gesamtausgabe. 12. Band, Weimar 1891.

d) Weitere Literatur

Blumenthal, Christian, Prophetie und Gericht. Der Judasbrief als Zeugnis urchristlicher Prophetie, BBB156, Göttingen 2008.

Bornemann, Wilhelm, Der erste Petrusbrief – eine Taufrede des Silvanus? ZNW 19 (1919/20), 143–165.

Doering, Lutz, Gottes Volk. Die Adressaten als »Israel« im Ersten Petrusbrief, in: du Toit, David S. (Hg.), Bedrängnis und Identität. Studien zu Situation, Kommunikation und Theologie des 1. Petrusbriefes, (BZNW 200), Berlin, New York 2013, 81–113.

Eckstein, Hans-Joachim, Der Begriff der Syneidesis bei Paulus. Eine neutestamentlich-exegetische Untersuchung zum ›Gewissensbegriff‹ (Wissenschaftliche Untersuchungen zum Neuen Testament II/10), Tübingen 1983.

Herzer, Jens, Petrus oder Paulus? Studien über das Verhältnis des Ersten Petrusbriefes zur paulinischen Tradition (Wissenschaftliche Untersuchungen zum Neuen Testament 103), Tübingen 1998.

Klaiber, Walter, Der Galaterbrief (BNT), Neukirchen-Vluyn 2013.

Ostmeyer, Karl-Heinrich, Beten für und gegen Feinde; in: Prayer in the Sayings Gospel Q, Tagungsband, Q-Tagung Graz; edited by Daniel A. Smith and Christoph Heil (WUNT 425), Tübingen 2019, 89–101.

– Die Genealogien in den synoptischen Evangelien und in der Vita des Josephus. Wechselseitige Wahrnehmung ihrer Charakteristika, Intentionen und Probleme, in: Josephus und das Neue Testament. Wechselseitige Wahrnehmungen. II. Internationales Symposium zum Corpus Judaeo-Hellenisticum 25.-28. Mai 2006, hg. v. Chr. Böttrich und J. Herzer unter Mitarbeit von T. Reiprich, Greifswald (WUNT 209), Tübingen 2007, 451–468.

– Kommunikation mit Gott und Christus. Sprache und Theologie des Gebetes im Neuen Testament, Wissenschaftliche Untersuchungen zum Neuen Testament (WUNT 197), Mohr-Siebeck Verlag, Tübingen 2006.

– Satan und Passa in 1. Korinther 5, Zeitschrift für Neues Testament 9, 2002, 38–45.

– Taufe und Typos. Elemente und Theologie der Tauftypologien in 1. Korinther 10 und 1. Petrus 3, Wissenschaftliche Untersuchungen zum Neuen Testament II/118, Tübingen 2000.- Typologie und Typos: Analyse eines schwierigen Verhältnisses, New Testament Studies 46/1, 2000, 112–131.

– Das Verständnis des Leidens bei Philo und im ersten Petrusbrief, in: R. Deines und K.-W. Niebuhr (Hgg.), Philo und das Neue Testament. Wechselseitige Wahrnehmungen. I. Internationales Symposium zum Corpus Judaeo-Hellenisticum 1.–4. Mai 2003, Eisenach/Jena (WUNT 172) Tübingen 2004, 265–281.

Paulsen, Henning, Judasbrief, TRE 17, 307–310.

Reichert, Angelika, Eine urchristliche Praeparatio ad Martyrium. Studien zur Komposition, Traditionsgeschichte und Theologie des 1. Petrusbriefes (BET 22), Frankfurt u. a. 1989.

Wasserman, Tommy, The Epistle of Jude. Its Text and Transmission, CB.NT 43, Stockholm 2006.

Wisse, Frederik, The Epistle of Jude in the History of Heresiology; in: M. Krause (Hg.), Essays on the Nag Hammadi Texts. FS A. Böhlig, Leiden 1972, 133–143.

Abkürzungen

Altes Testament

Gen	Buch Genesis = 1. Buch Mose
Ex	Buch Exodus = 2. Buch Mose
Lev	Buch Levitikus = 3. Buch Mose
Num	Buch Numeri = 4. Buch Mose
Dtn	Buch Deuteronomium = 5. Buch Mose
Jos	Buch Josua
Ri	Buch der Richter
Rut	Buch Ruth
1/2Sam	Erstes und zweites Buch Samuel
1/2Kön	Erstes und zweites Buch der Könige
1/2Chr	Erstes und zweites Buch der Chronik
Esra	Buch Esra
Neh	Buch Nehemia
Est	Buch Ester
Hiob	Buch Hiob = Ijob
Ps	Buch der Psalmen
Spr	Buch der Sprüche Salomos = Sprichwörter
Pred	Buch des Predigers = Kohelet
Hld	Hohelied Salomos
Jes	Buch Jesaja
Jer	Buch Jeremia
Klgl	Klagelieder Jeremias
Ez	Buch Ezechiel = Hesekiel
Dan	Buch Daniel
Hos	Buch Hosea
Joel	Buch Joel
Am	Buch Amos
Obd	Buch Obadja
Jon	Buch Jona
Mi	Buch Micha
Nah	Buch Nahum
Hab	Buch Habakuk
Zef	Buch Zefanja
Hag	Buch Haggai
Sach	Buch Sacharja
Mal	Buch Maleachi

Die Apokryphen
Jud   Buch Judith
Weish   Weisheit Salomos
Tob   Buch Tobias
Sir   Buch Jesus Sirach
1/2Makk   Erstes und zweites Buch der Makkabäer

Neues Testament
Mt   Evangelium nach Matthäus
Mk   Evangelium nach Markus
Lk   Evangelium nach Lukas
Joh   Evangelium nach Johannes
Apg   Apostelgeschichte
Röm   Brief an die Römer
1/2Kor   Erster und zweiter Brief an die Korinther
Gal   Brief an die Galater
Eph   Brief an die Epheser
Phil   Brief an die Philipper
Kol   Brief an die Kolosser
1/2Thess   Erster und zweiter Brief an die Thessalonicher
1/2Tim   Erster und zweiter Brief an Timotheus
Tit   Brief an Titus
Phlm   Brief an Philemon
Hebr   Brief an die Hebräer
Jak   Brief des Jakobus
1/2Petr   Erster und zweiter Brief des Petrus
1/2/3Joh   Erster, zweiter und dritter Brief des Johannes
Jud   Brief des Judas
Offb   Offenbarung des Johannes

Andere antike, frühchristliche und jüdische Schriften
1Q   Texte aus Qumranhöhle 1
            (hier: Fragmente aus dem Gigantenbuch)
4Q   Texte aus Qumranhöhle 4
            (hier: Fragmente aus dem Gigantenbuch)
ÄthHen   Äthiopischer Henoch
BerR   Bereshit Rabba – Midrasch (Auslegung) zur Genesis
bSan   Sanhedrin – Traktat zu verschiedenen Rechtsfragen aus
            dem Babyl. Talmud
CD   Damaskusschrift
EchR   Echa Rabba – rabbinischer Kommentar zu den Klageliedern
epist.   Briefe des Plinius des Jüngeren

hist.eccl.	Kirchengeschichte des Eusebius von Caesarea
jTaan	Jerusalemer Talmud, Traktat Taanit
Jub	Jubiläenbuch
Pes	Pesachim – Traktat der Mischna bzw. des Babyl. Talmuds zum Pessachfest
SpecLeg	Philo: De specialibus legibus – Über die Einzelgesetze
SyrBar	Syrische Baruchapokalypse
Vita	Vita Josephi – Leben des Flavius Josephus

Bibelübersetzungen

EÜ 1980	Einheitsübersetzung von 1980
EÜ 2016	Revidierte Einheitsübersetzung von 2016
LÜ 2017	Revidierte Lutherübersetzung von 2017

Register wichtiger Begriffe (in Auswahl)

Aaron   180
Abel   179
Abraham   18.34.41.47.64.67.76.97.131.173
 – Abram   67
Adam   43.130.143.164.181.183.185.197
Ägypten   36.40.60.65.67.98.119.122.163.171.180.191.195.197
Akiba   123f.155
Amen   79.92.149.193
Apokalypse   29.31.73.95.125.154.156.183.196
Apostel   21.109.139.184
Aramäisch/aramäisch   94.107.109.163
Arche   71.99.129.174
Argumentatio
 – a maiore ad minus   129.145.176.178.181.186
 – a minori ad maius   31.85.176.186
Auferstehung Christi   27.36.71.130
Aufstand   47.107.110.124.151
Auszug   36.40.67.98.163.172

Babel   25.102
Babylon   94.102
Bar Kochba   47.107.110.112.123f.128.151.154
beten   *siehe* GEBET
Bileam   107.122.128.132.135.138.149.155.157.164.172.180.182.187.197
Blut Christi   21.36.60

Chiasmus   29.166

Diaspora (Zerstreuung)   21.25.95.97.102.104.124
Dienst/dienen   34.37.54.57.61.72.77.79.100
 – Dienstamt   90.100.103
 – Dienstherren   57.62.77.87.97.99.104
 – Dienstleute   57.61.72 *siehe auch* SKLAVE
Domitian   17
Doxologie   81.117.149.153.194

Eifer   69.115.118.154
Einzelsünden   *siehe* SÜNDE, SÜNDENTATEN

Engel   34.71.129.132.163.171.197
 – Erzengel Michael   35.131.134.151.164.172.177.182.186.189.192.197
Erbarmen (Nomen)   27.49.165.188
erbarmen (Verb)   49.138.188f.
Eva   143
Evangelium   34.41.77.85

Fluch/fluchen   55.122.132.138.177.180
Frau(en)   57.62.64.97.99.129.133
 – Ahnfrau   109
 – Lots   175
Freiheit   53.133
Fremde/Fremdheit/befremdet   21.36.51.76.82.95

Gebet/beten   46.64.79.101.188
Gebot   133.139
Geist   21.71.77.82.184
 – Christi   34
 – Gottes   82
 – heiliger   34.120.188
Geister (im Gefängnis)   71.130.153.168
Geliebte/Meine Lieben (Anrede)   51.82.139.142.147.168.184.188
Gerechte(r)/gerecht   66.71.85.129
Gerechtigkeit   57.69.129.133
 – Gottes   109.145
Gewand   188.190.195
Gewissen   57.69.71
Glaube/glauben   27.30.36.45.62.92.109.115.168.188
Gnade   21.34.36.57.64.79.89.92.94.109.148.149.168
 – Gnadengabe   79
Götzenopferfleisch   56.170
Gruß/grüßen   21.25.89.94.150.194

Haartracht   62
hassen   188.190.195
Heiden(christen)   20.41.48.51.76.98.147.154
Heilige/heilig   36.45.49.64.69.120.133.139.145.168.181.188
Heiligung/heiligen   21.41
Hendiadyoin   185
Henoch   125.130.151.156.164.181.183.185.197
 – Henochschriften   73.174.183
Herren   *siehe* DIENST, DIENSTHERREN
Herrlichkeit/verherrlichen   34.41.79.82.89.92.112.120.132.149.193
Hirte   57.89.182
Hohepriester   *siehe* PRIESTER, HOHEPRIESTER

Isaak   65

Jakob (Erzvater)   109.122.155.176.191
Jakobus (Herrenbruder)   109.165
Jakobus (Jünger)   121.152
Jehoschua (Hohepriester Jesus)   190
Johannes (Jünger)   17.121.152
Johannes (Täufer)   121.152
Johannes Markus   94.96
Josef (Erzvater)   176.191.195
– Josefnovelle   191.195
Jubel/jubeln   30.82.193
Juden(christen)   20.25.36.39.48.51.58.78.98.122.125.137.152.156.163.167.170.172

Kain   131.136.164.172.179.182.187.197
Kleid   62.121.176.190.195.198
Klimax   176
Konjunktiv   163
Korach   131.136.164.172.180.182.187.197
Kreuz(igung) Christi   22.34.58.73.78.83.89.101.127.152.170

Lea   109
Leiden/leiden   30.57.69.71.76.82.85.92.102.129
– Christi   34.57.71.76.82.89
Leitungsamt/leiten   17.61.89.98.182
Liebe   30.41.53.66.79.94.115.120.165.181.188
Liebesmahl   181.186.197
Lot   129.136.155.175.178
Luther, Martin   7.174
Luzifer   123 *siehe auch* Satan *und* Teufel

Mann/Männer   57.62.64.97.99.134
Markus   *siehe* Johannes Markus
Martyrium/Märtyrer   18.76.84.89.95
Michael   *siehe* Engel, Erzengel Michael
Mose   49.152.172.177.180.183.185.189

Namen
– Christi   60.82.86.89.93.104
– Gottes   31.84.111.136.172
Noah   18.71.76.97.99.129.132.136.142.155.175
Nörgler   184f.187f.

Offenbarung/offenbaren   27.30.34.36.82.89
Opfer   24.39.45.55.65.70.87.100.104.147.193
Christi   23.46f.61.72
Optativ   25.70.111.163.167.177

Parusie   25.38.78.83.91.136.141.148.154.164.186
Passa   36.40.44.60.98.172
Paulus   147.153
Petrus (Verfasserangabe/Namensform)   17.21.107.109
Phosphor   121.123
Planet   *siehe* STERN, WANDELSTERN
Plinius (der Jüngere)   54
Presbyter   17.90.166
Priester(schaft)   45.49.90.100.102
 – Hohepriester   46.50.190.193
Propheten   34.139
 – falsche   127.132
Prophetie/prophezeien/prophetisch   120.139.181
Pseudepigraphie   18.110.140.151.158
 – doppelte   139.149.151.158
Purgatorium   198

Retter   109.116.133.139.149.193
Rettung/retten   27.30.34.43.71.85.129.147.168.171.188

Sacharja   190f.
Samen   41.49.63.98
Sara   18.64.67.76.97
Satan   39.92.95.101.134.151.178.190.197   *siehe auch* LUZIFER *und* TEUFEL
Schand-/Schmutzflecken   28.132.181.193
Schelten   172.177.190–192.195
Schrift   36.45.120.147
Segen/segnen   66.68.122.124.135.138.178.183
Silvanus   18.94
Simeon (Sohn Jakobs)   111
Sintflut   73.100.129.142.149.155.168.174.180
Sklave   53.58.61.64.72.77.97.99.109.133.165   *siehe auch* DIENST, DIENSTLEUTE
Sodom (und Gomorrha)   129.149.155.163.171.175.178.180
Sodomiten   130.136.149.173.179.182.187.190.197
Spaltung/Spalter/spalten   102.127.170.184.187.193.197
Stein
 – Eckstein   45.48
 – Hauptstein   45.50
 – lebendiger   45.48.100.103
 – Schlussstein   46.49
Stern   122.125.181
 – Morgenstern   120.128.135.154
 – Stern aus Jakob   122.155.180
 – Sternensohn   123.155
 – Wandelstern   135.149.182
Sünde   57.71.76.79.85.116.129.132.168.181

Register wichtiger Begriffe (in Auswahl)

- Sündenmacht   58.75.80.101.177
- Sündentaten   58.75.80.82.101.184

Symeon/Simon   109.152

Tag des Gerichts/Tag Gottes   51.129.142.145.149.171
Taufe   24.30.41.58.71.83.99.117.130.137.143.173
Teufel   92.102.130.134.164.172.177.182.189.192.197   *siehe auch* LUZIFER *und* SATAN
Tora   18.183
Trajan   54
Träumer/Träumende/träumen   140.151.171.176.181.186.191.195
Trost/trösten   86.93.103.143.154.194

Unglaube/Ungläubige   45.171
Unrecht/Ungerechte   57.71.129.132

Verheißung   112.139.142.145
Versuchung   30.129
Volk (Gottes)   49.127.171

Wiedergeburt   27.41
Wiederkunft   *siehe* PARUSIE
Wille Gottes   30.52.59.64.71.76.83.85.90.92.95.103.192
Wort (Gottes)   41.45.62.142
  – der Apostel   184
  – der Propheten   120.139
Wüstenväter   131
Wüstenzeit   34.100.173.182.185

Zerstreuung   *siehe* DIASPORA
Zweifler/Zweifelnde/zweifeln   59.82.111.141.144.155.164.172.178.188.190.196